心理诸葛

ISBN: 9787564573706

This is an authorized translation from the SIMPLIFIED CHINESE language edition entitled《心理诸葛》published by 郑州大学出版社., through 陈禹安, arrangement with EntersKorea Co.,Ltd.

심리학이 제갈량에게 말하다 ②

현대 심리학으로 읽는 삼국지 인물 열전

심리학이 제갈량에게 말하다 ②

펴낸날 2023년 4월 10일 1판 1쇄

지은이 천위안
옮긴이 정주은
펴낸이 강유균
편집위원 이라야 남은영
기획·홍보 김아름 김혜림
교정·교열 이교숙 나지원
경영지원 이안순
디자인 바이텍스트
마케팅 신용천

펴낸곳 리드리드출판(주)
출판등록 1978년 5월 15일(제 13-19호)
주소 경기도 고양시 일산서구 고양대로632번길 60, 207호(일산동, 대우이안)
전화 (02)719-1424
팩스 (02)719-1404
이메일 gangibook@naver.com
홈페이지 www.readlead.kr

ISBN 978-89-7277-373-3 (04320)
         978-89-7277-602-4 (세트)

◈ 현대 심리학으로 읽는 삼국지 인물 열전 ◈

천위안 지음
정주은 옮김

심리학이

제갈량에게 말하다 ②

우연한 사건이 운명을 바꾼다

리드리드출판

三國志

5부

제갈량, 맞수를 만나다

세상을 호령하는 영웅에게도 늘 적수나 맞수가 있게 마련이다.
그들이 영웅을 더 영웅답게 만들고 활약의 발판이 되어주기도 한다.
제갈량에게는 방통이라는 맞수와 수많은 적수가 있었다.
때로는 우호적이면서도 대결을 펼칠 수밖에 없었던
관계 속으로 들어가 보자.

어려움을 무릅쓰고도
곁에 두어야 할 사람이 있다

칼을 빼 들고 제갈량에게 덤벼든 사람은 다름 아닌 봉추선생 방통이었다. 제갈량과 어깨를 견주는 불세출의 기재, 그의 동작은 그저 제갈량을 죽이겠다는 시늉이었다. 그러나 제갈량을 배웅 나온 노숙은 방통이 진짜로 제갈량을 죽이려는 줄 알고 놀라서 말렸다.

"제갈선생은 예로써 이곳에 온 것이니 해쳐서는 안 됩니다!"

방통이 제갈량의 진짜 목적을 까발렸는데도 노숙은 여전히 제갈량의 편을 들었다. 이는 제갈량이 주유의 영전에서 대성통곡한 행동이 얼마나 큰 효과가 있었는지를 잘 설명해준다. '툭하면 우는 사람'으로 유명한 유비보다도 더한 공력이다.

방통은 칼을 던지고 큰소리로 웃으며 말했다.

"내가 제갈량에게 장난을 좀 친 것뿐이라오."

이어서 세 사람은 담소를 나눴다.

방통이 제갈량을 찾아와 이런 시시한 장난을 친 이유는 무엇일까? 그는 동오에서 그다지 후한 대접을 받지 못하고 있었다. 방통은 적벽을 불바다로 만드는 데 어느 누구보다 더 지대한 공을 세웠다. 적벽 전투에서 조조를 속여 크고 작은 배를 하나로 묶는 걸 성공시킨 그가 아닌가. 그러나 적벽에서 대승을 거둔 주유는 유비와 전리품을 어떻게 나눌 것인지, 제갈량과는 어떻게 지략을 겨룰 것인지에만 온통 정신이 팔려 제대로 논공행상을 하지 않았다. 이런 마당에 주유까지 죽었으니 방통은 손권이 자신을 중용해줄지 언감생심焉敢生心이었다. 그러니 방통 같은 인재가 꿔다놓은 보릿자루처럼 구석에 처박힌 신세를 참아낼 리 없었다. 그는 자신의 재주를 펼칠 더 나은 무대가 필요했다. 그때 때마침 제갈량이 주유의 조문을 온 것을 보고 제갈량의 의중을 살펴보려고 나섰다.

방통이 생각하기에 제갈량이 굳이 위험을 무릅쓰고 동오에 올 까닭이 없었다. 그래서 혹시나 자신 때문에 온 것이 아닌지 알아보려고 한 것이다.

제갈량은 방통의 놀라운 재주를 익히 알고 있었다. 수경선생 사마휘가 방통과 자신을 비슷하게 평한 것은 결코 허언이 아니었다. 만약 주유가 죽고 난 지금 손권이 방통을 중용한다면 제갈량으로서는 자신과 막상막하의 적수가 생기는 셈이었다. 방통은 주유보다 훨씬 대적하기 어려운 상대였다. 그래서 마음이 불안해진 제갈량은 직접 방통의 상황을 확인하러 강동에 온 것이다.

그러나 방통이 먼저 제갈량을 찾아왔으니 그로서는 주도권을 잃은 셈이다. 이 점으로 보아 방통은 제갈량보다 한수 아래이지 싶다. 방통은 '심드렁한 판매자' 책략을 구사했어야 했다. 제갈량이 찾을 수 없는 외진 곳에 숨어, 제갈량이 근심 걱정으로 잠을 못 이루게 만들고 자신의 몸값을 최대한 끌어올렸어야 맞다.

방통과 제갈량은 함께 배에 올라 허심탄회하게 이야기를 나눴다. 제갈량이 방통에게 말했다.

"내 생각에는 손권이 그대를 중용할 것 같지 않네. 만약 이곳에서 지내기가 여의치 않다면 형주로 와서 나와 함께 유현덕을 받드는 건 어떤가? 우리 주공은 너그럽고 어질 뿐만 아니라 덕이 두터워 그대의 배움을 헛되이 만들지 않을 걸세."

그러면서 방통에게 추천서를 써줬다.

제갈량의 말은 방통의 마음에 '상대적 박탈감'을 심어주었다. 제갈량이 방통의 운명을 결정한 것이다. 이 때문에 방통은 손권에게 중용되지 못하고 형주로 가 유비에게 의탁하게 되었다.

우리는 자신의 처지를 다른 사람과 비교할 수밖에 없다. 미국 심리학자 레온 페스팅거Leon Festinger가 1954년 제시한 '사회 비교 이론'에 따르면 사람은 객관적인 기준이 결여된 상황에서 다른 사람을 비교 척도로 삼아 자신을 평가한다고 한다.

사회 비교 이론은 하향비교와 상향비교로 구분된다. 하향비교는 자신보다 열등한 대상을 비교 기준으로 삼는 것으로 개인의 자아 만족감과 자신감을 향상시킨다. 이와 반대로 상향비교는 자신보다 우월한 대상을 비교 기준으로 삼기에 '상대적 박탈감'을 느끼게 된다. 상대적 박탈감이란 개인의 처지에는 아무런 변화가 없는데도 상대적으로 높은 기준으로 평가해 개인의 처지가 실제보다 못하다고 느끼는 것을 말한다.

사회 비교는 동태적動態的이다. 어떤 집단 내의 개인은 언제나 '현재'의 상태를 유지하지 않고 끊임없이 변화한다. 그중 어떤 사람은 운이 좋거나 본인이 열심히 노력한 결과 현재 상황을 넘어서기도 한다. 그런데 집단 내의 동료가 이렇듯 탁월한 개인을 비교대상으로 삼는다면 곧 '상대적 박탈감'을 느껴 마음의 평정을 잃는다.

방통과 제갈량이 아직 출사하기 전, 두 사람의 능력은 서로 엇비슷했고 두 사람에 대한 외부인의 평가도 마찬가지였다. 따라서 두 사람은 원래 같은 집단에 속했다고 할 수 있다. 그런데 제갈량은 지금 인생의 황금기를 맞이하고 있다. 유비의 군사가 되었을 뿐만 아니라 적벽 전투에서 어부지리로 조조, 손권과 균형을 이룰 만큼 유비의 세력을 키웠다. 반면 방통은 아직 불분명한 신분으로 강동에 기거하면서 별다른 주목을 받지 못하는 형편이다. 이 둘의 처지는 달라도 너무 달랐다.

방통은 의기양양하고 늠름한 제갈량의 모습에 마음이 편치 않았다. 그는 원래 같은 출발 선상에 있던 친구가 이제는 자신보다 훨씬 앞서 있는 현실을 받아들이기가 힘들었다. 자부심 강한 방통이 이런 사회 비교에서 제갈량을 이기고 심리적 쾌감까지 느끼려면 제갈량보다 더 높은 지위에 오르고 더 뛰어난 공을 세우는 길밖에 없었다.

방통이 할 수 있는 선택은 강동에서 손권의 중용을 받는 것뿐이었다. 조조에게는 갈 수 없었다. 적벽에서 조조를 물 먹인 장본인이 바로 자신이기 때문이다. 그렇다고 유비에게 갈 수도 없었다. 그곳에는 이미 제갈량이 있었으므로 그보다 높은 자리에 오를 수는 없었다. 그렇다면 사회 비교에서도 제갈량을 이길 수 없는 것이다.

제갈량이 방통에게 내뱉은 첫마디 '내 생각에는 손권이 그대를 중용할 것 같지 않네'라는 말에는 여러 의미가 내포되어 있었다. 제갈량이 어떻게 유비의 마음을 사로잡았던가? 바로 '후광효과'를 제대로 활용해 유비가 삼고초려를 마다않고 그를 찾게 만들지 않았는가. 방통이 제갈량과 어깨를 나란히 하거나 그를 뛰어넘으려면 반드시 손권이 '삼고초려' 못지않은 정성으로 그를 맞이하게 해야 했다.

그런데 방통은 이런 수작을 할 인물이 못 됐다. 방통은 소위 말하는 EQ가 높은 사람이었다. 그래서 제갈량처럼 저 잘난 맛에 안하무인으로 행동하는 일은 하지 못한다. 적벽 전투에서 속임수로 조조 스스로 기쁘게 덫에 걸리게 만들었던 일을 보면 알 수 있다. 만약 조조에게 했던 것처럼 듣기 좋은 말로 방통이 손권을 구슬리는(쉽게 말해 아부를 떠는) 책략을 쓴다면, 손권은 틀림없이 크게 기뻐하며 방통을 중용할 것이다.

그러나 이런 방법은 자신의 가치를 떨어뜨릴 수 있다. 이런 방법으로 목적을 이룬다면 방통은 틀림없이 제갈량의 비웃음을 살 것이다. 그렇게 되면 방통은 사회 비교에서 또 제갈량에게 지는 셈이다. 그러므로 방통은 결코 '손권에게 아부를 떠는 방법'을 선택할 수 없다.

그런데 제갈량의 말에는 또 다른 의도가 숨겨져 있었다. 바로 방통의 자존심을 긁는 것이었다.

'내가 손권에게 중용 받지 못할 거라고? 오냐! 두고 봐라! 내가 아부를 떨지 않고도 손권의 중용을 받는 것을 보여줄 테니!'

다시 말해 방통 또한 제갈량처럼 자신을 대단하고 신비한 인물로 포장하는 '심드렁한 판매자' 책략으로 자기 몸값을 높일 수밖에 없었다. 하지만 제갈량이 알기로 방통은 이 분야에 영 소질이 없었다(중국 역사를 통틀어 이 분야의 일인자는 제갈량이다). 만약 방통이 이 방법을 쓰면 오히려 손권의 반감만 살 것이 분명했다. 손권은 유비만큼 도량이 넓지 못하고 현재의 처지는 그 당시 유비만큼 절박하지 않기 때문이다.

그렇다면 방통은 더 이상 강동에 머물 수 없게 된다. 천하가 아무리 넓다 해도 방통이 머물 곳은 단 한 곳뿐이다. 바로 유비의 옆이다. 일이 이렇게 되면 제갈량은 두 다리 쭉 뻗고 잘 수 있다. 방통이 없는 동오는 이빨 빠진 호랑이에 불과한데 두려울 게 뭐 있겠는가!

방통이 유비 수하가 된 이후에 자신보다 주목을 받는 문제도 제갈량은 염려하지 않았다. 첫째, 제갈량은 그간 '신'과 같은 이미지를 만드는 데 심혈을 기울였다. 그로 인해 사람들의 뇌리에 신출귀몰한 계책과 백전백승의 놀라운 재주를 지닌 '신'과 같은 존재로 자리했다. 강력한 '후광효과' 덕분에 이제 그 누가 나타나도 제갈량의 '후광'을 가릴 수는 없었다. 둘째, 유비도 그때만큼 절박하지 않았다. 적벽에서 승리를 거둔 유비는 정신적으로 자신감이 충만했고 물질적으로도 매우 넉넉했다. 한때 인재를 구하기 위해 기꺼이 머리를 숙이고 발품을 팔던 유비가 아니었다. 이제는 인재에 목말라하지 않게 되었다. 따라서 방통이 유비를 찾아온다고 해도, 그가 아무리 천하에 이름을 날리는 인재라고 할지라도 그 옛날 제갈량에게 했던 것처럼 정성을 다하지는 않을 것이기 때문이다. 그렇게 되면 제갈량은 방통을 조수로 부리며 자기 대신 국사를 처리하게 하면서도 손아래 두고 통제할 수 있게 된다.

바로 이것이 제갈량이 바라는 상황이었다. 그리고 그가 위험을 무릅쓰고 강동을 찾은 진짜 목적이었다.

제갈량은 방통과 담소를 마치고 돌아갔다. 그런데 뜻밖에도 동오에는 제갈량의 계획을 망칠 인물이 하나 있었으니 바로 '노숙'이었다. 노숙은 자신의 깜냥을 잘 알고 있었다. 그는 주유처럼 지혜로운 사람이 제갈량과 겨룰 때마다 패배의 쓴잔을 마시고 결국은 목숨까지 잃는 과정을 바로 옆에서 지켜봤다. 그 대단한 주유도 못 한 일을 자신이 해낼 수 있을 리 없었다. 노숙은 자신이 동오의 대도독이 되면 제갈량을 대적할 수 없다고 생각했다. 그런 상황에서 제갈량과 어깨를 나란히 하는 인재 방통이 마침 동오에 머물고 있었다. 방통은 이미 적벽 전투에서 자신의 재능을 보여준 바 있고 주유 또한 그의 재주를 높이 평가했었다. 따라서 만약 그를 중용하면 제갈량과 막상막하로 겨룰 수 있을 터였다.

그래서 노숙은 국가의 이익을 위해 자신의 이익을 포기하기로 결심했다. 그는 손권을 찾아가 도독 자리를 내놓고 자기 대신 동오의 대도독으로 방통을 추천하기로 했다. 현재 노숙의 지위와 손권의 마음에서 그가 차지하는 위치를 생각하면 노숙의 추천은 성공할 확률이 매우 높았다.

◈ 심리학으로 들여다보기

지나치게 '사회 비교'에 집착하면 자아 가치를 잃게 된다. 제약 조건이나 비교 조건에 의해 자기 능력을 바로 볼 수 없게 되는 것이다. 사회 비교의 하향비교든 상향비교든 자신을 갉아먹는 보이지 않는 잘못된 습관이다. 과감하게 버리고 당당함을 덧입자.

치명적인 단점은
지혜로움만이 덮는다

노숙은 곧 손권을 찾아가 말했다.

"저는 평범하고 재주가 모자란 데도 주유가 잘못 알고 주공께 추천했습니다. 사실 저는 중임을 맡을 만한 인물이 못 됩니다. 하여 저 대신 도독 직을 맡을 인재를 한 명 추천하고자 합니다. 이 사람은 위로는 천문에 통하고 아래로는 지리에 밝을 뿐만 아니라 지모로는 관중과 악의에 뒤지지 않고 군사를 부리는 데는 손자孫子와 오자吳子에 비길만합니다. 지난날 주유도 여러 번 그의 의견을 따랐고 제갈량도 그의 재주에 탄복했습니다. 지금 그가 강동에 머물고 있는데 어찌하여 그를 무겁게 쓰지 않으십니까?"

노숙의 추천은 가장 강력한 '제삼자추천'이었다. 제삼자추천의 위력은 앞에서도 말한 바 있다. 사마휘와 서서가 제갈량을 추천했기에 유비는 삼고초려를 마다하지 않았다. 노숙의 추천도 마찬가지였다. 게다가 노숙은 뛰어난 재주를 자랑한 주유와 제갈량조차도 방통의 재주를 높이 산 일까지 덧붙여 자기 말에 힘을 실었다. 더 중요한 것은 노숙이 자신의 지위를 방통에게 양보한 사실이다. 이것은 그 무엇보다도 강력한 추천사였다.

도독이라는 직위는 강동의 군사를 총지휘할 자리로 일인지하 만인지상의 높은 자리였다. 그런데 이런 직위에 있는 사람이 스스로 물러난다는 것이다. 이 자리는 지난날 노장 정보와 주유조차 신경전을 벌이기도 했던 요직이다.

지난날 서서가 제갈량을 추천했을 때의 상황을 떠올려보자. 서서도 제갈량의 재주가 자신보다 낮다는 사실을 알았지만 어쩔 수 없이 직위를 내려놓고 떠나야 하는 상황이 되어서야 제갈량을 추천했다. 그런데 노숙은 스스로 자리를 내놓고 그 자리에 방통을 천거했다. 그렇다는 것은 노숙이 기꺼이 자리를 내놓고 물러날 만큼 방통이 대단한 인재라는 뜻이었다.

과연 손권은 크게 기뻐하며 그의 이름을 물었다. 노숙이 말했다.

"그는 양양襄陽 사람으로 이름은 방통이며 자字는 사원仕元, 도호道號는 봉추鳳雛라 하여 와룡 제갈량과 이름을 나란히 하지요."

손권이 얼른 말했다.

"나도 그의 높은 이름을 들은 바 있소. 어서 그를 모셔오시오."

노숙은 급히 사람을 보내 방통을 불러오게 했다.

'제삼자추천'의 위력은 막강했다. 손권은 마음의 문을 활짝 열고 방통이 들기만을 기다렸다.

방통은 어떻게 대응해야 할까? 그는 절대로 손권의 청에 가볍게 몸을 움직여서는 안 됐다. 오히려 곧장 짐을 꾸리고 떠날 차비를 해야 했다. 그가 가진 최강의 무기는 제갈량이 써준 추천서였다. 그는 제갈량이 이미 자신을 형주로 불렀고 유비가 그를 무겁게 쓰려 하기에 곧 떠나야 한다는 이유로 손권의 청을 거절했어야 했다. 만약 방통이 이런 방법으로 자신의 몸값을 높였다면 '심드렁한 판매자' 책략은 최대의 효과를 거뒀을 것이다.

그러나 안타깝게도 방통은 이 기회를 놓치고 말았다. 그는 자신을 찾아온 사람을 따라 그 즉시 손권을 만나러 가 주도권을 잃었다. 말했다시피 방통과 제갈량의 재주와 학식은 비슷한 수준이다. 그러나 다음 두 가지 면에서 방통은 제갈량의 상대가 아니었다.

하나는 용모였다. 제갈량의 출중한 용모에 대해서는 이미 자세히 설명한 바 있다.

"유비가 보니 제갈량은 키가 8척에 이르고 얼굴이 관옥처럼 희며 윤건을 쓴 채 학창의를 걸치고 있는데 표연한 풍채가 신선을 연상케 했다. 그 모습에 마음 깊이 감탄한 유비는 허리를 굽혀 예를 올렸다."

이처럼 외모가 미치는 영향은 결코 작지 않다.

영국 심리학자 리처드 와이즈먼Richard Wiseman은 BBC의 간판 프로그램 '내일의 세계Tomorrow' World' 방송 중 다음과 같은 실험을 했다. 그는 시청자에게 배심원 역할을 맡긴 뒤, 모의재판 영상을 보여주고 영상에 나오는 피고의 유죄 여부를 판단하게 했다.

보통의 경우 영국 내에서 중계되는 텔레비전 프로그램은 지역에 상관없이 똑같은데, 이 실험을 위해서 BBC 측은 특별히 서로 다른 두 개의 신호를 송출했다. 다시 말해 영국 시청자를 두 그룹으로 나눠 각기 다른 프로그램을 보게 한 것이다. 그중 한 프로그램의 피고는 납작코에 눈이 퀭하니 들어가 있어 흔히 말하는 범죄자 인상이었고, 다른 프로그램의 피고는 맑고 푸른 눈동자에 앳된 얼굴을 하고 있었다.

다른 요소의 영향을 받지 않도록 피고 두 사람은 무표정한 얼굴에 똑같은 옷을 입고 똑같은 위치에 앉아 있었다. 즉, 생김새를 제외하고는 모든 조건이 완전히 똑같았다. 그리고 마지막으로 시청자 6만 명으로부터 전화를 받았다. 실험 결과, 많은 시청자가 유죄 유무를 판단하는 데 생김새의 영향을 받았다. 시청자 중 40%가 납작코에 눈이 퀭한 피고에게 유죄를 선고했고 푸른 눈동자에 동안을 가진 피고에게 유죄를 선고한 시청자는 29%에 불과했다.

사람들은 이성적으로는 증거로 유죄 유무를 판단해야 한다는 것을 잘 알고 있다. 하지만 많은 사람이 단순히 피고의 외모만 보고 경솔하게 유죄 유무를 판단했다. 이로 볼 때 외모가 사회생활에 얼마나 큰 영향을 미치는지 알 수 있다.

안타깝게도 하늘은 방통을 그다지 어여삐 여기지 않았다. 그에게 비범한 지력을 내리면서 못생긴 얼굴을 주었던 것이다. 손권은 방통이 짙은 눈썹에 들창코, 검은 얼굴에 짧은 머리인 것을 보고 탐탁지 않아 했다.

사람이 생김새가 좀 못났다고 사는 데 크게 불편한 점은 없다. '옷이 날개다'라는 말이 있듯이 화려하고 값비싼 옷을 입으면 못난 얼굴도 잘나 보인다. 윤건을 쓰고 학창의를 걸친 제갈량은 신선과 다름없는 풍모를 자랑했다. 하지만 대나무로 얽은 관을 쓰고 도포를 입고 검은 띠를 두르고 흰 신을 신은 방통은 꾀죄죄하기만 했다.

손권이 이마를 찌푸린 것도 당연했다. 호방한 생김새의 주유와 신선 같은 풍모를 자랑하는 제갈량의 외모에 익숙한 손권이 별 볼 일 없는 생김새의 방통이 마음에 들 리 없었다. 그나마 노숙의 '제삼자추천'이 있었기에 손권은 마음을 가다듬고 방통에게 물었다.

"그대는 평생 어떤 공부를 주로 했소?"

방통은 이때부터 '심드렁한 판매자'인 척하며 오만하게 대답했다.

"배움은 한 가지에 얽매이면 안 되고 상황에 따라 바꿔야 합니다."

손권이 다시 물었다.

"그대의 재주와 학문은 공근과 비교해서 어떻소?"

손권이 주유를 편애했다는 사실은 모르는 사람이 없었다. 게다가 주유가 죽은 지 얼마 되지 않아 손권은 아직도 주유를 몹시 그리워했다. 만약 방통이 주유를 이용해 노숙이 앞서 말했던 것처럼 주유가 자신을 얼마나 중시했고 얼마나 높이 평가했는지 떠들어댄다면 자신에 대한 손권의 첫인상을 바꿔 동오의 대도독이 될 수도 있었다. 방통도 그 사실을 모르지 않았다. 그러나 방통이 '심드렁한 판매자'가 되려면 절대로 그렇게 하면 안 되었다. 그래서 방통은 여전히 오만하게 말했다.

"제가 배운 것은 주유가 배운 것과 크게 다릅니다."

사실 방통은 주유의 학문이 자신보다 매우 못하다는 말을 돌려 표현한 것이었다. 그러나 손권은 방통이 주유를 무시하고 있다고 생각했다. 손권이 화난 기색으로 말했다.

"그대는 잠시 물러가시오. 훗날 그대가 필요할 때 다시 부르겠소."

방통이 제갈량보다 못한 다른 하나는 '심드렁한 판매자' 책략에 능숙하지 못하다는 점이다. 제갈량은 항상 주도권을 쥐었던 데 반해 방통은 늘 주도권을 뺏긴다는 점이다. 제갈량보다 못한 이 두 가지 점으로 방통은 손권의 눈에 들지 못했다. 방통은 길게 탄식을 쏟아내며 그 자리를 나왔다.

　'과연 제갈량의 말이 맞구나.'

　이 모습을 지켜보던 노숙이 급히 다가가 손권에게 물었다.

　"주공은 어째서 방통을 쓰지 않으시는 겁니까?"

　손권이 말했다.

　"미친 선비에 불과한데 써서 무슨 이득이 있겠소?"

　노숙이 말했다.

　"적벽에서 조조의 군사를 몰살시킬 때, 그가 조조에게 연환계를 올렸습니다. 조조를 물리치는 데 그가 으뜸가는 공을 세운 겁니다. 주공께서는 이 사실을 꼭 아셔야 합니다."

　노숙은 방통이 세운 공을 들먹이며 손권의 생각을 바꾸려고 했다. 그러나 이미 선입견이 생긴 손권은 생각을 바꾸지 않았다.

　"그것은 조조가 스스로 배를 엮어둔 것이지 저 사람의 공이 아닙니다. 더 이상 말하지 마시오. 나는 절대로 저 사람을 쓰지 않을 것이니!"

　손권이 방통의 공임을 잘 알면서도 아니라고 부인한 것은 '지각의 선택성' 때문이다. 노숙은 하는 수 없이 그 자리에서 물러나온 뒤 방통에게 말했다.

　"제가 천거하지 않은 것이 아니라 오후께서 고집을 부리시며 그대를 쓰지 않겠다는구려. 그대는 우선 참고 기다려 보시오. 훗날 제가 기회를 보아 다시 그대를 추천할 터이니."

방통은 묵묵히 아무 말도 하지 않았다.

방통은 손권의 태도에 적잖이 충격을 받았다. 제갈량은 막 출사할
때 명성만 높았을 뿐 아무런 공적이 없었다. 그에 비해 지금의 방통은
명성도 높고 공적도 있었다. 그런데 제갈량은 유비에게 중용된 데 반
해 방통은 버림을 받은 것이다. 방통은 이 사실을 받아들이기 힘들었
다. 노숙이 말했다.

"그대는 널리 천하를 구할 재주를 지녔으니 공을 세우지 못하고 이
름을 날리지 못할까 걱정할 필요 있겠소. 그대로 조금만 더 기다려보
시오. 만약 동오에 머무르는 것이 그대의 앞날을 망치는 길이라 염려
되신다면 이 노숙에게 알려주시오."

노숙은 방통의 재주를 익히 알고 있었다. 만약 그의 재주가 동오의
적에게 이용된다면 동오로서는 큰 시름을 안게 되는 셈이었다. 아니나
다를까 방통이 단도직입적으로 말했다.

"나는 조조를 찾아갈 생각이오."

이 말은 방통의 솔직한 심경이었다. 동오에는 더 이상 있을 수 없게
되었고, 유비 곁에는 제갈량이 있으므로 찾아가야 보조 노릇이나 할
게 분명했다. 그렇다면 남은 선택은 조조뿐이었다. 게다가 지난번 조
조와 만났을 때 보니 자신과 궁합이 꽤 맞는 편이었다. 또 손권과 훗날
만나게 될 유비, 그리고 조조 중에서 방통의 재주를 가장 높이 산 사람
도 조조였다.

이것은 노숙이 가장 걱정하는 일이었다. 만약 방통이 조조를 돕는
다면 이는 호랑이에게 날개를 달아주는 것과 마찬가지다. 그렇게 되

면 동오의 앞날도 험난한 가시밭길이 될 게 분명했다. 노숙이 얼른 말했다.

"그건 아니 될 말씀입니다. 조조는 한나라 승상이라는 이름을 가지고 있지만, 사실은 한나라의 역적입니다. 만약 그대가 조조를 찾아간다면 이는 밝은 구슬을 어둠에 던져버리는 꼴이며 못된 무리의 앞잡이가 되는 것으로 세상 사람들의 비웃음을 살 것입니다."

방통은 아무 말도 하지 않았다. 노숙의 말은 부인할 수 없는 사실이었다. 더 중요한 사실은 적벽 전투에서 조조를 패배의 구렁텅이로 몰아넣은 장본인이 바로 자신이었다. 조조가 아무리 도량이 넓은 사람이라 하더라도 결코 그를 용서할 리 없었다. 노숙이 말했다.

"차라리 형주의 유황숙을 찾아가시오. 그러면 틀림없이 그대를 중용할 것입니다."

사실 노숙의 입장에서는 방통이 조조를 찾아가건 유비를 찾아가건 좋을 게 없었다. 그러나 방통이 기어코 동오를 떠날 작정이라면 그나마 유비의 수하로 들어가는 편이 훨씬 나았다. 게다가 만약 방통이 유비를 찾아가 무겁게 쓰인다면 지금 노숙이 자신을 추천했던 일을 잊지 않을 터였다. 그렇게 해서 유비 진영에 방통이라는 '내선'이 생기면 손권과 유비의 관계를 풀어가기가 훨씬 수월해진다. 노숙은 유비에게 추천서를 써준 다음 양쪽 진영이 힘을 합쳐 조조를 물리치는 데 힘쓰자고 신신당부했다.

방통은 알았다며 노숙의 추천서를 받아들고 형주로 향했다.

왜 방통은 태도를 180도 바꾼 것일까? 제갈량의 수하로 들어갈 것을 뻔히 알면서도 유비를 찾아가기로 작정한 까닭은 무엇일까?

◈ **심리학으로 들여다보기**

아무것도 없는 상황에서 오만함은 독이다. 무소불위는 주변을 의식하지 않거나 무시했을 때 나오는 독성강한 이기심이다. 배려하는 마음을 짓밟고 오로지 자기주장만 내세우게 된다. 반대 의견이 없다고 상대가 없는 것은 아니다. 언제나 상대의 의견을 들으려는 자세가 필요하다.

큰 뜻을 품었다면
웅덩이에서 실력을 발휘하지 마라

　제갈량은 동오에서 냉대를 받은 방통이 형주로 올 거라 예상했다. 그래서 그를 만나지 않으려고 일부러 장사, 영릉 등 4군을 시찰한다는 이유로 자리를 비웠다. 이렇게 한 것은 방통의 기를 꺾기 위해서였다. 제갈량은 방통이 자신의 추천서 덕분에 유비의 중용을 받게 만들 생각이었다. 만약 두 사람이 함께 유비 앞에 서게 되면 자신이 써준 추천서의 의미가 없어진다. 제갈량이 문상하고 돌아온 뒤 유비에게 방통의 일에 대해서는 입도 뻥긋하지 않은 사실이 이를 잘 설명해준다.

　그러나 방통도 제갈량에 못지않은 인재였다. 그는 결코 제갈량의 생각대로 움직이고 싶지 않았다. 다른 방식으로 자신의 능력을 증명하기로 했다. 방통은 제갈량의 추천서는 물론이고 노숙의 추천서도 사용하지 않을 작정이었다.

'강동의 명사 방통이 찾아왔다'라고 유비의 수하가 전했다. 그런데 방통에게는 불행한 일이지만, 지금의 유비는 옛날의 처량한 신세가 아니었다. 수경선생 사마휘가 '와룡과 봉추 중에 하나만 얻어도 능히 천하를 편안케 할 수 있다'라고 말했던 일은 이미 유비의 기억 속에 남아 있지 않은 것이다. 그 당시의 유비는 인재를 얻기 위해서라면 삼고초려도 마다하지 않았다.

유비 앞에 선 방통은 가볍게 읍만 할 뿐 절도 하지 않았다. 그 모습에 유비는 심사가 뒤틀렸다. 방통은 이번에도 못생긴 외모 탓에 단단히 손해를 봤다. 방통의 못생긴 외모와 꾀죄죄한 몰골을 어떻게 '지혜로움'과 '유능함' 같은 아름다운 품성과 연결할 수 있겠는가? 방통이 담담하게 말했다.

"황숙께서 어진 이를 찾고 선비를 받아들인다는 말을 듣고 이렇게 특별히 찾아왔습니다."

유비도 담담하게 말했다.

"이제 형초荊楚 땅이 거의 안정되어 남아 있는 자리가 없습니다. 여기서 동북쪽으로 130여 리를 가면 뇌양현이라는 고을이 있습니다. 마침 그곳 현령 자리가 비었습니다. 선생께서는 그곳으로 가보시지요. 훗날 빈자리가 있으면 그대를 무겁게 쓰겠습니다."

유비의 말에 방통은 얼음동굴에 떨어진 기분이었다. 천하에 이름난 현명한 군주 유비가 불세출의 기재를 이렇게 냉대할 수는 없는 일이었다. 이 순간 방통은 자신이 조조를 찾아가지 않은 것을 진심으로 후회했다.

천하를 평안케 할 재주를 가진 사람이 기구한 운명의 주인공이 되고 말았다. 방통의 인생은 이미 밑바닥까지 떨어졌다. 이제 그는 어떻게 해야 하는가? 진정한 영웅은 어떤 시련이 닥쳐도 결코 무릎 꿇지 않는다. 아무리 험난한 시련이 와도 기필코 다시금 웅대한 기상을 떨칠 길을 찾아낸다.

방통은 어떤 시련에 맞닥뜨린 것인가?

외부 사물이나 다른 사람에 대한 인지는 종종 초두효과, 즉 첫인상의 영향을 받는다. 다른 사람을 대할 때 언제나 처음에 느낀 인상의 영향을 크게 받는다. 일단 처음에 어떤 사람을 보고 나쁜 인상을 받았다면 나중에 이 인상을 바꾸기란 쉽지 않다. 방통에 대한 유비의 첫인상은 매우 나빴다. 유비의 인식을 바꾸려면 제갈량과 노숙이 준 추천서를 내밀어야 할까?

물론 추천서가 유비의 인식을 바꾸는 데 어느 정도 효력을 발휘할 것이다. 하지만 유비가 '두 눈으로 똑똑히 본 사실'을 뒤집지는 못한다. 게다가 방통은 다른 사람의 추천서에 의존할 생각 따위는 추호도 없었다. 특히 자신과 막상막하인 제갈량의 추천이라면 더더욱 원치 않았다.

하늘이 무너져도 솟아날 구멍은 있는 법이다. 초두효과를 뒤엎으려면 근인효과를 이용하면 된다. 다시 말해 최근에, 과거와는 전혀 다른, 사람들이 괄목상대할 만한 성취를 거두면 이전의 나쁜 인상을 완전히 뒤엎을 수도 있다. 그럼에도 첫인상의 뿌리는 깊게 남는다. 속담에 '강산은 쉽게 바뀌어도 본성은 바꾸기 어렵다'라는 말이 있다. 이와 마찬가지로 사람의 인식도 쉽게 바뀌지 않는다. 따라서 한번 굳어진 인상을 바꾸려면 엄청난 용기와 지혜가 필요한 법이다. 그렇지 않으면 근인효과로 초두효과를 대체하기란 불가능하다.

방통은 묵묵히 그 자리를 나와 뇌양현未陽縣으로 향했다.

방통은 뇌양현 현령으로 부임한 뒤 정사는 돌보지 않고 온종일 음주가무만 즐겼다. 얼마 지나지 않아 그의 악명은 유비의 귀에까지 들어갔다. 그렇지 않아도 나쁜 인상이 더욱 나빠지게 생겼다. 과연 유비는 대노했다.

"이 더벅머리 선비 놈이 감히 나의 법도를 어지럽히다니!"

유비는 곧장 장비를 불러 뇌양현으로 가 방통이 공정하지 못한 일이나 법을 어기는 일을 했는지 조사해 엄벌하라고 지시했다. 대신 장비의 경솔한 성정을 잘 알고 있던 터라 손건을 함께 보냈다.

장비와 손건이 뇌양현에 도착하자 고을의 백성들과 벼슬아치들이 모두 성을 나와 맞이했다. 하지만 현령인 방통은 보이지 않았다. 장비가 현령이 어디 있냐고 물었다.

"방현령이 부임한 지 이미 100일이 지났지만 고을 일은 하나도 돌보지 않았습니다. 매일 아침부터 밤까지 술만 마시고 온종일 취해 있지요. 오늘도 마신 술이 깨지 않아 아직 자고 있습니다."

크게 노한 장비는 방통을 이불 속에서 끌어내 독하게 매질을 하려고 했다. 그나마 유비가 선견지명이 있어 손건을 함께 보낸 덕에 이같이 험한 일은 일어나지 않았다.

손건은 일찍부터 방통의 이름을 들어왔다. 그는 방통 같은 사람에게 겨우 이 작은 고을의 현령을 맡긴 것은 그야말로 인재를 낭비한 것과 같다고 생각했다. 그래서 이에 불만을 품고 일부러 문제를 일으킨 것이라고 확신했다. 손건은 흥분한 장비를 진정시키며 자초지종을 따져 물은 뒤에 결론을 내리라고 설득했다.

장비는 손건의 말에 동의하며 즉시 사람을 보내 방통을 불러오게 했다. 이윽고 옷매무새는 흐트러지고 술기운이 채 가시지 않은 방통이 나타났다. 장비가 성난 목소리로 꾸짖었다.

"우리 형님이 그래도 너를 사람 취급해 뇌양현 현령직을 맡겼거늘 너는 어찌 날마다 술만 마시고 공사는 뒷전으로 내팽개쳤느냐?"

방통이 껄껄 웃으며 말했다.

"내가 무슨 공사를 내팽개쳤다는 말씀이오?"

"네가 부임한 지 100일이 지나도록 마을 일을 돌본 적이 단 한 번도 없다는데 그러고도 공사를 내팽개치지 않았다는 말이냐?"

방통이 또 한 번 껄껄 웃으며 말했다.

"이토록 작은 고을에 처리하기 어려운 공사가 뭐 있겠습니까? 장군께서는 잠시 앉아계시오. 내가 곧 모든 일을 처리할 터이니."

이어서 방통은 벼슬아치에게 지난 100여 일 동안 쌓인 일을 모두 가져오게 했다. 분부를 받은 벼슬아치들은 이런저런 문서들을 모두 정청으로 가지고 나왔다. 방통은 각각의 일에 관계되는 피고와 원고를 모두 불러들여 마당에 꿇어 앉혔다. 그리고는 손으로는 장부를 뒤적이고 입으로는 연이어 판결을 내리는데 귀로 듣기에도 옳고 그름이 뚜렷하여 터럭만큼도 어긋나지 않았다. 판결을 받은 백성들도 하나같이 머리를 조아리고 절을 하는데 조금도 불만이 없어보였다.

방통은 반나절도 되지 않아 지난 100일 동안 쌓인 공사를 모두 처리했다. 방통은 붓을 내던지며 하하 웃었다.

"내가 내팽개친 일이 어디 있습니까? 조조와 손권의 일도 손바닥 들여다보듯 훤한데 이까짓 작은 고을의 일로 마음 쓸 일이 뭐 있겠소?"

적진 한가운데로 뛰어들어 적장의 목을 베는 일도 주머니 속의 물건 꺼내듯 했던 맹장 장비는 이 광경을 지켜보다가 대경실색했다. 솔직히 장비는 방통이 신속 정확하게 고을의 일을 모두 처리하는 것을 보고 제갈량도 그의 재주에는 못 미친다고 생각했다. 장비는 그제야 유비가 방통을 홀대했다는 사실을 깨달았다. 솔직한 성격의 장비는 그 자리에서 아랫자리로 내려가 방통에게 말했다.

"선생의 크신 재주를 몰라뵙고 제가 실수를 했습니다. 제가 돌아가 반드시 형님께 선생을 있는 힘껏 천거하겠습니다."

장비가 이렇듯 고개를 숙였다는 사실은 방통이 '근인효과'를 성공적으로 활용했다는 뜻이다.

근인효과를 극대화하려면 반드시 사전준비를 착실히 해야 한다. 말을 몰아 달리기 전에 먼저 뒤로 몇 발짝 물러나야 하고 활을 쏘기 전에 활시위를 당겨야 한다. 방통은 두 발 나아가기 위해 한발 물러선 것이었다. 먼저 상황을 최악의 상태로 만든 다음, 자신의 능력을 발휘해 다시 최상의 상태로 뒤바꿔야만 했다. 그러면 유비가 지금 닭 잡는 데 소 잡는 칼을 쓰고 있다는 사실을 증명할 수 있다. 만약 방통이 시키는 대로 뇌양현 현령 노릇을 잘했다면 기껏해야 '유능한' 현령으로 평가받아 한 직급 승진하는 데 그쳤을 것이다. 그러나 방통이 겨우 현령보다 한 직급 높은 자리에 만족할 리 없었다.

방통은 '후광효과'를 만드는 데도 미숙했고 '심드렁한 판매자' 책략을 구사하는 데도 영 재주가 없었다. 그러기에 숱한 냉대와 고생을 감내해야 했다. 그러나 방통은 굴복하지 않고 자신의 능력으로 이를 극복하기로 작정했다. 결국 '근인효과'를 이용해 못생긴 외모(선천적 불리함)와 인재에 목말라하지 않는 군주(후천적 불리함), 이 두 가지 불리한 조건을 극복하고 자신에게 합당한 지위와 대우를 쟁취해냈다.

그제야 방통은 크게 웃으며 노숙의 추천서를 내보였다. 그러나 '사회 비교'의 미묘한 심리 탓에 방통은 제갈량의 추천서는 꺼내지 않았다. 노숙의 추천서를 본 장비가 곧바로 물었다.

"어째서 선생께서는 처음에 우리 형님을 뵌 자리에서 이 추천서를 꺼내지 않으셨습니까?"

방통은 담담히 웃으며 말했다.

"나는 황숙이 믿지 않으실까 염려했습니다."

언중유골이었다. 방통의 말 속에는 유비가 외모로 사람을 평가한 것에 대한 책망이 담겨있었다. 장비는 노숙의 편지를 들고 형주로 돌아가 유비를 만났다. 노숙의 편지에는 이렇게 쓰여 있었다.

방사원의 재주는 작은 고을이나 다스릴 재주가 아닙니다. 마땅히 치중治中, 별가別駕 같은 자리를 맡기시어 처음부터 마음껏 그의 뜻을 펼칠 수 있게 해주십시오. 만일 황숙께서 외모만 보시고 그 배움을 알아주지 않아 결국 그가 다른 사람에게 쓰이게 된다면 실로 애석한 일일 것입니다.

만약 유비가 처음부터 이 편지를 읽었다면 방통이 조조에게 가는 것을 막기 위해서라도 그를 중용했을 것이다. 그러나 방통이 영 운이 없지만은 않았던 모양이다. 방통은 조조에게 가지도 않았고 생각지도 못한 방식으로 자신의 명성이 헛되지 않음을 증명했다.

유비가 방통에게 감탄하고 있을 때 제갈량이 돌아왔다는 보고가 들어왔다. 이번에 제갈량은 아주 오랫동안 자리를 비웠다. 이는 그가 일부러 방통을 피하려는 속셈이 분명했다. 제갈량은 유비를 보자마자 이렇게 말했다.

"방龐 군사軍師께서는 별일 없으십니까?"

제갈량은 방통이 자신의 추천서를 가지고 왔으니 틀림없이 유비가 그를 부군사로 삼았을 것이라고 판단해서 '방군사'라고 불렀다. 그런데 뜻밖에도 유비는 이렇게 대답했다.

"그를 뇌양현 현령으로 보냈는데 고을 일은 돌보지 않아서 그의 죄를 물으려던 참이었소."

제갈량도 적잖이 당황했다. 유비가 한 나라를 다스리고도 남을 인재를 겨우 그만한 자리에 앉힐 줄은 꿈에도 몰랐기 때문이다.

"방사원은 결코 작은 고을이나 다스릴 인재가 아닙니다. 제가 일전에 그에게 추천서를 써주었는데 주공께서는 보지 못하셨습니까?"

"자경이 써준 추천서를 보았을 뿐 선생의 추천서는 보지 못했습니다."

"원래 큰 인물에게 작은 자리를 맡기면 술에 빠져 지내며 일은 소홀히 하는 법입니다."

겉으로는 방통의 편을 드는 것 같지만 사실 제갈량은 자신이 잘못 처리한 일에 양심의 가책을 느껴 실수를 만회하는 것이다. 그러나 아무리 똑똑한 제갈량도 방통이 술에 빠져 공사를 소홀히 한 까닭이 마음속의 울분을 참지 못해서가 아니라 놀라운 재주를 단번에 증명할 수 있도록 일부러 사전작업을 한 것이라는 사실을 알지 못했다.

제갈량은 자신이 심혈을 기울여 짠 각본대로 방통이 유비를 찾아오기는 했지만, 그 이후에 자신의 예상과 전혀 다른 일이 벌어지리라고는 생각지도 못했다. 이번 일을 계기로 제갈량도 방통의 지혜에 깊이 감탄했다.

유비는 곧장 장비를 뇌양현에 보내 방통을 데려오게 했다. 방통이 형주에 도착하자 유비는 거듭 사죄하면서 부군사중랑장으로 삼았다. 방통의 가슴속에 맺혔던 응어리도 이제야 말끔히 사라졌다. 일이 잘 풀리고 나서야 방통은 제갈량의 추천서를 내놓았다. '추천'을 위해서가 아니라 '자랑'하기 위해서였다.

유비는 그제야 과거 사마휘가 '와룡과 봉추 중에 하나만 얻어도 능히 천하를 편안케 할 수 있다'라던 말이 기억났다. 이제 사마휘가 말한 두 사람이 모두 유비의 사람이 되었다. 유비의 머릿속에는 한 문장이 새겨졌다.

'천하가 곧 내 것이 되겠구나!'

◈ 심리학으로 들여다보기

여태껏 울지 않은 자만이 한번 울음으로 세상을 놀라게 할 수 있다. 참고 인내한 사람이 한번 화를 내거나 언제나 남의 의견을 수용하고 포용하는 사람이 자기주장을 강하게 내세울 때 그 위력이 남다르다. 거짓말을 일삼은 양치기 소년의 진실을 알리기 위해 발 벗고 나서는 사람은 없다.

아무리 굳은 신념이라도
다르게 해석될 수 있다

유비에게 곧 기회가 찾아왔다.

서천 유장의 부하 장송이 어리석고 유약한 유장을 못마땅하게 여겨 조조에게 서천을 바치려고 했다. 장송은 여러 구실을 찾아 조조를 만나러 갔다. 그런데 외모가 주는 인상이 또 '절대적'인 위력을 발휘했다.

장송의 얼굴은 비딱하고 머리통이 뾰족했으며, 코는 주저앉았고 입을 벌리지 않아도 이가 드러났다. 게다가 키도 5척이 채 되지 않는 단신이었다. 그런 볼품없는 모습을 조조가 마음에 들어 할 리 없었다. 큰 선물을 들고 온 장송은 조조의 냉대에 깊은 상처를 입었다. 장송은 자존심을 달래기 위해 조조의 면전에서 빈정거리는 말투로 일관하다 하마터면 목이 달아날 뻔했다. 장송은 울적한 마음으로 돌아갔다.

제갈량은 이 기회를 포착했다. 유비는 친히 중신들과 장수들을 데리고 나가 장송을 맞이하고 사흘 동안 성대히 대접했다. 장송은 조조에게 짓밟힌 자존심을 유비에게 보상받았다. 앞서 말했듯이 호혜의 원칙은 인류의 진화과정에서 가장 큰 효과를 발휘한 심리 공식이다. 유비는 장송을 환대해놓고 아무런 요구도 하지 않았다. 오는 정이 있으면 가는 정도 있는 법이다. 장송은 유비가 꿈에도 그리던 '서천 지도'를 바쳤다.

서천 일대의 산길은 험난하기가 마치 하늘을 오르는 것과 같다는 말이 있다. 그만큼 험준한 지형으로 악명이 높았다. 그런 땅을 공략하기가 어디 쉽겠는가? 그런데 서천 지도를 손에 넣었으니 그 땅을 차지하기가 훨씬 수월해질 터였다.

그러나 유비처럼 '인의도덕'을 들먹이는 사람은 무슨 일을 하더라도 도의에 맞는 이유가 있어야 한다. 서천을 치는 일도 마찬가지였다. 그런데 장송이 유비의 고민거리를 단번에 해결해줬다. 장송의 한패이자 유장의 수하인 중신 법정法正과 맹달孟達은 동천東川의 장로張魯를 막기 위해 유비의 도움이 필요하다는 구실로 유비를 서천으로 불러들였다. 이래서 '내선'이 있으면 편한 법이다.

유비는 장수와 모사를 모두 불러 서천을 치는 일을 의논했다. 제갈량이 말했다.

"형주는 근본이 되는 땅입니다. 마땅히 군사를 나눠 잘 지켜야 할 것입니다."

제갈량은 당연히 유비와 함께 서천 땅을 차지하러 간다고 생각했기에 남겨둘 사람을 엄선하라고 일깨워준 것이다. 그는 유비가 지금까지

늘 그래왔듯 이 일에 대해 자신과 상의할 것으로 생각했다. 그런데 유비는 제갈량에게 일언반구도 없이 혼자 모든 일을 결정했다.

현재 유비 밑에는 문관과 무관이 충분했다. 문관으로는 제갈량과 방통이 있었고 무관으로는 관우, 장비, 조운, 황충, 위연이 있었다. 다시 말해 인원을 배치할 경우의 수가 많았다. 그래서 유비는 방통과 황충, 위연 세 사람을 서천에 데려가기로 결정했다.

유비의 방안은 참으로 오묘했다. 조조가 유비를 높이 평가했던 것이 결코 틀리지 않았음을 증명했다. 유비의 인자함 뒤에는 고명한 통치력이 숨겨져 있었다. 과거의 그는 가진 것이 너무 없어서 재주를 제대로 펼치지 못했다. 그런데 가진 것이 많아진 지금, 유비의 숨겨진 재능이 빛을 발했다. 제갈량 같은 천하의 기재도 유비의 손바닥을 벗어날 수 없었다.

유비는 세 사람을 데려가고 네 사람을 남겨뒀다. 즉 인원 배치에 있어서 형주를 지키는 데 더 큰 비중을 둔 것이다. 형주는 손에 쥔 새이므로 절대로 잃어서는 안 된다. 반면에 서천은 숲속의 새로 손에 넣을 수 있을지 아직 미지수였다. 그러므로 형주를 잘 지켜야 했다.

그런데 주목해야 할 점은 이번에 유비가 고른 사람이 모두 유비 진영에 새로 들어온 사람들이고 그동안 함께하던 수하들은 단 한 명도 데려가지 않는다는 사실이다. 그 이유가 무엇일까?

새로 집단에 들어온 사람은 자신의 재주를 증명하기 위해 무슨 수를 쓰든 공을 세우려고 할 것이다. 그러나 오랫동안 함께한 사람은 자기 주장이 강해 관리하기가 쉽지 않고 심지어 새로 들어온 사람을 견제하려 든다. 따라서 기존의 수하들을 데려가면 새로 들어온 수하들은 능력을 발휘하기 어려워질 것이다. 또 일이 성공하면 기존 수하들은 더욱 기세등등해질 게 분명했다. 그런데 새로 들어온 수하가 공을 세우면 기존 수하들과 어깨를 견줄 수 있게 된다. 그렇게 되면 지도자로서는 수하들을 통솔하기가 훨씬 수월해진다.

유비가 이런 결정을 내린 데는 제갈량의 미묘한 심리 상태를 감지한 것과도 관계가 있다.

제갈량이 주유의 문상을 핑계로 동오를 찾은 것은 방통이 동오에서 중용되지 못하게 막고 유비 수하로 끌어오기 위해서였다. 그런데 동오에서 돌아온 제갈량은 그곳에서 있었던 일을 유비에게 제대로 설명하지 않았다. 일부러 세 달 넘게 외부 시찰을 나가 하마터면 방통이라는 인재를 잃을 뻔하게 했다. 물론 이 일로 제갈량에 대한 믿음이 흔들리지는 않았지만 사람의 심리를 읽는데 기막힌 재주가 있는 유비는 방통을 키워 제갈량을 적당히 누르기로 결심했다.

유비가 이 같은 결정을 밝히자 제갈량은 새삼 유비에게 두려움을 느꼈다. 서운함도 일었다. 제갈량은 당연히 유비에게 형주를 안겨준 뒤 서천까지 빼앗아 '삼분천하지계'를 실현하고 싶었다. 그런데 이제 자신은 형주나 지키며 방통이 서천을 빼앗아 공을 세우는 것을 지켜보게 생겼다.

그러나 잠시 생각을 가다듬고 나니 기분이 나아졌다. 방통이 서천을 빼앗기가 녹록지 않을 것으로 판단되었기 때문이다. 제갈량은 유비라는 사람을 뼛속까지 잘 알고 있었다. 그가 유표의 형주를 빼앗자고 몇 번이나 권했는데도 유비는 '도덕'에 발목 잡혀 감히 행동으로 옮기지 못했다. 서천의 주인인 유장도 유비와 같은 유씨였다. 방통도 유비가 안면몰수하고 사람들의 비난을 무시한 채 서천을 빼앗도록 설득하지는 못할 게 분명했다.

과연 제갈량의 예상대로였다. 방통, 법정, 장송 등이 아무리 설득해도 유비는 자신을 진심으로 대하는 유장을 해칠 수가 없었다. 마침 장로가 공격해오자 유장은 유비에게 군사를 이끌고 가맹관^{葭萌關}을 지켜달라고 청했다. 그때 유장의 부하들이 유비가 딴 마음 품을 것에 대비하라고 간언했다. 하지만 유장은 양회^{楊懷}와 고패^{高沛}에게 부수관^{涪水關}을 지키며 유비를 경계하라고 할 따름이었다.

한편 가맹관에서 진퇴양난에 빠진 유비는 몹시 울적했다. 방통은 그보다 훨씬 더 초조했다. 처음에 서천으로 출발할 때만 하더라도 곧 유비에게 서천을 안겨주고 그 공으로 제갈량과 어깨를 나란히 할 거라고 자신만만했던 그였다. 그런데 지금 방통은 아무런 계책도 쓰지 못한 채 이러지도 저러지도 못하고 있었다.

바로 이때 조조가 군사를 일으켜 손권을 치러왔다. 유비는 걱정이 태산이었다. 만약 조조가 손권을 격파하면 틀림없이 다음 목표는 형주가 될 것이다. 손권이 조조를 물리쳐도 그 여세를 몰아 형주를 공격해올 것이 분명했다. 그러면 형주를 돌려줘야겠다고 유비는 생각했다.

그런데 기이한 계책을 세우는 데 밝은 방통은 여기에서 절호의 기회를 발견했다. 다른 사람이라면 부정적인 면밖에 보지 못할 테지만 방통은 자신에게 도움이 될 일말의 가능성을 찾아냈다. 방통이 찾아낸 기회는 무엇이었을까?

유비는 '인의도덕'의 굴레에서 벗어나지 못하는 사람이다. 제갈량도 이 굴레를 벗겨내지 못했다. 그러나 방통은 매우 교묘하면서도 유일한 방법을 찾아냈다. 방통이 유비에게 말했다.

"주공께서는 걱정하지 마십시오. 공명이 형주에 있으니 큰일은 생기지 않을 것입니다. 그러므로 급히 군사를 물릴 필요가 없습니다. 다만, 우리가 유장을 돕기 위해 이렇게 큰 대가를 치르며 왔는데 아무것도 얻지 못한다는 것은 말이 되지 않습니다. 유장에게 이 일을 알리고 그에게서 군사를 빌려 형주로 돌아가 조조와 싸우는 것이 낫겠습니다."

사람은 호혜의 그늘에서 살아간다. 시혜자는 수혜자가 언젠가 은혜를 갚을 것이라고 기대하게 마련이다. 그래서 유비가 서천으로 온 목적이 불순하더라도 그는 자신의 이미지를 지키기 위해 '자신은 유장을 도우러 온 것'이라고 생각하고 있었다. 그렇다면 이제 유장에게 그 빚을 갚으라고 해도 흠 잡힐 게 없었다. 유비는 흔쾌히 방통의 의견을 받아들였다.

방통은 유장에게서 정예병 3만 명과 군량미 10만 곡, 그 외 대량의 군수물자를 요청했다.

방통의 요구는 실로 터무니없었다. 유비는 서천에 올 때 3만 군사를 거느리고 왔다. 그러니 유장에게 3만 군사를 빌린다면 준 대로 받은 셈이라 문제될 것이 없다. 그러나 군량미 10만 곡은 결코 작은 숫자가 아니었다. 곡은 곧 석이다. 1곡은 10두이니 10만 곡은 대략 1000만 근이 된다. 게다가 다른 물자까지 합치면 이 요구는 너무 지나쳤다.

그러나 이는 방통이 의도한 바였다. 방통은 유장이 거절하기를 바랐다.

그런데 웬걸, 유장은 확실히 어질었다. 그는 유비가 지난날 자신을 도와준 것에 깊이 감사하며 요구를 들어주려고 했다. 인자무적仁者無敵 (어진 이에게는 적이 없다)이란 말은 틀리지 않다. 만약 유장이 정말로 이렇게 했다면 서천을 지킬 수 있었을 것이다. 유비의 과도한 요구를 유장이 모두 들어준다면 그야말로 어진 이 중의 어진 이가 된다. 그러면 유비는 '인의도덕'의 굴레를 벗지 못할 터였다. 그리되면 아무리 방통이라도 별수 없게 된다.

그런데 진정한 '인자'가 되려면 끝까지 '인자'의 면모를 지켜야지 용두사미가 되면 죽도 밥도 안 된다.

유장은 유비의 조건을 수락하려다 수하의 황권黃權과 유파劉巴가 반대하자 늙고 허약한 병사 4천 명을 비롯해 군량 1만 곡과 약간의 군수물자만 빌려주겠다고 했다. 이는 유비가 요구한 것의 10분의 1밖에 안 되는 숫자였다.

황권과 유파는 유장에게 돈을 아낄 방법을 알려준 것이었지만 결국 기와 한 장 아끼려다가 대들보 썩힌 꼴이 되고 말았다. 결국 유비에게 서천을 통째로 넘겨줘야 했으니 말이다.

유비는 자신의 요구 조건의 10분의 1만 들어준다는 사실에 노발대발하며 유장을 욕했다.

"나는 온 힘과 마음을 다해 너를 도와 적을 물리치러 왔건만 이제 내 집에 어려움이 생겼는데도 너는 재물을 아끼려고만 하는구나!"

유비는 유장의 답신을 북북 찢어버리고 그가 보낸 사자마저도 쫓아버렸다. 방통은 속으로 쾌재를 불렀다. 이제 유비는 그가 생각한 대로 유장과 철저히 등을 돌리게 되었기 때문이다.

친구를 적으로 만드는 것은 적을 친구로 만드는 것보다 어렵다. 친구 사이에는 유대감과 신뢰가 바탕이 되기 때문이다. 그동안 자신이 보여준 행동이나 말, 태도가 한 번의 실수나 갈등을 이해시킬 수 있다는 것이다. 그러므로 친구 사이 사소한 문제에도 옳은 태도로 믿음을 쌓아야 한다.

계책을 쓰지 않음이
신통하게 통할 때가 있다

방통이 취한 책략은 '도덕 배제'였다.

여태껏 유장이 보인 태도는 사회규범에 부합해 비난할 거리가 없었다. 유비도 사회의 평가에 매우 민감한 사람이라 방통이 아무리 설득해도 유장의 뒤통수를 치고 땅을 빼앗지 못했다.

그러나 이제는 상황이 달라졌다. 유장이 자신의 요구를 거절하자 유비는 그가 호혜의 원칙을 저버렸다고 분노했다. 유비는 유장이 인의를 모르는 사람이며 자신이 베푼 호의를 배신했다고 생각했다. 그렇다면 눈에는 눈 이에는 이다. 인의를 모르는 사람을 벌하는 것은 사회규범상으로 문제되지 않는다. 한마디로 '도덕 배제'란 수단과 방법을 가리지 않고 상대방을 도덕의 한계선 밖으로 몰아내는 것이다. 도덕을 저버리고 도덕의 보호를 받을 필요가 없는 상대를 제거하는 것이므로 사회적으로 비난받기는커녕 오히려 대중의 지지를 받는다.

이 책략은 훗날 전 세계를 전쟁의 포화에 몰아넣은 히틀러가 이용했다. 그는 유대인을 '사악한 인종'으로 몰아세워 독일인들의 강력한 지지를 얻었다. 그리고 지극히 잔인한 수단으로 유대인을 학살했다.

유비가 격노하자 방통은 이때다 싶어 유장에게 선전포고를 하라고 부추겼다.

방통은 유비에게 상·중·하 세 가지 계책을 내놓으며 고르도록 했다. 상책은 지금 당장 날랜 병사를 뽑아 밤낮으로 달려 성도成都를 습격한다. 중책은 형주로 돌아간다는 핑계로 부수관을 지키는 양회와 고패를 배웅 나오게 한 뒤 두 사람을 죽이고 부수관을 먼저 빼앗은 다음 다시 성도를 공격한다. 마지막 하책은 그날 밤 형주로 돌아가 훗날을 기약한다.

방통의 비범함을 말해주는 세 가지 계책이다. 만약 방통이 유비에게 한 가지 계책만 내놓았다면 '가可' 아니면 '부否'를 선택해야 한다. 방통이 아무리 '도덕 배제 책략'을 활용해 유비의 심리 방어선을 무너뜨렸다고 해도 유장을 치자는 의견을 유비가 거절할 가능성은 50%나 된다. 여태껏 '인의도덕'에 목맨 유비가 한순간에 이를 저버리지는 못할 터였다.

사실 방통은 세 가지 책략 중 '중책'을 가장 염두에 뒀다. 그러나 '지각 대비 효과'를 만들기 위해 일부러 '상책'과 '하책'을 더했다. 상책은 선택할 수 없었다. 곧바로 성도를 습격하면 양회와 고패가 뒤에서 포위해올 것이다. 그러면 유비는 앞뒤에서 적을 맞는 꼴이 된다. 그렇다고 하책을 선택할 수도 없다. 이것은 눈앞에 닥친 절호의 기회를 제 발로 차버리는 것이나 다름없기 때문이다. 유비가 아무리 선량해도 거의 유일한 기회나 다름없는 이번 기회를 포기할 리 없었다. 과연 유비는 중책을 선택했다.

"군사께서 말씀하신 상책은 너무 급해 보이고 하책은 너무 더딘 것 같습니다. 중책이 급하지도 더디지도 않으니 그 방법이 좋을 듯합니다."

방통이 바라는 대로 됐다. 이런 일을 처리하는 데 있어 방통은 확실히 제갈량보다 한 수 위였다. 제갈량은 반복해서 유비를 설득하기만 했을 뿐 형주를 빼앗을 이유와 구실을 만들어주지 않았다. 그러다가 두 눈 멀쩡히 뜨고 형주가 조조 손아귀로 들어가는 꼴을 지켜보았다. 물론 적벽대전에서의 승리를 이용해 형주를 빼앗긴 했지만, 그 후 줄곧 형주를 두고 동오와 맞서 훗날 유비와 손권의 사이가 틀어지는 단초를 제공했다. 반면 방통은 유비가 천하의 비난을 피할 이유를 마련해 유비 내면의 인지부조화를 해결하도록 했다. 그로 인해 유비는 제갈량이 아닌 방통을 데려온 결정에 만족했다. 제갈량도 이 일을 전해 듣고 방통의 기지에 탄복했다.

유비는 유장에게 다음과 같은 내용의 거짓 편지를 보냈다.

조조가 쳐들어왔는데 관우가 막아내지 못해 내가 직접 형주로 돌아가는 수밖에 없소. 그리하여 직접 만나 작별을 고할 시간이 없으므로 편지로 작별 인사를 대신 하오.

이 소식을 들은 장송은 유비가 정말로 형주로 돌아가는 줄 알고 급히 붓을 들어 유비를 만류하는 글을 썼다. 편지를 보내기 전, 장송의 형인 장숙張肅이 찾아왔다. 장송은 형과 함께 술을 마시다 실수로 편지를 바닥에 떨어뜨렸다. 편지를 뜯어본 장숙은 크게 놀라 곧장 유장을 찾아가 이 사실을 알렸다. 유장은 대노해서 외쳤다.

"내 평생 인의로 사람을 대했거늘 어찌 그럴 수 있단 말인가!"

유장은 곧장 장송의 일가족을 모조리 참수시켰다. 그리고 각 처의 관애關隘(국경에 있는 관문과 요새의 높고 험한 지역을 가리키는 말)에 알리고 군사를 늘려 굳게 지켜 형주에서 오는 군사 한 명, 말 한 마리 못 들어오게 했다. 그러나 유장의 이러한 조치는 유비가 사정 봐주지 않고 끝까지 공격할 명분을 제공했다.

유비는 양회와 고패 두 사람에게 형주로 돌아갈 터이니 배웅을 나오라고 통지했다. 오래전부터 유비를 없애고자 했던 두 사람은 이 기회에 유비를 죽이기로 작정하고 품속에 칼을 숨긴 채 나갔다.

그러나 유비가 그렇게 호락호락한 사람이던가? 방통은 두 사람의 품속을 뒤지라고 시켜 칼 두 자루를 찾아냈다. 두 사람이 유비를 해칠 마음을 품었다는 사실을 증명하는 확실한 증거였다. 유비가 대노해 외쳤다.

"나와 유장은 한 집안의 형제다. 그런데 너희 둘은 어찌하여 나쁜 마음을 품고 우리 형제 사이를 이간질하느냐? 오늘 너희들이 품속에 날카로운 칼을 감춘 것을 보니 나를 해치려는 속셈이 분명하구나. 세상에 이런 이치도 있더냐!"

이미 범의 아가리에 물린 양회와 고패는 대꾸할 정신이 없었다. 유비는 두 사람에게 온갖 추악한 죄를 뒤집어씌웠다. 그러나 유비는 차마 두 사람을 죽일 수 없어 망설였다. 이를 지켜보는 방통은 인의도덕 따위를 신경 쓸 처지가 아니었다. 그는 곧장 두 사람을 끌어내 목 베게 했다.

이때 황충과 위연도 양회와 고패 두 사람이 데려온 부하 200여 명을 붙잡았다. 유비는 그들에게 술을 내리며 놀란 마음을 위로했다.

"양회와 고패는 우리 형제 사이를 이간질한 것도 모자라 나를 죽이려고까지 해서 목을 벤 것이다. 이것은 너희와 무관한 일이니 너희는 죄가 없다."

유비의 말은 양회와 고패 두 사람의 죽음은 그들이 자초한 결과라는 뜻이었다. 두 사람의 수하 200여 명은 그물에 걸린 물고기 신세나 다름없는데 어떻게 반박할 수 있겠는가? 방통은 이를 이용해 그들을 길잡이로 삼아 부수관으로 진격했다.

이들은 어둠을 틈타 관문을 열라고 외쳤다. 관문이 열리자 유비의 대군은 물밀 듯이 들어가 힘 하나 들이지 않고 부수관을 차지했다.

이튿날 유비는 삼군의 노고를 치하하는 연회를 마련했다. 마침내 마음의 근심을 털어낸 유비도 가벼운 마음으로 마음껏 술을 마셨다. 방통도 유비와 더불어 술을 마셔 두 사람 모두 고주망태가 될 정도로 취했다. 유비가 술에 취해 방통에게 말했다.

"방군사, 오늘 이렇게 술을 마시니 실로 즐겁지 않소?"

방통이 하하 웃으며 말했다.

"남의 나라를 치고 즐거워하는 것은 어진 이의 군사 부리는 법이 아닙니다."

방통도 술에 취한 탓에 말에 거침이 없었다. 평소의 유비라면 방통의 말에 부끄러움을 감추지 못하고 사과한 뒤, 군사를 거두고 다시는 불인불의한 행동을 하지 않았을 것이다. 만약 정말로 그랬다면 방통이 지금까지 한 수고는 모두 물거품이 되고 말 터였다. 그러나 뜻밖에도 유비는 부끄러워하기는커녕 노발대발했다.

"주나라 무왕도 주왕을 토벌하고 노래를 짓고 춤을 췄다고 하는데 그 또한 어진 이의 군사 부림이 아니란 말인가?"

유비는 당당하게 주무왕의 예를 들먹이며 자신의 불의한 행동을 변호했다. 이번 공격이 그 옛날 주무왕이 어리석은 군주였던 상나라 주왕을 토벌한 것과 같다고 말하고자 함이다. 그러나 얼마 전까지만 해도 유비는 인의도덕의 굴레에 얽매여 서천을 빼앗지 못했다. 그때의 태도와 지금의 태도를 비교하면 언뜻 이해가 되지 않는다. 어째서 유비의 태도가 갑자기 변한 것일까? 이 사람이 과연 우리가 아는 유비가 맞는가? 아니면 과거의 유비가 자기 내면을 꼭꼭 숨겨 아무도 '진짜' 유비를 알지 못하게 했던 건가? 사실 이것은 '행위'가 '태도'를 바꾼 전형적인 예였다.

보통 내면의 태도가 외부의 행위를 결정한다고 생각하지만 이는 동전의 양면과 같다. 다시 말해 행위도 태도를 바꿀 수 있다. 외부의 어떤 동력이 작용해 과거 자기 내면의 태도와 상반되는 행동을 하면 자신의 언행을 일치시켜 내면의 인지부조화를 해소하려고 한다. 이를 위해 내면의 태도를 바꾼다.

독일 작가 세바스티안 하프너Sebastian Haffner는 《히틀러에게 저항하기Defying Hitler》라는 책에서 나치의 적이었던 자신이 어쩔 수 없이 나치 활동에 참여하게 된 경위를 회고했다. 하프너는 나치주의자들에 의해 교화소에 갇힌 뒤, 나치주의자들의 갈색 제복을 입고 그들을 따라다녀야 했다. 하프너는 이렇게 적었다.

"우리가 그들(나치주의자) 뒤에서 행군하지 않을 때, 나는(우리 중 다른 사람들도 틀림없이) 그 깃발들을 보면 멀리 피했다. 그러나 이제 우리는 모든 방관자에게 폭력과 위협을 행사하는 사람이 되어 맹목적으로 추종하는 모습을 보이고 있다. 길가는 행인들이 깃발을 보고 경의를 표하거나 비켜서지 않으면 우리는 그들을 흠씬 두들겨 팼다."

비록 어쩔 수 없이 나치의 일당이 되었지만, 그 어쩔 수 없이 한 '행위'가 하프너의 '태도'를 바꿔놓았다. 변화된 그는 과거 자신이 그러했던 것처럼 나치에 반대하지 않고 다른 나치주의자들이 그러하듯이 매서운 눈초리로 행인들을 살피고 걸핏하면 폭력을 행사했다.

다시 유비의 경우를 살펴보자. 유비도 이미 유장에게 선전포고를 했다. 유장의 문서를 찢고 그의 사자를 성도로 쫓아 보냈다. 그의 장수 두 사람을 죽이고 부수관을 빼앗았다. 이러한 행동은 되돌릴 수 없다. 그래서 유비는 자신의 행위를 옹호할 충분한 이유를 찾아 합리화시키고 싶었다. 그러려면 내면의 태도를 바꾸는 수밖에 다른 방도가 없었다. 그러니 유비가 갑자기 낯선 사람으로 변한 것이 아니라 내면의 인지 법칙이 그를 딴사람으로 만든 것이다.

방통은 유비에게서 질타를 듣고도 얼굴색 하나 바꾸지 않고 크게 웃었다. 짙은 어둠이 깔리자 좌우의 사람들은 유비를 부축해 후당으로 데려갔다.

이튿날 유비가 술에서 깨자 수하들은 지난밤 있었던 일을 말해줬다. 유비는 발등을 찍으며 후회했다. 자신이 평생 쌓아온 좋은 이미지가 하루아침에 무너졌기 때문이다. 유비는 서둘러 옷을 갈아입고 당에 올라 방통을 불러 자신의 잘못을 사과했다.

"어제는 내가 술에 취해 말이 지나쳤습니다. 선생께 결례를 범했으니 부디 용서하시기 바랍니다. 어제 한 말은 순전히 내 실수였습니다."

그러나 방통은 아무렇지도 않은 듯 가볍게 웃으며 말했다.

"군신이 함께 실수했는데 어찌 주공만의 잘못이겠습니까?"

방통의 대답은 참으로 현명했다. 만약 이렇게 답하지 않았다면 유비의 마음속에 응어리가 생겨 두 사람이 함께 일을 도모하는 데 적잖은 어려움이 생겼을 것이다.

두 사람은 마주 보고 크게 웃으며 즐거워했다.

◈ **심리학으로 들여다보기**

마음보다 행동을 공략하는 것이 낫다. 행동은 상대에 대한 마음의 표현이다. 마음을 말로 표현한다고 상대가 곧이곧대로 믿어주지 않는다. 진실은 행동으로 보이되 언제나 진심을 담아야 한다. 거짓되고 위선적인 행동이라면 꾸준히 이어질 리 없다.

떳떳하지 못한 증언은
무효다

유장은 부수관을 잃었다는 소식에 깜짝 놀랐다. 곧바로 유괴劉璝, 냉포冷苞, 장임張任, 등현鄧賢에게 군사 5만을 내어주며 낙성雒城으로 가 유비를 막으라고 했다. 유괴와 장임은 낙성을 지켰고 냉포와 등현은 성 밖 60리 지점에 각각 진채를 세웠다.

유비 진영도 군사를 배치했다. 유비가 외쳤다.

"누가 나서서 첫 공을 세워보겠는가? 두 장수의 진채를 빼앗을 자는 나서라!"

제갈량의 격장법을 자주 본 탓인지 유비도 이 방법으로 장수들을 자극했다. 사실 유비는 격장법을 쓸 필요가 없었다. 차라리 유비가 사람을 선택하는 것이 더 효과적이었다. 유비가 이번에 서천에 오면서 데려온 부하들은 모두 새로 맞이한 자들이었다. 그들 중 어느 누가 공을 세우고 싶지 않겠는가? 공을 세우고자 하는 그들 내부의 동력은 외부의 격장이 만드는 동력보다 훨씬 강력했다.

이에 유비가 격장법을 쓴 것은 안 쓰느니만 못한 결과를 낳았다. 황충과 위연은 원래 관계가 좋은 편이었다. 황충의 목숨을 위연이 구했기 때문이다. 그런데 공을 세우는 데 있어 결코 서로에게 양보하지 않았다. 두 사람은 서로 겨뤄 이기는 사람이 가겠다고 했다. 결국 방통이 나서서 두 사람에게 각각 진채 하나씩을 빼앗으라고 했다.

몇 차례 힘든 전투를 마치고 마침내 냉포는 죽였으나 장임이 완강히 저항해 양측은 교착 상태에 빠졌다. 바로 이때 유비는 제갈량이 보내온 편지를 받았다.

제가 간밤에 태을수太乙數를 셈해보니 올해는 계사癸巳년이라 강성罡星(북두성)이 서쪽에 있습니다. 또 건상乾象(천기)을 보니 태백성太白星(금성)이 낙성 어름에 이르렀습니다. 이는 으뜸가는 장수의 신상에 흉한 일은 많고 길한 일은 적을 조짐이니 부디 모든 일에 신중하십시오.

유비는 제갈량의 말이라면 팥으로 메주를 쑨다고 해도 믿어 의심치 않았다. 특히 그가 천기며 태을신수太乙神數 등을 들먹일 때는 더욱 그랬다. 자기 힘으로 날씨까지 바꿔 엄동설한에 동풍을 불게 한 사람이라면 설령 신이 아닐지라도 신 언저리에는 미칠 것이었다. 게다가 제갈량은 일부러 가장 중요한 부분을 애매모호하게 표현해 유비의 공포심을 키웠다.

제갈량은 '으뜸가는 장수의 신상'이라고만 했다. 이는 유비·방통·황충·위연 네 사람 중 어느 한 사람이라는 뜻이었다. 여기에도 제갈량의 계략이 숨어있었다.

제갈량은 방통이 절대로 유비를 설득하지 못할 줄 알았다. 그런데 뜻밖에도 방통은 이 일을 해내고 말았다. 물론 제갈량은 유비와 방통이 순조롭게 서천을 차지하길 바랐지만, 마음 한구석에서는 방통이 공을 세우는 것을 질투하고 있었다. 그러나 방통을 포함해 다른 사람이 자신의 미묘한 심리를 눈치채서는 안 됐다. 그래서 제갈량은 밤에 천문을 읽어 방통의 신변에 흉한 조짐이 있다는 것을 알았으면서도 직접적으로 밝히지 않고 애매모호하게 표현했다. 방통이 공을 세우는 게 두려워 일부러 흉한 조짐 운운하며 막았다는 오해를 받지 않기 위함이었다.

유비는 자기 신변에 흉한 조짐이 있는 줄로 알고 형주로 돌아가려고 했다. 그러나 방통은 제갈량의 말을 곧이곧대로 듣지 않았다. 방통은 제갈량과 우열을 가리고자 하는 마음이 매우 강했다. 과거 수경선생 사마휘가 했던 말이 언제나 그의 귓가에서 맴돌았다. 이는 일종의 사회적 기대를 나타낸다. 제갈량은 이미 적벽 전투에서 사마휘의 말이 결코 허언이 아님을 증명했다. 그러나 아직까지 이렇다 할 공을 세우지 못한 방통은 반드시 이번 전투를 승리로 이끌어 자신의 능력을 증명해야 했다.

이런 강렬한 동기 탓에 방통은 '지각의 선택성'이라는 잘못을 범하게 된다. 그는 자신이 공을 세울까 봐 두려워한 제갈량이 일부러 편지를 보냈다고 생각했다. 이러한 인지 지각이 작용한 방통은 태을신수를 셈해보았다. 그 결과 제갈량과 똑같은 현상을 셈해냈지만 전혀 다른 결론을 내렸다. 방통이 유비에게 말했다.

"저 또한 태을신수를 셈해보아 강성이 서쪽에 있다는 것은 알고 있습니다. 이는 주공께서 서천을 얻게 될 것을 의미하지 주공께 흉한 일이 있을 조짐이 아닙니다. 또한 저 역시 천문을 보아 태백성이 낙성에 이른 것을 보았습니다. 그러나 이미 촉의 장수 냉포의 목을 베었으니 이 흉조는 사라진 셈입니다. 주공께서는 걱정하지 마시고 속히 군사를 이끌고 나가 서천을 차지하십시오."

지각의 선택성은 똑같은 현상을 두고 두 사람이 전혀 다른 결론을 내리게 만들었다. 제갈량과 방통은 모두 태을신수의 고수로 다른 사람을 위해 천기를 읽을 때는 귀신처럼 잘 알아맞혔다. 그러나 방관자는 옳은 판단을 내리지만 당사자는 엉뚱한 판단을 내리기도 한다. 방통은 자기 일을 점칠 때 객관적이고 냉정하게 판단하지 못했다.

유비가 볼 때 제갈량과 방통은 똑같은 실력을 지닌 인재였다. 방통이 제갈량과 정반대의 결론을 내린 것을 보고 눈치가 백 단인 유비는 제갈량과 방통이 경쟁관계라는 사실을 깨달았다. 그가 방통을 데리고 서천으로 온 것도 다 이 점을 고려했기 때문이다.

유비는 방통의 말을 믿기로 했다. 방통이 거듭 재촉하자 유비는 진군할 준비를 했다. 이때 유장의 중신인 법정이 유비에게 투항하러 왔다. 방통이 물었다.

"낙성까지 몇 개의 길이 있소?"

법정이 땅바닥에 그림을 그려가며 아는 대로 알려줬다. 유비가 장송이 바친 지도를 꺼내 맞춰보고 조금도 틀림이 없자 안심했다. 이어 법정은 계책을 내놓았다.

"이 산 북쪽에 큰길이 있는데 곧바로 낙성 동문에 이릅니다. 산 남쪽에는 작은 길이 있는데 낙성의 서문에 이릅니다. 두 길 모두 군사가 나아가는 데 어려움이 없습니다."

방통은 군사를 둘로 나눠 자신은 위연과 산 남쪽의 작은 길로 진군하고 유비와 황충은 산 북쪽의 큰길로 진군하기로 결정했다. 이 같은 결정에는 방통의 노림수가 숨어있었다. 방통은 큰길은 대군이 막고 있<u>으므로</u> 작은 길로 가야 승리할 것으로 생각했다. 또한 두 장수 중 한 명을 선택할 때도 젊고 기운 센 위연을 선택했다. 이 또한 틀에 박힌 인상 탓이다. 황충이 그 적수를 찾을 수 없을 만큼 용맹하다고는 하지만 젊은 위연이 더 강할 것이라고 여겼다.

방통은 주공 유비에게 대군을 상대하게 한 것이다. 이것은 '공을 세우고 싶은 마음이 너무 강렬했던 탓'이라고 할 수밖에 없다. 유비가 말했다.

"나는 어려서부터 활쏘기와 말타기를 익혔고 좁고 험한 길도 잘 다녔소. 내가 남쪽 작은 길로 갈 테니 군사께서 북쪽 큰길로 가시오."

방통이 단호하게 말했다.

"큰길은 적들이 군사를 많이 내어 막을 것이니 주공께서 군사를 이끌고 큰길로 가십시오. 저는 작은 길로 가겠습니다."

유비는 간밤에 꿈에서 신인神人이 쇠몽둥이로 자신의 오른팔을 때려 다치게 한 일로 걱정이 이만저만이 아니었다. 이를 들은 방통이 말했다.

"장사가 싸움터에 나갔으니 죽지 않으면 다치는 것이 당연한 일 아니겠습니까? 겨우 꿈속에서 있었던 일로 무엇을 그리 걱정하십니까?"

"단순히 꿈 때문에 그러는 것이 아닙니다. 나는 제갈량이 보낸 편지 내용이 걱정입니다. 아무래도 군사께서는 부수관을 지키고 계시는 편이 좋겠습니다."

그 말에 방통은 직설적으로 말했다.

"주공께서는 제갈량이 한 말에 홀리셨습니까? 그는 제가 큰 공을 세우는 것이 싫어 일부러 그런 말을 해 주공을 걱정시킨 것입니다. 마음에 걱정이 있으면 꿈에서도 나타나는 것이니 그것이 무슨 흉조겠습니까? 이 방통은 간과 뇌를 쏟고 죽을지라도 주공에게 낙성을 바치겠습니다."

유비는 방통이 제갈량과 자신 사이의 미묘한 관계를 까발리자 더 고집부리지 못했다. 게다가 제갈량과 방통이 경쟁하는 것은 유비에게도 좋은 일이었다. 다만 이 관계가 긍정적인 효과를 내는 범위 안에서 잘 통제하기만 하면 됐다.

방통이 막 떠나려는데 말이 발을 헛디디는 바람에 방통이 말 위에서 떨어졌다. 그 모습을 본 유비가 깜짝 놀라 괜찮은지 물었다. 방통은 조금도 개의치 않았다. 유비는 자신이 타고 있던 흰말을 방통에게 내어 줬다. 이는 유비의 특기인 '은혜 베풀기'였다. 당연히 방통은 매우 감격했다.

장임은 작은 길에 궁수 3천 명을 매복시켜 두었다. 그는 군사를 부리는 재주가 귀신같은 사람이었다. 방통은 대군이 큰길을 막고 있지만 작은 길에는 매복이 있어 더욱 위험하다는 사실을 생각지 못했다.

방통은 유비의 백마를 타고 있었기 때문에 유독 눈에 띄었다. 장임은 여러 번 유비와 겨룬 적이 있는 터라 유비의 말을 알았다. 멀리서 백마를 발견한 장임은 유비가 대군을 이끌고 온 줄 알고 모든 궁수에게 백마를 탄 사람을 조준하라고 명했다.

한편 방통은 천천히 앞으로 나아가며 고개를 들어 주위를 살폈다. 좁은 산골짜기 양쪽으로 나무와 풀숲이 우거져 있었다. 때마침 절기가 늦여름에서 초가을로 들어가던 시기라 잎이 무성해 그 안에 무엇이 들어있는지 알 수 없었다. 문득 의심이 든 방통은 곁에 있던 병사에게 이곳이 어디냐고 물었다. 그러자 이번에 투항한 군사 하나가 말했다.

"이곳은 낙봉파落鳳坡입니다."

방통은 대경실색했다.

'내 도호가 봉추鳳雛인데 이곳 이름이 낙봉파라면 내가 이곳에서 죽는다는 뜻이 아니냐!'

방통은 제갈량과 유비가 반대하는데도 불구하고 줄곧 자신의 의견을 고집했다. 그런데 왜 '낙봉파'라는 지명을 듣자마자 상황을 깨달은 것일까?

방통이 '지각의 선택성'에 홀려 한때 판단력이 흐려졌더라도 그는 분명 불세출의 기재였다. 이곳의 지명을 듣고 지금까지의 여러 가지 불길한 조짐들이 떠오르며 자신이 오판했다는 것을 깨달았다. 방통은 곧바로 퇴각 명령을 내렸지만 이미 한발 늦었다. 궁수 3천 명은 일제히 백마를 탄 사람에게 화살을 날렸다. 빗발치는 화살이 그대로 방통의 온몸을 꿰뚫으면서 방통은 고슴도치가 되어버렸다.

지난날 서서는 백마가 좋은 말이기는 하나 목숨이 위험할 수 있다고 우려한 바 있다. 그러나 그토록 오랜 세월 백마를 탄 유비는 아무런 해도 입지 않는데 방통은 타자마자 목숨을 잃었다. 유비는 방통을 위하는 마음에 한 행동이었지만 오히려 그것이 방통을 사지로 몰아넣었다. 가엾은 방통은 비범한 재주와 큰 뜻을 펼쳐보지도 못하고 목숨을 잃었다. 운명은 참으로 알 수가 없다. 방통은 여러 번 죽음을 피할 기회가 있었으나 결국은 죽음의 문으로 성큼성큼 다가갔다.

장임은 방통을 죽이고 위연을 크게 물리쳤다. 유비 쪽도 유괴의 공격을 당해내지 못하고 퇴각했다. 유비는 방통이 죽었다는 소식을 듣고 비통함을 감추지 못했다. 황충은 속히 형주에 소식을 알리고 제갈량을 불러 서천 공략을 의논하자고 했다.

한편 형주에 있던 제갈량은 칠석을 맞이하여 잔치를 베풀었다. 그런데 문득 서쪽 하늘에서 북두성만한 별이 떨어지며 사방으로 빛을 흩뿌리는 것이 보였다. 제갈량은 깜짝 놀라더니 소매로 얼굴을 가리고 대성통곡했다.

"슬프구나!"

곁에 있던 사람들이 어리둥절해 그 까닭을 묻자 제갈량이 말했다.

"며칠 전에 내가 헤아려보니 올해는 강성이 서쪽에 자리해 군사에게 이롭지 못했소. 하여 서둘러 주공에게 편지를 보내 모든 일에 신중하고 조심하라고 일렀소이다. 그런데 오늘 밤 서쪽에서 별이 떨어지는 것을 보니 방사원이 죽은 것이오."

제갈량은 유비에게 보내는 편지에는 그저 '으뜸가는 장수'라고 애매모호하게 썼으면서 이번에는 그 사람이 바로 방통임을 밝혔다. 제갈량은 진심으로 마음이 아팠다. 유능한 사람일수록 지배욕이 강하다. 제갈량은 방통을 자신의 지배 아래 두는 것이 꺼림칙하기도 했지만 그것은 잠깐씩 스치고 지나가는 생각이었을 뿐, 그래도 두 사람이 협력

해 유비를 도와 대업을 이루려는 생각이 훨씬 강했다. 그런데 이제 방통이 죽었으니 유비는 큰 힘을 잃었고 제갈량도 유능한 조력자를 잃은 셈이다. 방통이 술에 취한 상태에서도 반나절 만에 100일 동안 쌓인 공무를 처리한 재주로 제갈량을 도와주었다면, 제갈량은 전술과 전략을 짜는 데 온 힘을 쏟을 수 있었을 것이다. 이렇게 와룡과 봉추가 힘을 합치면 천하에 그 둘을 당해낼 사람이 어디 있겠는가? 방통이 죽고 없어 크고 작은 일을 모두 혼자서 처리해야 했던 제갈량은 훗날 결국 과로가 누적돼 한실의 중흥도 이루지 못한 채 죽음을 맞이하고 만다.

방통의 죽음은 제갈량에게도 큰 충격이었다. 방통의 죽음이 촉한에 미친 심대한 영향도 이후 세월이 흐르면서 하나둘씩 드러난다.

◈ **심리학으로 들여다보기**

사냥감은 보이지만 함정은 보이지 않는 법이다. 그런데도 사냥감인 목표물만 보고 모든 것을 다 아는 것처럼 오만하게 달린다. 달리기 시작하는 시점에서 곳곳에 숨은 함정을 미리 간파해야 한다. 좌절과 실패의 구렁텅이에 빠지지 않는 전략이 필요하다.

6부

제갈량, 지혜로 승부를 걸다

제갈량은 지혜의 신이다. 그의 지략은 시대를 뛰어넘고 국경을 넘어
세계인의 표본이 되고 있다. 지식은 배움으로 익힐 수 있지만
지혜는 경험과 생각의 축적이다. 켜켜이 쌓인 지혜에서
남다른 현명함이 생성된다. 제갈량 지혜의 원천을 따라가 보자.

과도한 칭찬과 인정은
양날의 검이다

　방통이 죽자 유비의 모든 계획은 엉망진창이 되었다. 정신이 혼란스러워 아무 일도 할 수 없었던 유비는 제갈량에게 편지를 보내 서천으로 오라고 했다. 유비의 편지를 받은 제갈량이 말했다.

　"주공께서 부성에서 이러지도 저러지도 못하고 계시니 내가 아니 갈 수 없소. 지금 당장 길을 떠나야겠소."

　서천 공략은 제갈량이 융중에 있을 때부터 계획했던 일이다. 유비가 처음에 방통을 선택했을 때 제갈량은 서운하고 울적한 마음이 들었다. 이제 공을 세울 기회가 자신에게 왔으니 아무리 신중한 제갈량이라도 잠시도 지체할 수 없었다. 관우가 말했다.

　"군사께서 가시면 누가 형주를 지킵니까? 형주는 매우 중요한 땅이니 가볍게 버려두어서는 아니 됩니다!"

제갈량이 서천으로 가면 관우는 홀로 형주를 다스릴 수 있었으니 그야말로 좋은 기회였다. 그래서 관우는 제갈량에게 형주를 지킬 장수를 아무렇게나 뽑지 말라는 뜻으로 형주의 중요성을 강조했다. 늘 자신만만한 관우였기에 제갈량이 떠나면 자신이 형주의 군통수권자가 될 것이라 생각했다. 그러나 관우는 모든 일에 음과 양이 함께 있다는 사실을 몰랐다. 형주를 지키는 임무를 맡게 되면 이곳의 일인자가 되는 셈이지만 유비에게서 멀어지는 것은 곧 중심에서 멀어진다는 뜻을. 다시 말해 주변화될 위험이 있었다. 훗날 관우는 주변화된 상황에서 두 번의 이해할 수 없는 행동을 하게 된다. 그러나 이때는 서천을 얻을 수 있을지 미지수였기에 관우는 그렇게 멀리까지 내다보지 못했다. 지금 그의 관심은 오로지 제갈량이 자신에게 형주를 맡길 것인가 여부에 쏠려있었다.

유비는 편지에 제갈량에게 속히 서천으로 오라고만 했다. 형주를 누구에게 맡길지, 제갈량과 함께 서천으로 올 장수로는 누가 좋은지 언급하지 않았다. 그 말인즉슨, 모든 결정권은 제갈량에게 있다는 뜻이었다. 그렇다면 제갈량은 어떤 것들을 고려해야 할까?

첫째, 방통이 죽고 자신이 나서는 것이므로 더 이상의 실패는 용납될 수 없었다. 그렇다면 형주에는 최소한의 수비 병력만 남겨둔 채 되도록 많은 군사를 데리고 가야 했다.

둘째, 관우와 여러 번의 기싸움을 벌였지만 그를 굴복시키지 못했다. 이렇게 통제하기 어려운 사람이라면 차라리 떨어져 있는 편이 낫다.

그렇다면 제갈량이 취할 행동은 뻔했다. 관우에게 형주 수비를 맡기고 장비와 조운을 데려가는 것이다. 그러나 이 같은 결정에는 큰 위험이 따랐다. 형주의 중요성은 두말하면 입이 아프다. 관우의 무예는 흠 잡을 데가 없지만 성격이 지극히 오만했다. 제갈량이 걱정하는 것은 그의 능력이 아니라 그의 태도였다. 그럼에도 형주를 잃으면 인사 실패의 책임은 제갈량 자신이 져야 했다. 제갈량은 편지를 가져온 관평을 가리키며 말했다.

"주공은 글에서 형주를 내게 맡기시고 내 마음대로 사람을 뽑아 쓰라고 하셨소만 주공이 관평을 보내신 것으로 보아 운장에게 이 중임을 맡기시려는 뜻임을 알 수 있소."

호가호위狐假虎威, 즉 제갈량은 유비의 권위를 빌려 자신의 결정을 뒷받침했다. 설령 유비가 편지를 관평에게 맡기지 않았더라도 제갈량은 유비의 편지에서 자신의 결정을 뒷받침할 '거리'를 찾아냈을 것이다. '호가호위'의 좋은 점은 실패의 책임을 유비와 나눌 수 있다는 것이다. 왜냐하면 자신이 이 같은 결정을 내린 것은 그것이 유비의 뜻으로 이해한 것이라고 밝혔기 때문이다.

제갈량은 다시 관우를 보며 말했다.

"운장께서는 복사꽃 핀 동산에서 맺은 결의를 잊지 마시고 힘껏 이 땅을 지켜주시오. 이곳은 북쪽으로는 조조와 맞서고 있고 동쪽으로는 손권과 마주하고 있어 그 중요성을 말로 설명할 수 없으니 장군께서는 모든 일에 신중해야 할 것이오."

제갈량이 '도원결의'까지 운운한 것으로 보아 확실히 제갈량은 관우에게 형주를 맡기기가 못내 걱정스러웠던 모양이다. 관우는 당연히 격앙된 목소리로 반드시 형주를 있는 힘껏 지키겠다고 했다.

제갈량은 관우의 약조에 구속력을 더하기 위해 형주태수의 '인수印

綬'를 넘겨주는 의식을 거행했다. 인수를 넘겨주려던 찰나에 제갈량은 머뭇거리면서 말했다.

"이 인수를 받으면 이제 형주의 모든 일은 장군의 한 몸에 달린 것입니다."

관우가 말했다.

"대장부가 이왕에 중임을 맡았다면 죽는 순간까지 힘을 다해야 할 것이오!"

제갈량은 관우가 '목숨'까지 걸고 나서자 내심 불안해졌다. 그러나 이미 엎질러진 물이요, 쏘아놓은 화살이었다. 제갈량이 물었다.

"만약 조조가 군사를 이끌고 내려온다면 장군께서는 어찌 하실 생각입니까?"

관우가 말했다.

"힘써 맞서야지요!"

"그렇다면 만약 조조와 손권이 함께 공격해온다면 장군께서는 어찌 하실 생각입니까?"

"군사를 나눠서 맞서야지요!"

제갈량이 한숨을 내쉬며 말했다.

"그렇게 하시면 형주가 위험해집니다. 제가 일러주는 말을 마음속 깊이 새기십시오. 그래야만 형주를 지킬 수 있습니다."

관우가 무슨 말이냐고 묻자 제갈량이 천천히 말했다.

"북으로 조조와는 싸우고 동으로 손권과는 화친하라!"

이에 관우가 말했다.

"군사께서 하신 말씀을 마음속 깊이 새기겠소!"

제갈량은 평생 군사를 지휘하면서 딱 두 번 자신의 결정을 확신하지 못했다. 첫 번째는 관우에게 형주 수비를 맡긴 것이었고 두 번째는 마속馬謖에게 가정街亭 전투를 맡긴 것이었다. 이 두 번 다 실패해 대세에 큰 영향을 미쳤다.

제갈량이 일러준 방침은 지극히 옳은 것이었지만 관우가 따르기는 몹시 어려운 일이었다. 북쪽으로 조조와 싸우는 일은 어려울 게 없었다. 양쪽 모두 여태껏 만나기만 하면 목숨을 걸고 싸웠기 때문이다. 그러나 동쪽으로 손권과 화친하기란 결코 쉬운 일이 아니었다. 동오 사람들이 바보가 아니고서야 제갈량에게 번번이 당하고 손해가 막심했는데 쉽게 화친할 리 없었다. 적벽 전투의 전리품은 거의 다 제갈량이 가져갔고 동오의 대도독마저 제갈량 때문에 격분해 죽었다. 노숙은 제갈량이 형주를 '빌릴' 때 중간에서 꼭두각시가 되었다. 이 모든 '빚'을 다 받아내기 전에는 결코 이쪽에서 내민 손을 덥석 잡을 리 없었다.

상황이 이러할진대 관우가 동오와 화친하기란 불가능에 가까웠다. 게다가 상황을 이렇게 어렵게 만든 장본인이 제갈량이었다. 그래서 훗날 형주를 잃은 사람은 관우였지만 근본적인 원인을 제공한 사람은 제갈량이었다고 할 수 있다.

제갈량은 인수를 물려준 뒤, 장비와 조운에게 각각 다른 길로 진군해오게 했다. 제갈량 자신과 조운은 강을 따라 서천으로 향했다. 장비는 육로를 따라 진군하되, 먼저 낙성에 이르는 사람에게 으뜸가는 공이 돌아갈 것이라고 했다.

제갈량의 계획대로라면 자신은 물길로 가기에 적과 마주칠 일이 없어 먼저 낙성에 도착할 것이 분명했다. 그러나 뜻밖에도 장비는 의로써 엄안嚴顏을 항복시키고 뒤이어 자신을 따르던 자들에게 항복을 권한 덕분에 제갈량보다 먼저 낙성에 도착했다. 이 일로 제갈량은 장비를 다시 보게 되었다.

유비를 만난 제갈량은 계책을 써서 장임을 죽이고 낙성을 차지했다. 대군은 곧이어 면죽綿竹으로 진군했다.

유장은 장로에게 도움을 요청했다. 장로는 맹장 마초馬超를 보내 전투를 돕게 했다. 장비와 마초는 가맹관에서 크게 싸웠으나 승부를 가리지 못했다. 유비는 인재를 아끼는 마음에 몇 차례 곡절을 겪은 끝에 결국 마초를 휘하 장수로 들이는 데 성공했다.

마초가 자신에게 창끝을 겨누자 유장은 두려움을 감출 수 없었다. 결국 유장은 성문을 열고 투항해 무고한 백성들의 목숨을 구하고자 했다. 그때 대신 동화董和가 나서며 말했다.

"성안에는 아직 군사 3만이 있고 돈과 면, 군량과 건초도 일 년은 버틸만합니다. 게다가 성안의 모든 백성이 죽기를 각오하고 싸울 마음이니 마땅히 끝까지 싸워야 할 것입니다."

그러자 유장이 말했다.

"우리 부자가 촉땅을 다스린 지 20년이 넘었지만 백성에게 은혜를 베풀지 못했소. 지금 유비와 3년에 걸친 싸움으로 수많은 백성이 목숨을 잃고 피를 흘렸으니 모두 나의 죄요. 그래놓고 내 어찌 마음 편히 지낼 수 있겠소? 차라리 항복해서 백성의 괴로움을 덜어주는 편이 옳을 것이오."

유장은 삼국의 모든 인물 중 진정으로 인의를 실천한 인물이었다. 다만 난세에 '인의'란 인의를 아는 자의 묘비명으로 쓰일 뿐이며 '인

'의'의 탈을 뒤집어쓴 자만이 성공할 수 있다. 유장의 대신 중 천문에 통달한 초주譙周가 나서며 말했다.

"주공의 말씀이 바로 하늘의 뜻입니다."

초주가 말했다.

"제가 밤에 하늘을 살펴보니 뭇 별들이 촉군으로 모이고 있었습니다. 그중 별 하나의 밝기가 보름달처럼 밝은 것이 틀림없이 제왕의 별이었습니다. 게다가 1년 전부터 이곳 아이들이 이런 노래를 부르고 있습니다. '새 밥을 얻어먹으려면 유비가 오기를 기다려야 한다.' 바로 오늘 이 같은 일이 있을 것을 하늘이 아이들의 입을 빌려 미리 알린 것입니다. 하늘의 뜻을 거슬러서는 아니 됩니다."

초주는 학습력이 떨어져 언제나 상황을 살피지 않고 객관적인 사실을 숨김없이 말하는 스타일이었다. 이런 상황에서 저런 말을 하는 것은 스스로 제 목을 내놓는 것이나 다름없었다. 과연 황권과 유파가 이 말을 듣자마자 초주를 죽이려고 했다. 그러나 이미 항복하기로 마음을 굳힌 유장은 두 사람을 말렸다.

초주가 상황을 고려하지 않고 있는 그대로 말한 것은 이번이 처음이 아니다. 초주 같은 사람은 상사와 동료의 환심을 사기 어렵다. 그러나 시종일관 객관적이고 냉정을 유지하며 개인의 이해득실은 따지지 않은 채 진실만을 말하기란 결코 쉬운 일이 아니다.

유장이 성을 나와 항복하자 유비는 항복을 받아들이면서도 내심 미안한 마음이 들었다.

"내가 인의를 저버리고 싶었던 것이 아니라 상황이 어쩔 수 없었소."

어찌되었든 유비는 결국 서천을 차지했다.

성공을 거둔 뒤에는 으레 논공행상이 벌어진다. 항복한 자들도 기존의 수하들도 모두 기뻐했다. 그러나 유비와 제갈량은 이 논공행상이 풍파를 불러일으킬 줄은 꿈에도 몰랐다.

이날 유비와 제갈량이 한가로이 이야기를 나누고 있는데 관평이 관우의 편지를 가지고 왔다. 무예가 뛰어난 마초와 한번 겨뤄보고 싶다는 내용이었다. 유비는 마음이 초조했다. 만약 관우가 형주를 버려두고 서천으로 왔을 때 무슨 일이 생기면 어떻게 한단 말인가?

관우는 어째서 이토록 뜬금없는 행동을 한 것일까? 이것은 '가용성 추단법' 때문이다. 일반적으로 생생하고 직관적이고 외현적인 사물이 더 주목을 받는다. 공격과 수비를 예로 들어 설명하자면 공격은 장수의 공로를 잘 드러내지만 방어는 아무리 잘 지켜도 그다지 티가 나지 않는다.

유비가 서천을 공략하는 3년 동안 관우는 형주를 지키며 어려운 상황이 닥쳐도 눈 한번 깜빡하지 않았지만, 마음만은 하루가 몇 년 같았다. 형제들은 모두 공을 세우는데 자신은 그저 성만 지키고 있어야 했기 때문이다. 당연히 관우로서는 자신만 조직의 중심에서 멀어져 주변화된 느낌을 받을 수밖에 없었다.

제갈량은 주변화되는 것을 걱정한 관우가 유비를 떠본 것이지 정말로 서천으로 와 무예를 겨룰 생각은 아니라는 것을 알고 있었다. 그래서 곧 편지를 썼다.

제가 듣자 하니 장군께서 마맹기馬孟起와 무예를 겨루고자 하신다기에 이렇게 몇 자 적어 보냅니다. 제가 헤아려보건대 마맹기가 비록 남달리 뛰어난 무예와 용맹을 지녔다고 하나 경포黥布와 팽월彭越 무리와 같을 뿐입니다. 익덕과 겨루면 서로 앞을 다툴 만큼은 되겠지만 미염공美髥公(수염이 수려했던 관우의 존호)과 같은 절륜한 경지에는 이르지 못했습니다. 게다가 지금 장군께서는 형주를 맡아 지키고 계시니 그 책임이 무겁다 아니 할 수 없습니다. 만약 장군께서 서천으로 오셨다가 형주를 잃게 되면 그 죄가 얼마나 무겁겠습니까? 부디 스스로 무겁게 여기시고 깊이 헤아려 움직이시기 바랍니다.

제갈량은 처음으로 관우를 한껏 띄워줬다. 과연 관우는 매우 흡족해하며 그 자리에서 빈객들에게 두루 보여주고 다시는 서천에 가겠다는 말을 꺼내지 않았다.

여태껏 제갈량은 관우의 기세를 누르려고만 했다. 그런데 이번에는 방법을 바꿔 관우를 띄워준 결과, 관우를 만류할 수 있었다. 그러나 이 일이 화근이 될 줄이야 누가 알았겠는가!

관우가 지나치게 자부심이 강하기는 하지만 제갈량의 비범함을 잘 알고 있던 터라 항상 두려워했다. 제갈량이 서천으로 가면서 형주를 자신에게 맡기자 형주를 잘 지키지 못하면 비웃음을 살까 봐 단 한순간도 형주 수비에 소홀하지 않았다. 그러나 제갈량이 일이 커지는 것을 막기 위해 관우를 띄워준 것이 오히려 관우의 오만방자함을 키우는 꼴이 되어버렸다.

'나, 관우에게 저 대단한 제갈량조차 머리를 숙였으니 이제 천하에 나보다 나은 사람은 없다.'

단기적인 효과를 추구하면 반드시 장기적인 우환이 생긴다. 눈앞의 이익만 좇지 말고 코앞의 일만 해결하지 말라는 말이다. 멀리 보고 나가야 일희일비하지 않는다. 당장 발밑 웅덩이를 피했다고 삶의 협곡에서 벗어난 것은 아니다.

부탁할 때는
상대의 거절을 염두에 둬라

장로를 격파하고 동천을 차지한 조조는 조홍曹洪, 장합張郃, 하후연夏侯淵에게 성을 지키게 했다. 하지만 제갈량의 격장계에 말려든 황충이 하후연을 죽여 기세가 꺾였다. 조조는 직접 대군을 이끌고 반격했지만 제갈량에게 패해 퇴각했다. 이렇게 유비는 동천(한중 지방을 말함)을 얻게 되었다.

이때의 유비는 형주, 서천, 한중 등을 얻어 어느 정도 대업을 이루었다고 할 수 있다. 제갈량 역시 출사한 이래 줄곧 성공을 거뒀기 때문에 득의양양한 상태였다. 유비 수하 장수들의 감회도 남달랐다. 땅 한 뼘 없던 처지에서 형주, 서천, 한중까지 얻었으니 그야말로 천하를 얻은 것만 같았다. 그러자 유비를 제위에 올리려고 생각했다. 그런데 유비가 제위에 오를 자격이 충분하다는 생각도 있었지만, 각자의 이기적인 생각이 끼어있었다. 유비가 제위에 올라야 자신들의 노력을 인정받을 것이고, 그러면 관직과 작위가 훨씬 높아져 조상의 이름을 빛낼 수 있기 때문이다.

그러나 너무도 엄청난 일이었기에 감히 나서지 못했다. 대신 제갈량을 찾아가 뜻을 밝혔다. 이때 제갈량의 명망은 중천에 뜬 해와 같아 중신들의 우두머리라 할 수 있었다. 제갈량은 자신만만하게 말했다.

"나도 이미 생각해둔 바가 있습니다."

호탕하게 내뱉은 이 말에는 모든 일을 자신에게 맡기면 된다는 의미가 담겨있었다. 제갈량은 마음속으로 만반의 준비를 한 채 법정 등을 데리고 유비를 만나러 갔다. 제갈량이 말했다.

"지금 한황제는 유약하고 조조가 전권을 휘두르고 있어 천하의 백성들은 주인을 잃었습니다. 주공은 이미 쉰을 넘기셨고 사해에 위명을 떨치고 계시며 이미 형주와 양양, 동천과 서천을 차지하셨으니 하늘의 뜻과 백성들의 바람에 따라 제위에 오르셔야 합니다. 그리하면 바른 명분과 옳은 주장으로 나라의 역적 조조를 토벌할 수 있습니다. 이것은 하늘의 이치에 맞는 일이니 결코 미뤄서는 안 됩니다. 속히 길일을 택해 제위에 오르십시오!"

유비는 크게 놀라며 단호히 거부했다.

"군사의 말씀은 옳지 않습니다. 이 유비가 비록 한실의 종친이기는 하나 위로 천자가 계시니 신하에 불과합니다. 만약 군사의 말씀을 따른다면 한실을 배반하는 것이 아니겠습니까?"

제갈량 출사 이래, 유비가 이토록 제갈량의 체면을 깎아내린 것은 처음이었다. 체면을 중시하기로는 결코 관우에게 뒤지지 않는 제갈량이었다. 지난날 제갈량은 위연이 황충을 구하고 관우를 난처한 상황에서 구했을 때, 자신의 계획을 망친 것에 분노해 큰 공을 세운 그를 질책한 적이 있다. 이는 제갈량이 얼마나 체면을 중시하는지 보여주는 일례였다. 자신의 체면과 자존심을 깎아내린 것이 유비라고 할지라도 그냥 보아 넘길 제갈량이 아니었다. 제갈량이 말했다.

"지금의 형세는 주공께서 말씀하시는 것과 같지 않습니다. 천하는 나뉘어졌고, 영웅들이 잇달아 일어나 천하의 한 귀퉁이씩을 차지하고 있습니다. 또 세상의 재주 있고 덕 있는 선비들은 제 목숨을 내버린 채 그 주인을 섬기고 있습니다. 이는 모두 명리^{名利}를 위함입니다. 주공께서 한황실을 배신했다는 비난이 두려워 제위에 오르지 않는다면, 수하에 있는 사람들이 모두 크게 실망할 것입니다. 그리고 오래지 않아 모두 흩어져버릴 것입니다. 그렇게 되면 주공께서 반평생 이루신 모든 것들이 바람처럼 흩어질 것입니다. 주공께서는 깊이 생각하십시오."

제갈량은 유비의 두려움을 불러일으키고자 했다.

'만약 당신이 더 나아가지 않으면 수하들도 나아갈 수 없다. 배가 뜨려면 일단 물이 깊어야 한다. 모두가 목숨을 걸고 당신을 따르는 이유는 오직 하나! 명리를 위해서다. 당신은 수하들의 요구를 만족시켜줄 수 있는데도 행하지 않는다면, 수하들은 틀림없이 다른 살 길을 강구할 것이다. 그렇게 되면 당신의 반평생 노력이 모두 헛수고가 된다.'

제갈량의 '명리론'은 설득력이 매우 강했다. 지나치게 자신만만했던 제갈량은 유비가 반평생 써온 가면을 단번에 벗기고 자신이 대신 결론을 내렸다. 이에 유비가 반대하자 '명리론'을 내세우며 유비 생각을 철저히 무시했다. 그런데 유비가 이런 상황을 받아들일 리 없었다.

만약 제갈량이 자신의 능력을 과신하지 않고 먼저 '명리론'으로 유비에게 따져 물은 뒤 스스로 생각하게 두었다면 상황이 달라졌을 것이다. 먼저 '제위에 오르겠다'라고 나서지는 못해도 차분하게 제위에 오르는 일의 실현 가능성을 의논했을지도 모른다는 것이다.

제갈량은 유비의 미묘한 심경을 이해하는 데 있어 방통만 못 했다. 유비는 시종일관 겉으로는 충의를 내세우면서 속으로는 패왕의 길을 추구했다. 이런 유비를 설득하려면 절대로 천하의 조롱거리가 되게 해서는 안 된다. 반드시 유비가 흡족할 만한 충분한 명분과 이유를 찾아야 하며 없으면 만들어서라도 내놓아야 했다. 그래야 유비가 '흔쾌히 동의'할 것이다. 방통이 '도덕 배제 책략'을 써서 유비가 유장을 공격할 결심을 굳히게 한 것처럼 말이다.

그런데 제갈량은 충분히 납득할 만한 이유를 내놓지 못했기 때문에 공개적으로 '거절'을 당했다. 그러나 거절을 당하는 것이 꼭 나쁜 것은 아니다. 설득의 고수라면 이 '머리부터 들여놓기 기법door in the face technique'을 잘 활용해 차선책을 마련하기 때문이다. 그렇게 되면 구겨진 체면도 어느 정도 만회할 수 있다.

제갈량은 유비를 황제로 등극시키는 일이 물 건너갔다는 것을 직감했다. 그렇다고 이대로 물러날 수는 없었다. 신하들이 모두 지켜보는 자리에서 망신을 당했으니 이대로 물러난다면 그동안 공들여 쌓아온 위신이 땅에 떨어질 것이었다. 제갈량이 말했다.

"주공께서 한평생 의義를 바탕으로 살아오신 터라 제위에 오를 수 없다고 하심도 맞는 말입니다. 그러나 지금 주공께서는 이미 형주, 양양, 동천, 서천을 차지했으니 일단 한중왕에 오르시지요."

그러나 유비는 이 또한 거절했다.

"천자의 조칙도 받지 않고 한중왕에 오르는 것도 참칭이오!"

제갈량은 물러서지 않았다.

"난세에는 임시방편을 따르실 수도 있습니다. 법도만 고집하시면 안 됩니다."

이 말을 하면서 장비를 쳐다봤다. 장비는 유비가 황제의 자리에 올라도 문제될 것이 없다고 생각하는데 그까짓 한중왕쯤이야 대수였겠는가? 장비가 나서서 큰소리로 외쳤다.

"유劉씨가 아닌 사람들도 모두 황제가 되고자 하는 마당에 형님은 한 황실의 종친이 아닙니까? 까짓 한중왕 아니라 황제의 자리에 올라도 되겠습니다! 만약 그렇게 하지 않는다면 형님께서 반평생 노력하신 것이 한바탕 꿈이 될 것입니다!"

다른 사람들도 장비의 말에 동조하고 나섰다.

상황을 보니 이대로 두었다가는 도원결의를 맺을 때 유비가 했던 말까지 장비가 모조리 까발릴 기세였다. 유비에게 천하를 품으려는 포부가 없었다면 관우와 장비가 형님으로 모시며 충성을 바쳤을 리 있겠는가? 유비는 수하들의 마음이 변할까 두려워 결국 한중왕에 오르는 데 동의했다.

상대방에게 큰 것을 요구했다가 거절당하면 오히려 상대방이 죄책감을 느낀다. 그때를 틈타 상대적으로 작은 것을 요구하는 것이 바로 역단계적 요청 기법이다. 즉 '머리부터 들여놓기 기법'이다. 일반적으로 상대방은 죄책감이 더 가중되지 않도록 보상심리로써 작은 요구를 받아들이게 된다. 이 기법을 쓰는 방식은 두 가지가 있다.

하나는 이미 요구할 사항을 생각해 둔 상태에서 일부러 상대방이 도저히 받아들일 수 없는 지나친 요구를 한다. 그러면 상대방은 틀림없이 거절할 것이고 이에 죄책감을 느끼게 된다. 그때 상대방의 죄책감을 이용해 '상대적으로' 작은 요구를 하는 것이다.

다른 하나는 상대가 반드시 들어줬으면 하는 것을 요구해서 거절당하더라도 곧바로 포기하지 않는다. 처음에 요구했던 것보다 상대적으로 작은 것을 요구하는 것이다. 그러면 마음에 흡족한 결과는 못 얻겠지만 적어도 그보다 작은 것은 얻을 수 있다. 앞서 제갈량은 먼저 '제위'에 오를 것을 요구했다가 곧바로 '한중왕'에 오르라고 했다. 이것이 '머리부터 들여놓기 기법' 중 두 번째 방식에 해당한다.

유비가 '왕'이 되었으니 그의 수하들도 더 높은 자리에 오를 가능성이 커졌다. 유비는 아들 유선劉禪을 왕세자王世子로 세우고 허정을 태부太傅, 법정을 상서령尙書令으로 삼았다. 제갈량은 군사軍師가 되어 군사軍事와 나라의 중대한 일을 도맡아 다스리게 했다. 또한 관우, 장비, 조운, 마초, 황충을 오호대장군五虎大將軍으로 높이고 위연을 한중태수漢中太守로 삼았다. 나머지 사람들도 공에 따라 작위를 내렸다.

모두가 크게 기뻐했지만 유독 형주에 있는 관우만이 오호대장군 명단을 듣고 몹시 불쾌해했다.

"익덕은 내 아우이고 마초는 여러 대에 걸쳐 이름 있는 집 자손이다. 자룡은 오랫동안 형님을 따랐으니 내 아우이기도 하므로 나와 함께 이름을 나란히 할 수도 있다. 그러나 황충이 무엇이라고 감히 나와 같은 항렬에 놓인단 말인가? 대장부가 되어서 그따위 늙은 졸개와 같은 항렬에 설 수는 없는 법이다!"

사람은 사회 비교를 할 때 종종 '유형화'의 편견에 빠진다. '유형화'란 사람을 각기 다른 집단으로 나누는 것을 말한다. 집단 내부의 유사성과 서로 다른 집단 간의 차별성을 과장하는 경향이다. 자신이 속한집단이 더 우수하고 다른 집단은 자신의 집단보다 못하거나 결함이 있다고 생각한다.

관우는 '오호대장군'에 속하는 다섯 사람을 유형화할 때 자신을 가장 으뜸으로 보았다. 뒤이어 장비는 자신의 아우이고 조운은 유비를따른 지 오래되어 그 또한 자신의 아우라 할 수 있으므로 이 두 사람을자신과 같은 집단에 넣는데 이견이 없었다. 사실 마초는 그들보다 더높은 집단에 속해야 옳았다. 그의 선조는 천하에 이름을 떨친 복파장군^{伏波將軍}마원^{馬援}이고 그의 부친은 서량태수 마등^{馬騰}이었다. 다시 말해가문으로만 보면 그가 으뜸이었다. 그러므로 그의 가문을 생각해 그를오호대장군에 넣는 것에도 불만이 없었다. 그러나 황충은 한때 적이었고, 겨우 얼마 전에 유비에게 귀순한 데다 나이까지 많았다. 따라서 그는 관우와 같은 집단에 속할 자격이 없었다. 관우가 격노한 것은 바로이 때문이었다.

그러나 이것은 표면적인 이유일 뿐 진짜 이유는 다른 데 있었다.

사실 황충의 출신이나 무예가 관우와 견주는 데 부족함이 없었다. 그럼에도 황충을 깔아뭉갠 것은 단지 구실에 불과했다. 그는 단지 황충이 아니라 위연이 오호대장군에 더 적합하다고 생각했던 것이다.

사람은 종종 자신과 비슷한 사람을 좋아한다. 이것을 심리학에서는'접근성' 법칙이라고 한다. 위연은 붉은 대춧빛 얼굴이며 기질과 성격도 호방하고 오만한 것이 관우와 꼭 닮았다. 더 중요한 것은 위연의 도움 덕분에 관우가 장사를 쉽게 공략할 수 있었다는 사실이다. 위연이 '은혜'를 베푼 덕에 관우는 마음껏 제갈량을 비웃을 수 있었다. 이러한 요인들로 관우는 위연에게 고마움과 호감을 느꼈다. 그런데 자신이 높게 평가한 위연이 오호대장군에 들지 못하자 정치의 중심에서 멀리 떨어진 관우는 강한 불만을 표출한 것이다. 관우가 황충과 유독 사이가 나빠서 그를 못마땅해 한 것이 아니었다. 다만 장비, 조자룡, 마초, 황충을 같은 선상에 놓고 비교했을 때 위연과 바꿀 만한 인물은 황충뿐이었다.

관우는 위연이 오호대장군에 들지 못한 것은 틀림없이 제갈량이 반대했기 때문이라고 생각했다. 제갈량이 위연을 못마땅해하는 사실은 알만한 사람은 다 알았다. 그렇다면 제갈량은 관우와 위연의 공동의 '적'이었다. 관우는 이 일을 구실로 제갈량에 대한 불만을 쏟아낸 것이다.

다행히 유비의 사자로 온 비시費詩가 대의를 거론하며 일을 좋게 매듭지었다. 그러나 제갈량의 부당한 처사는 관우의 반감을 더 키운 셈이 되었다. 게다가 제갈량이 관우가 서천으로 오는 것을 막기 위해 보낸 편지에서 '공연히' 그를 치켜세우는 바람에 그야말로 천상천하유아독존이 된 관우는 거리낌 없이 제멋대로 행동했다.

◈ 심리학으로 들여다보기

성공은 자신감이 도를 넘게 만드는 촉매제다. 작은 성취감에 도취하지 말라는 의미이다. 긴 삶의 여정에서 하나의 과제를 성공적으로 수행했을 뿐이다. 물론 성공을 이룬 당신의 노력은 칭찬받아 마땅하다. 하지만 샴페인을 터트리기 전에 먼저 겸손해져야 한다.

충동적 행동은
영웅도 피해가지 못한다

참으로 다사다난한 한 해였다. 관우가 죽은 지 얼마 지나지 않아 위왕 조조도 인생의 마지막에 이르렀다. 조조는 이미 아들 조비曹丕를 위해 길을 닦아 두었다. 조조가 죽은 지 얼마 지나지 않아 조비는 한헌제를 강제로 퇴위시켰다. 그리고 자신이 황제로 등극하고 국호를 위魏로 고쳤다.

이 소식을 들은 제갈량은 무척 기뻤다. 제갈량이 볼 때 결코 나쁜 소식이 아니었다.

하나는 조비가 한헌제를 몰아내고 황제에 오름으로써 유비가 제위에 오르지 못하도록 막았던 가장 큰 '심리적' 장애물을 제거한 셈이 되었다. 이제는 한나라를 배신하고 참칭했다는 비난을 걱정할 필요가 없어졌다. 또한 한나라의 종묘사직을 계승한다는 이유로 도의적으로도 상대방을 와해시킬 명분을 갖게 되었다.

다른 하나는 유비가 제위에 오르면 자연스럽게 유비의 동오 정벌을 막을 수 있었다. 한나라의 주인된 자로 경거망동해서는 안 되기 때문이다.

제갈량과 허정은 모든 벼슬아치를 이끌고 표문을 올려 유비에게 황제에 등극하라고 했다. 유비가 표문을 읽고 깜짝 놀라 말했다.

"경들은 나를 불충하고 불의한 자로 만들려고 하는가!"

제갈량이 말했다.

"아닙니다. 조비가 한나라의 제위를 찬탈하고 스스로 황제가 되었으니 한실의 후예이신 주상께서 황통을 계승해 한황실의 종묘사직을 이어가는 것이 옳지 않겠습니까?"

그러나 유비는 버럭 성을 냈다.

"그것은 나에게 역적질을 하라는 말이 아니오!"

제갈량은 '군중심리'의 힘으로 유비를 제위에 앉히려고 했다.

'군중심리'는 다른 사람의 행위에 따라 행위나 신념을 바꾸는 것을 말한다. 유구한 중국의 역사를 되짚어보면 '모난 돌이 정 맞는다'라는 속담이 지극히 옳다고 확인된다. 굵고 곧은 소나무가 가장 먼저 잘리는 법이다. 한나라 말, 천하 각지에 영웅들이 나타났는데 솔직히 그 누가 황제가 되고 싶지 않았겠는가? 그러나 가장 먼저 황제가 된 사람은 대중의 적이 되게 마련이었다. 원술이 바로 그러했다. 원술은 너무 일찍 스스로 황제라 칭해 공공의 적이 되어 토벌됐다. 따라서 가장 먼저 행한 자는 엄청난 부담을 져야 한다. 하지만 그 후의 모방자들은 '군중심리'를 구실로 가장 먼저 행한 자의 뒤에 숨을 수 있다.

다시 황제가 된 조비의 이야기로 돌아와 보자. 가장 먼저 제위에 오르는 것은 엄청난 부담이었다. 만약 조조가 죽기 전에 기틀을 다져놓지 않았다면 조비는 결코 황제에 오를 수 없었다. 그러나 조비가 황제가 되었다면 그보다 더 자격을 갖춘 유비는 스스로 황제라 칭해도 심리적 부담을 느낄 필요가 없었다.

그런데 유비는 조비의 행위를 '역적질'로 규정했다. '역적'이 한 짓을 그대로 따른다면 유비 자신 또한 조비와 다를 바 없는 '역적'이 되는 셈이다. 그래서 유비는 기를 쓰고 제위에 오르기를 거부했고 제갈량에게 역정을 냈다. 그래도 제갈량은 포기하지 않고 사흘 뒤 다시 벼슬아치들을 이끌고 가 유비에게 제위에 오를 것을 청했다. 하지만 유비는 끝내 따르지 않았다.

이때 제갈량은 결코 다른 방도가 없다고 인정할 수밖에 없었다. 비범한 능력을 지닌 사람이 다른 방도가 없다고 인정하는 것은 그가 '학습된 무기력'의 함의를 깊이 깨닫고 난 다음에나 가능하다.

선제공격이 무위로 끝났다면 한발 물러나 상대가 공격에 나설 때까지 기다려야 한다. 제갈량은 다시 자신의 주특기인 '심드렁한 판매자' 책략을 구사했다.

'당신이 끝끝내 황제가 되기를 거부한다면, 좋습니다. 그만두지요. 그렇다면 전 이대로 돌아가 병석에 눕겠습니다.'

얼마 지나지 않아 유비는 제갈량이 중병에 걸렸다는 보고를 받았다. 유비는 서둘러 제갈량의 집을 찾아가 무슨 병에 걸렸냐고 물었다. 제갈량은 변죽만 울렸다.

"걱정으로 가슴이 타는 듯하니 아무래도 오래 못 살 것 같습니다."

이 말에 유비는 가슴이 타는 듯했다. 지금 눈앞에 처리해야 할 일들이 산더미처럼 쌓여있는데 만약 제갈량이 세상을 뜬다면 유비는 끈 떨어진 뒤웅박 신세가 될 터였다.

유비는 무슨 걱정이냐고 물었다. 제갈량은 병이 자못 위중한 척하며 눈을 감고 대답하지 않았다. 유비가 계속해서 묻자 제갈량은 이쯤하면 되었다 싶어 길게 탄식하며 말을 꺼냈다.

"신이 초가에서 나와 주공을 만나 오늘에 이르도록 말을 하면 들어주지 않으신 적이 없고 계책을 내면 따르지 않으신 적이 없었습니다. 이제 주공께서는 서천과 동천, 형주, 양양을 모두 얻으시어 저 또한 그 당시 주공께 약속했던 바를 저버리지 않았으니 이제 죽어도 여한이 없습니다. 이제 문무백관이 모두 주공께서 제위에 올라 한황실을 계승해 자신들의 작위와 봉록을 높이고 조상과 가문의 이름을 드높이길 바라고 있습니다. 그런데 주공께서는 한사코 거부하시어 문무백관이 모두 원망의 마음을 품게 되었으니 오래지 않아 모두 사방으로 흩어질 것입니다. 그들이 사방으로 흩어진 뒤 위와 오가 쳐들어온다면 어찌 막으실 요량이십니까? 오늘에 이르기까지 겪은 모진 세월을 생각하니 걱정으로 가슴이 타는 듯해 중병이 든 것입니다. 아무래도 오래지 않아 주공을 영영 뵙지 못하게 될 것 같습니다."

유비는 제갈량이 '정치병'에 걸린 것을 알았다. 사실 유비라고 왜 황제가 되고 싶지 않겠는가. 어린 시절, 유비는 또래 아이들과 놀다가 수레의 차양같이 생긴 상수리나무를 가리키며 말했다.

"내가 천자가 되면 이것으로 수레의 차양을 만들리라."

그렇게 말했던 유비가 이제 제위가 바로 코앞에 있는데 어찌 탐나지 않겠는가?

지금 유비가 필요로 하는 것은 제위에 오를 강력한 '명분'이었다. 제 갈량이 유비를 위해 그 명분을 마련해주지 않으니 유비로서는 거절할 수밖에 없었다.

침상에 누운 제갈량은 온몸의 긴장을 다 푼 상태였다. 이런 분위기에서는 유비도 평상시의 경계심을 풀고 속내를 드러내기 쉬웠다. 유비가 말했다.

"나도 헤아려보지 않은 바가 아니나 천하 사람들이 말을 할까 두려워 그러지요."

제갈량은 유비가 진심을 밝히자 곧바로 말을 받았다.

"지금 주공은 명분도 바르고 말도 거기에 따를 만한데 무엇을 걱정하십니까? 주공께서는 '하늘이 주는 것을 받지 않으면 오히려 그 미움을 사게 된다'라는 말도 듣지 못하셨습니까?"

유비는 잠시 머뭇거렸다.

"그대의 병이 다 나으면 다시 논의합시다."

사람은 어려운 문제에 맞닥뜨리면 본능적으로 미루려고 한다. 제갈량이 내세운 이유만으로는 유비 마음의 불안을 씻을 수 없었다. 그러나 계속 거절할 수만은 없었다. 그래서 유비는 이렇게 애매모호한 대답을 한 것이다. 그러나 제갈량은 더 이상 일을 미룰 수 없었다. 그가 침상 곁에 있는 병풍을 한 번 치자 문무백관이 우르르 몰려나와 바닥에 엎드렸다.

"주상께서 이미 동의하셨으니 조속히 좋은 날을 택해 대례를 올리십시오."

상황이 이쯤 되자 유비도 더는 거절하지 못하고 신하들의 청을 받아들였다. 그러나 유비는 마지막에 이 한마디를 잊지 않았다.

"나를 불의에 빠뜨린 것은 바로 경들이오!"

유비는 황제의 자리를 '얻었으면서도' 끝내 의롭고 바른 척했다. 내면의 '인지부조화'를 극복하기 위해서는 그럴 수밖에 없었다. 병이 씻은 듯 나은 제갈량은 침상에서 벌떡 일어나 유비의 등극식 준비에 나섰다.

제갈량은 유비가 제위에 오르면 쉽게 거병하지 못할 것으로 생각했다. 제위에 오른 것이 유비에게 복수를 서둘러야 한다는 압박감을 주리라고 어찌 알았겠는가. 그 까닭이 무엇일까?

그 유명한 도원결의를 기억하는가?

"유비, 관우, 장비 우리 세 사람은 비록 성은 다르나 의형제를 맺습니다. 한마음 한뜻으로 곤란한 자와 위태로운 자를 돕고 위로는 나라에 보답하고 아래로는 백성을 평안케 하겠습니다. 같은 해 같은 달 같은 날에 태어나지는 않았으나, 한 해 한 달 한 날에 죽기를 원하니 천지의 신이시여 굽어살피소서. 만일 우리 세 사람 중에 의를 저버리고 은혜를 잊는 자가 있으면 하늘과 사람이 함께 죽여주소서!"

맹세하고도 지키지 않으면 내심에 인지부조화가 생긴다. 게다가 맹세가 공개적일수록, 맹세의 의식이 성대할수록 그 구속력은 더욱 강하다. 유비, 관우, 장비가 도원결의를 맺었다는 사실은 온천하가 다 아는 일이었다. 세 사람은 결코 이 맹세를 저버릴 수 없었다. 관우가 먼저 목숨을 걸고 맹세를 이행했기에 유비는 더욱 큰 부담을 느꼈다. 장비도 틀림없이 이 맹세를 이행하리라 잘 알고 있었다.

뿐만 아니라 유비는 인지부조화의 고통을 견디며 제위에 올랐다. 연이은 인지부조화의 고통에서 해방되려면 과감한 행동으로 맹세를 이행해야만 했다. 그러나 동오 토벌이 촉한에 미칠 영향은 너무도 컸다. 유비의 명령이라면 불구덩이에도 뛰어들 조운조차도 유비를 말리고 나섰다.

"한나라의 도적에 대한 복수는 공적인 것이고 형제의 복수는 사사로운 것입니다. 천하의 일을 중히 여기십시오!"

이에 유비는 만고에 길이 남을 한마디를 남겼다.

"짐이 아우의 원수를 갚지 못한다면 만 리 강산을 얻은들 귀할 게 무엇이겠는가?"

혈기 넘치는 유비다웠다. 여태껏 우리는 유비의 눈물과 꿋꿋함에 홀려 그가 그런 사람인 줄 오해하고, 세상에 영웅이 없어 유비 같은 사람이 이름을 떨친 거라고 생각했다. 그러나 이 한 번의 폭발로 그를 꼬리표처럼 따라다니던 유약함, 위선, 간사함을 떨칠 수 있게 되었다. 이 순간 유비는 유일한 영웅이었다.

순간의 '충동'은 인생을 망치는 지름길이다. 그러나 단 한 번도 충동적으로 행동하지 않는다면 그러한 인생이 무슨 의미가 있겠는가? 인생에서 이해득실을 따지지 않을 수는 없다. 그러나 모든 일을 행할 때 이해득실부터 따진다면 그 인생은 너무 비루하지 않겠는가?

유비에게 박수가 절로 나온다. 또한 조조의 사람 보는 눈이 감탄스럽다. 조조가 말하지 않았던가?

"천하에 영웅은 유비와 조조뿐이다!"

백번 맞는 말이다.

유비가 절대다수의 반대를 무릅쓰고 출병을 준비하고 있을 때 또 다른 비보가 날아들었다. 관우의 복수에 눈이 뒤집힌 장비는 모든 군사가 입을 흰 갑옷, 흰 깃발을 사흘 안에 마련하라고 무리한 명령을 내렸다. 그런데 어떤 일이든 도를 넘으면 화를 부르는 법이다. 기한 내에 준비하지 못하여 죽임당할 것을 두려워한 범강范疆과 장달張達이 장비가 술에 취해 잠든 틈을 타 장비를 죽이고 동오로 도망쳤다.

다른 한쪽 팔마저 잃었으니 유비의 마음이 얼마나 비통했을지 능히 짐작할 수 있다. 그러나 장비의 죽음으로 유비는 더욱 복수할 결심을 굳혔다. 원래 관우의 복수는 유비와 장비의 공동 책임이었다. 그러나 이제 형제 세 사람 중 유비 혼자 살아남았으니 그 책임은 나눌 수도, 미룰 수도 없었다. 이 복수는 오로지 유비의 몫이었다.

제갈량은 유비를 막을 수 없다는 사실을 알고 있으면서도 마음 한편에서는 요행을 바라고 있었다. '애병필승哀兵必勝', 즉 비분에 차 있는 군사는 반드시 이긴다고 했다. 유비가 복수심에 불타는 군사를 이끌고 출병하므로 천하의 대세를 바꿀지 모를 일이었다.

◈ **심리학으로 들여다보기**

병으로 골골대는 사람이 장수한다. 건강에 신경을 과민하게 신경 쓰는 사람은 평소에 자주 아픈 사람이다. 이들은 음료수 하나 먹는 것부터 운동이나 일상생활까지 건강을 챙긴다. 그만큼 오래 살 확률이 높아진다. 그렇다면 당신이 관심 가지는 부분에 더 열심을 내 보자. 가장 자신 있는 분야가 될 것이다.

정당한 대가가 보장되어야
상대가 움직인다

유비는 '비분에 차 있는 군사'를 데리고 출병했다. 그리고 가는 곳마다 승리를 거뒀다.

손권은 유비군에 대패해 상심이 이만저만이 아니었다. 유비군의 사기가 높아 도저히 막을 수 없음을 알고 장달과 범강 두 사람을 바치고 화친을 청했다. 유비는 장달과 범강 두 사람을 죽이고 장비의 제사를 지냈다. 하지만 그 뒤에도 동오와의 화친을 거부하고 계속 진격했다. 이에 손권은 사자를 보내 형주와 손부인을 돌려줄 테니 예전처럼 사돈 지간으로 친하게 지내자는 뜻을 전해왔다. 그런데도 유비는 반드시 손권을 죽여 관우의 복수를 하겠다고 고집을 부렸다.

손권은 그야말로 후회막급이었다. 만약 유비가 이토록 강하고 단호한 반응을 보일 줄 알았더라면 관우를 죽이지 않았을 것이다.

이스라엘 정부의 협상 원칙은 '절대 테러리스트와는 협상하지 않는다'이다. 이 원칙의 목적은 테러리스트가 인질을 납치해 정치적, 경제적 요구를 관철시키기 위한 도구로 활용하지 못하도록 하기 위함이다. 이 원칙의 성공 여부는 테러리스트들이 이스라엘 정부가 인질 문제로 자신들과 협상하지 않는다는 사실을 알고 있는지, 또 그것을 믿는지에 달려있다. 만약 이 원칙을 끝까지 고수한다면 테러리스트는 절대로 이스라엘인을 납치하지 않을 것이다. 인질을 납치해도 아무런 이득이 없기 때문이다.

이스라엘 정부는 이 원칙을 만천하에 알리기 위해 적잖은 대가를 치렀다. 초기에 발생한 몇 차례 인질납치 사건에서 정부는 납치범의 위협과 납치피해자 가족들의 간청에도 불구하고 인질을 희생시켜야 했다. 대의를 위해 어쩔 수 없는 희생이었다. 그 결과 이스라엘 정부는 절대 테러리스트와 협상하지 않는다는 사실이 알려졌다. 테러리스트도 이스라엘인을 납치해봐야 득 될 것이 없다는 사실을 알고 더는 인질을 납치하지 않게 되었다.

유비도 마찬가지이다. 형제들의 복수를 하는 과정에서 전에 없이 단호한 면모를 보였다. 사람들은 언제나 부드럽고 소극적이던 유비가 이토록 미친 듯이 복수에 집착할 거라곤 생각지도 못했다. 손권은 자신이 큰 실수를 저질렀다는 사실을 깨달았다. 하지만 일은 이미 돌이킬 수 없었다. 유비가 조금 일찍 이토록 '피 끓는' 모습을 보였다면 일이 이 지경에 이르지는 않았을 것이다. 잘못 건드리면 피 본다는 사실을 알고 알아서 몸을 사렸을 테니 말이다.

유비는 전투마다 승리를 거두면서 손권의 화친 요청도 거부했다. 진퇴양난에 빠진 손권은 유비와 결전에 육손陸遜을 보냈다. 때는 마침 한여름이라 날씨가 몹시 무더웠다. 그런데 유비는 700리에 걸쳐 크게 진을 세우는 실수를 저질렀다. 육손은 이 기회를 놓치지 않고 촉의 진영을 모조리 불살랐다. 이에 유비는 조조가 적벽 전투에서 패했던 것처럼 군사를 모조리 잃고 대패했다.

유비는 참담한 꼴로 백제성으로 도망쳤다. 이 모든 것이 자신의 잘못이라고 생각해 부끄러움에 성도로 돌아갈 수 없었다. 그리고는 화가 병이 되어 몸져눕게 되었다. 자신이 얼마 못 가 죽을 것을 알고 성도로 사람을 보내 승상 제갈량과 상서령 이엄李嚴을 불렀다. 유비가 제갈량에게 말했다.

"짐은 승상을 얻어 제업을 이루었소. 이제 병이 들어 죽음이 머지않은 듯하니 어쩔 수 없이 승상에게 대사를 부탁해야겠소."

말을 마친 유비가 눈물을 흘리자 제갈량도 눈물을 쏟았다. 함께 천하를 꿈꿨던 두 영웅이 마지막 헤어짐을 앞두고 어찌 마음에 격랑이 일지 않았겠는가?

유비는 마량의 동생 마속을 제갈량에게 물었다.

"승상이 보시기에 마속의 재주가 어떤 것 같소?"

여기에서 유념해야 할 점은 유비가 죽기 직전, 그 짧고 귀한 시간을 할애해 나누는 대화라는 것이다. 제갈량은 유비가 마속을 중용하려는 뜻인 줄 알았다. 제갈량은 마속을 괜찮게 보고 있던 터라 유비의 뜻에 따라 말했다.

"마속은 당대의 영웅이라 할 만합니다."

그런데 유비는 고개를 저으며 말했다.

"나는 그렇게 생각하지 않소. 내가 보니 마속은 그 말이 실제보다 지나친 사람이라 크게 써서는 안 될 듯하오. 승상께서는 이 점을 깊이 새기기 바라오."

제갈량은 매우 뜻밖이었지만 지금 상황에서는 그다지 중요하지 않은 말이었기에 크게 마음 쓰지 않았다. 이것이 제갈량에게 '수면자 효과'라고 불리는 심리 인지 현상이 발생하게 했다.

말을 마친 유비는 지필묵을 가져오게 해 유서를 썼다.

"번거롭겠지만 승상께서 이 조서를 유선에게 전해주시오. 부디 승상께서 잘 가르치고 이끌어주시기 바라오."

제갈량은 땅바닥에 엎드려 통곡하며 말했다.

"저희는 개나 말의 수고로움을 마다하지 않고 일해 폐하께서 저희를 알아봐 주신 은혜에 보답할 것입니다."

유비는 뒷일을 모두 부탁했다. 그러고 나서 한 손으로는 눈물을 훔치고 다른 손으로는 제갈량의 손을 잡으며 말했다.

"짐은 곧 죽을 것이오. 그런데 마음속에 있는 말을 승상에게 들려주고 싶소."

"폐하께서는 숨김없이 말씀해주십시오."

"승상의 재주는 조비보다 열 배나 나으니 틀림없이 나라를 안정시키고 큰일을 이룰 것이오. 만약 유선이 도울 만한 사람이거든 도와주시오. 그러나 그 재주가 모자라 도울 만하지 않거든 그때는 승상께서 성도의 주인이 되시오."

제갈량은 그 말을 듣고 깜짝 놀라 온몸이 땀에 젖었다. 어찌할 바를 몰라 바닥에 엎드려 연신 머리를 찧었다.

"신이 어찌 신하로서 힘을 다하지 않고 딴마음을 품겠습니까? 충성과 절개로 죽을 때까지 태자를 섬기겠습니다."

왜 유비는 모든 일을 다 부탁해놓고 나서 마지막에 한마디를 덧붙인 것일까?

사람은 정말이지 복잡한 동물이다. 유비가 제갈량을 믿지 않았다면 뒷일을 부탁하지 않았을 것이다. 유비가 제갈량을 믿었다면 이 말을 하지 말았어야 했다.

유비는 삼국에서 사람 보는 눈이 가장 정확한 사람이었다. 그는 제갈량이 충성스럽고 절개가 곧은 고결한 사람임을 잘 알고 있었다. 그러나 제갈량의 지배욕이 매우 강하다는 점도 잘 알고 있었다. 제갈량과 관우의 미묘한 관계는 서로 통제권을 쥐려는 경쟁에서 비롯되었다. 유비는 자신의 아들 아두 유선을 누구보다도 잘 알았다. 아두의 지력과 능력은 그저 제갈량의 손바닥 안에서 놀 정도밖에 안 됐다. 그래서 제갈량을 믿지만 '만의 하나의 경우'를 염려해 이와 같은 예방조치를 내린 것이다.

그렇다면 유비는 어떤 식으로 '만의 하나의 경우'를 막아야 할까?

일반적으로 황제가 죽을 때는 후계자를 맡아줄 대신에게 큰 상을 내려 그 대가로 충성심을 얻어낸다. 그러나 유비는 이렇게 하지 않았다. 그는 제갈량에게 아무런 이득도 주지 않았다. 대신 은혜를 베풀 기회를 아들 아두에게 주었다. 대신 '네 능력이라면 틀림없이 천하를 평정할 수 있을 것이다. 천하를 평정할지 말지, 어떻게 평정할지는 네가 알아서 해라. 만약 유선이 방해되면 아두를 처치하고 스스로 황제가 돼라'라는 의미의 말을 던졌다.

이러한 방법은 '불충분 정당화 효과'를 불러일으켰다.

우리가 어떤 일을 하면 그에 상응하는 대가를 받는다. 대가는 사람이 어떤 일을 하는 '이유'이다. 대개 합리적인 이유가 부족하면 사람들은 최선을 다하지 않는다. 불충분 정당화 효과가 힘을 발휘하는 것은 대가가 너무 적은데도 어쩔 수 없이 어떤 일을 해야 하는 경우 내면의 인지 부조화가 유발되기 때문이다. 이러한 인지 부조화를 극복하기 위해 사람들은 도의나 책임 등 다른 비물질적 동기를 활용해 이런 불균형을 메우려고 한다.

심리학자 레온 페스팅거와 그의 학생 칼스미스James Carlsmith는 흥미로운 실험을 진행한 적이 있다. 실험을 진행하기 전, 참가자들에게 이 실험이 매우 중요한 의미가 있는 실험이라고 알려주었다. 그리고 1시간 동안 반복적으로 매우 단조롭고 재미없는 일을 시켰다.

참가자들이 실험을 마치면 다음 참가자들에게 이 실험을 소개할 때, 매우 재미있고 흥분되는 실험이라고 말하도록 했다. 연구자들이 주목하는 부분이 바로 이것이었다. 사실 다음 참가자들은 연구자의 조수였다. 그들의 임무는 전 실험 참가자들이 실험을 묘사할 때의 태도를 심사하는 것이었다.

참가자는 어느 정도의 보수를 받았다. 실험의 내용과 과정은 완전히 똑같았지만 보수는 달랐다. 한 그룹의 참가자들은 20달러를 받았고 다른 그룹의 참가자들은 겨우 1달러를 받았다. 그렇다면 이 두 그룹 중 다음 참가자들에게 이 실험이 재미있었다고 열성적으로 소개할 그룹은 어느 쪽일까? 20달러를 받은 그룹일까? 아니면 1달러를 받은 그룹일까?

결과는 20달러를 받은 그룹의 열정이 1달러를 받은 그룹에 훨씬 못 미쳤다. 20달러를 받은 사람들은 자신들이 실험에 참여하며 약속된 임무를 완성했을 뿐이라고 생각했다. 그러나 1달러를 받은 사람들은 실험이 열정적으로 소개할 동력이 되기에 1달러는 매우 부족하다고 생각했다. 그러나 사전에 실험의 중요성을 듣고 책임의식이 생겼기 때문에 스스로 이 실험에 대해 잘 설명할 책임과 의무가 있다고 생각했다. 다시 말해 적은 보수가 오히려 강렬한 책임의식을 불러일으킨 것이다.

유비의 유언에 제갈량은 '몸을 굽혀 모든 힘을 다하며 죽은 후에야 그만둘' 수밖에 없게 되었다. 이는 모두 다른 사람에게 미룰 수 없는 제갈량 자신의 책임이었다. 이후 제갈량은 마치 '영구기관'이라도 된 것처럼 '감히' 쉴 수 없게 된다.

유비는 다른 두 아들 유영과 유리를 불러 그들에게 제갈량을 아버지로 받들라고 했다. 이것은 겉으로는 제갈량에 대한 존경의 표현이지만 사실상 제갈량에게 이중으로 책임을 지운 것에 불과했다.

사람들은 유비와 제갈량을 일러 서로를 알아주는 주군과 신하의 모범이라고 한다. 그러나 사실 제갈량이 유비를 아는 것보다 유비가 제갈량에 대해 훨씬 더 잘 이해하고 있었다.

◈ 심리학으로 들여다보기

이유가 필요 없는 것이 가장 좋은 이유다. 사족을 붙일수록 중언부언해진다. 조금은 억울해도 핑계나 변명보다 자기 책임을 인정하고 넘어가는 편이 유리하다. 상대는 그런 당신을 신뢰하고 큰일을 맡기게 된다.

남의 덕을 보려는 자는
먼저 나서지 않는다

유비의 죽음으로 가장 큰 충격을 받은 사람은 제갈량이었다. 아무에게도 말하지 않았지만 자신은 이미 약속을 어겼다는 사실을 알았다. 게다가 유비가 죽으면서 다시는 이 약속을 이행할 수 없게 되었다. 이것은 제갈량이 자신에게 한 약속이었다.

제갈량이 융중에서 나오기 전 스스로 관중과 악의에 비유했다. 심지어 사마휘와 서서는 관중, 악의도 제갈량에는 못 미치며 주나라 800년 강산의 기틀을 다진 강자아姜子牙(강태공), 유방과 함께 한나라 400년 강산을 일군 장량만이 제갈량에 비할 수 있다고 했다.

제갈량이 자신을 관중과 악의에 비유할 때, 그는 마음속으로 자신과 약속을 했다. 관중과 악의는 모두 자신이 모시는 주군이 살아있을 때 웅대한 포부를 실현했다. 강자아와 장량도 마찬가지였다. 이들과 자신을 비교하려면 마땅히 유비가 살아있을 때 목표를 실현해야 했다. 그런데 유비가 죽은 것이다. 제갈량이 강자아와 장량보다 아무리 대단한 재주를 지녔다고 할지라도 유비를 다시 살릴 수는 없었다. 제갈량이 유선을 도와 천하를 평정해 한황실의 중흥을 실현한다 해도 스스로 자신과 한 약속은 지킬 수 없게 된다는 말이다.

약속을 어겼다는 죄책감은 유비의 '불충분 정당화 효과'가 강력한 힘을 발휘하도록 했다. 제갈량은 자신에게 불가능이 없다고 생각했고 자기 능력을 믿어 의심치 않았다. 이렇게 생각할수록 유비가 살아있을 때 승리의 과실을 보게 하지 못했다는 자책감이 더 커졌다.

이 죄책감을 떨치기 위해 제갈량이 선택할 수 있는 길은 '몸을 굽혀 모든 힘을 다하며 죽은 후에나 그만두는 것'밖에 없었다. 그렇게 백제성에서의 '탁고'는 제갈량 생애의 분수령이 되었다. 이후 제갈량의 생각과 자세에는 중대한 변화가 일어났다.

유선은 열일곱 살에 제위에 올라 제갈량을 무향후武鄕侯, 익주목益州牧에 봉했다. 이렇게 관직을 높여주는 것은 호혜의 범주에 속한다. 이는 물론 군신간의 약속을 강화해 신하가 충성을 바치도록 하기 위함이다.

조비는 유비가 죽고 유선이 한중왕이 되었다는 소식을 듣고 매우 기뻐했다. 이 기회를 틈타 촉한을 공격하려고 했다. 하지만 모사 가후賈翊가 이를 말렸다.

"비록 유비가 죽었지만 틀림없이 그 아들을 제갈량에게 맡겼을 것입니다. 유비는 사람을 부리는 데 능했습니다. 제갈량은 반드시 온 힘과 마음을 다해 유비의 아들을 도울 것입니다. 그러니 폐하께서는 조급히 군사를 일으키지 마십시오."

가후의 말은 '출정은 불가하다'였다. 제갈량이 줄곧 군사직을 맡아 왔기에 유비가 죽었어도 모든 법도와 계획은 아무런 변동이 없을 거란 뜻이었다. 게다가 유비가 죽은 지 얼마 되지 않아 수하들이 더욱 일 치단결하여 외적에 맞설 것이 분명했다. 그러므로 지금은 결코 촉한을 칠 시기가 아니었다. 그러나 사마의가 벌떡 일어나며 반박했다.

"이 좋은 때 치지 않으면 도대체 언제 친단 말입니까?"

사마의는 조조 밑에서 이미 너무 오래 억눌려 있었다. 이제 조비가 위왕이 되었으니 사마의는 조비의 비위를 맞춰 높은 자리에 오르려고 했다. 사마의는 상대의 '비위를 맞춰 호감을 사는 법'에 도가 튼 인물이었다. 그는 단순히 조비의 생각을 지지한 것이 아니라 그 생각을 실현할 계책까지 내놓았다. 사마의는 '다섯 갈래 길로 진군하는 방안'을 조비에게 제시했다.

"우리 중원의 군사만 일으켜서는 급하게 이기기 어렵습니다. 반드시 내외협공을 해서 제갈량이 미처 대처하지 못하도록 해야 합니다. 따라서 다섯 갈래 길에서 대군을 일으켜야만 큰일을 이룰 수 있을 것입니다."

조비가 '다섯 갈래 대군'이 무엇인지 구체적으로 묻자 사마의가 말했다.

"사람을 뽑아 요동 선비국鮮卑國의 왕 가비능軻比能에게 글 한 통을 보내십시오. 비단과 금은보화로 그의 마음을 움직여 강병羌兵 10만을 일으켜 육로로 서천의 서평관西平關을 치게 하는 것입니다. 이것이 첫 번째 갈래입니다. 그 다음은 남만왕南蠻王 맹획孟獲에게 글을 보내 만병蠻兵 10만을 일으켜 익주와 영창永昌 등지를 공격하게 하십시오. 이것이 두 번째 군사입니다. 그 다음에는 동오에 사자를 보내 손권에게 10만 병사를 일으켜 양천兩川의 협곡을 공격하게 하는 겁니다. 이것이 세 번째 갈래입니다. 그 다음으로 항장降將 맹달에게는 상용上庸에서 군사 10만을 일으켜 서쪽으로 한중을 공격하게 하십시오. 마지막으로 대장군 조진曹眞을 대도독으로 삼아 10만 군사를 이끌고 경조京兆를 지나 양평관陽平關을 나와 서천을 치게 하십시오. 이것이 다섯 번째 갈래입니다. 다섯 갈래 길에서 군사들이 일시에 쳐들어간다면 제갈량이 강태공의 재주를 지녔다 할지라도 결코 당해낼 수 없을 것입니다."

조비가 크게 기뻐하며 사마의의 말에 따랐다.

이제 갓 제위에 오른 유선이 이렇게 많은 적을 상대해본 적이 있겠는가? 유선은 놀라 어찌할 바를 몰라 했다. 하지만 다행히 그의 곁에는 제갈량이 있었다. 유선은 급히 제갈량에게 사람을 보냈다. 돌아온 사자가 유선에게 보고했다.

"승상께서 병이 들어올 수 없다 하였습니다."

유선은 몹시 당황해 곧 황문시랑黃門侍郞 동윤董允과 간의대부諫議大夫 두경杜瓊을 보냈다. 그러나 동윤과 두경은 승상부 대문 안으로도 못 들어갔다. 두경은 승상부 앞에서 원망스러운 목소리로 말했다.

"돌아가신 주상께서 승상께 탁고한 바 있건만 이게 어찌 된 일입니까? 주상께서 보위에 오르신 지 얼마 되지 않았는데 지금 조비가 다섯 갈래 길에서 공격해오고 있습니다. 상황이 긴박한데 어째서 승상은 병을 핑계로 나와 보시지도 않습니까?"

이렇게 중요한 때에 제갈량은 또 '정치병'에 걸렸다.

제갈량에게는 남다른 재주 세 가지가 있었다. 하나는 '후광효과'를 이용해 자신을 신격화하는 것이고, 다른 하나는 '심드렁한 판매자' 책략이고, 마지막은 '격장법'이었다. 이번에 제갈량은 그중 두 번째인 '심드렁한 판매자' 책략을 구사했다. 그 까닭이 무엇일까?

제갈량은 유비의 신하였다. 아무리 중신이었더라도 새로 왕위에 오른 유선이 제갈량을 중용할지는 미지수였다. 제갈량은 유선의 마음에 '대체 불가능한 존재'로 거듭나야 했다. 조비의 공격은 제갈량이 자신의 입지를 굳힐 좋은 기회를 제공했다. 유비도 삼고초려 끝에 제갈량을 데려왔다. 그런데 만약 이 시점에 유선이 승상부로 직접 찾아오지 않는다면 제갈량의 중요성을 드러낼 수 없을지도 몰랐다.

제갈량이 병을 핑계로 두문불출한 것은 유선을 '삼고초려'하게 만들려는 속셈이었다. 유선이 직접 찾아오지 않는 한 제갈량의 병은 낫지 않을 터였다. 그렇게 이틀이 지났다. 두경 등은 더 이상 손 놓고 볼 수 없어 유선을 찾아가 말했다.

"상황이 긴박하므로 폐하께서 친히 승상부로 가셔서 계책을 물어보심이 좋을 듯합니다."

유선이 제위에 올랐다고 하나 어찌 이런 상황을 겪어보았겠는가? 유선은 선뜻 제갈량을 찾아갈 수 없어 먼저 황태후 오씨(유비의 후처로 유영, 유리의 생모)를 찾아갔다. 오태후는 후주의 말을 듣고 깜짝 놀랐다.

"승상이 어찌 이럴 수가 있는가? 선제의 당부를 저버리다니, 내가 직접 가봐야겠소!"

오태후의 말뜻은 제갈량의 승상부에 직접 찾아가 따지겠다는 것이었다. 만약 오태후가 갔는데도 문전박대를 당한다면 더 이상 물러날 곳이 없었다. 이에 동윤이 나섰다.

"태후께서 먼저 가시면 안 됩니다. 제가 헤아리기로는 승상께 분명히 좋은 생각이 있을 것입니다. 먼저 폐하께서 다녀오시는 것이 좋을 듯합니다. 그래도 승상이 모습을 보이지 않는다면 그때 가서 태후께서 승상을 묘당으로 불러도 늦지 않을 것입니다."

동윤의 책략에는 예의와 법도가 있었다. 특히 오태후에게 묘당에서 제갈량을 만나라고 한 것은 제갈량을 통제하기 위한 필살기였다. 묘당이 어떤 곳이던가?

묘당에는 유비의 신위가 모셔져 있었다. 만약 제갈량이 정말로 오만방자함이 지나쳐 유선과 오태후를 무시하는 것이라면 그 기세를 누를 것은 유비의 영혼뿐이었다. 비록 유비는 죽었지만 그 영향력은 건재하기 때문이다. 다시 말해 동윤은 '권위의 영향력'을 이용하려고 했다.

오태후는 동윤의 말에 동의했다. 유선은 곧 수레에 올라 승상부로 향했다. 승상부 문지기는 황제가 직접 행차한 것에 황망히 땅에 엎드려 예를 올렸다. 유선이 물었다.

"승상은 지금 어디에 있느냐?"

문지기가 말했다.

"어디에 계신지는 모르옵니다. 승상께서는 다만 저희에게 어떤 관원도 집안에 들이지 말라고 하셨을 뿐입니다."

제갈량은 문무백관의 출입을 막으라고만 했으므로 문지기는 유선을 막지 못했다. 유선은 수레에서 내려 혼자 승상부 안으로 들어갔다. 후원에 이르니 제갈량이 대나무 지팡이를 짚고 연못가에서 물고기를 보고 있었다. 유선은 제갈량 등 뒤에서 한참 동안 말없이 서 있기만 했다. 이것도 유전인가? 아버지 유비도 처음 제갈량을 찾아갔을 때, 제갈량의 침상 곁에 서서 잠에서 깰 때까지 기다린 바 있었다. 한참 뒤 유선이 입을 열었다.

"승상께서는 평안하시오?"

깜짝 놀란 제갈량은 얼른 바닥에 엎드렸다.

"신이 백번 죽어 마땅합니다."

유선이 공명을 일으켜 세우며 말했다.

"조비가 다섯 갈래로 길을 나누어 군사를 보내 우리 국경을 침범하고 있소. 지금 상황이 매우 위태로운데 승상께서는 어인 까닭으로 집밖에 나와 일을 보지 않는 것이오?"

그 말에 제갈량은 껄껄 웃으며 유선과 함께 내실로 들어갔다. 제갈량의 뜻을 모르는 유선은 당황스러웠다. 제갈량은 자신이 바라던 목적을 달성해 유선보다 우위에 섰음을 확인하고 말했다.

"조비가 다섯 갈래 길로 군사를 보낸 것을 제가 어찌 모르겠습니까? 저는 방금 물고기가 노는 것을 구경하고 있었던 것이 아니라 그 대책을 생각하고 있었습니다."

"그렇다면 어떻게 대응해야 하겠소?"

제갈량이 말했다.

"강왕 가비능, 남만왕 맹획, 우리를 저버리고 간 항장 맹달과 조진, 이 네 갈래 길에서 오는 군사를 물리칠 방법은 제가 이미 생각해두었습니다. 그리고 동오의 손권을 물리칠 방법도 이미 생각해두었는데, 동오에 다녀올 사람이 마땅히 없어 그것을 생각중입니다. 그러니 폐하께서는 심려하지 마십시오."

유선이 깜짝 놀라 말했다.

"승상께서는 정말이지 귀신도 놀랄 재주를 지녔구려!"

제갈량은 어떻게 다섯 갈래 길에서 공격해오는 군사를 모두 물리칠 수 있었을까?

이것은 '사회적 태만' 이론으로 설명할 수 있다.

라타네Latane, 윌리엄스Williams, 하킨스Harkins는 실험 참가자 여섯 명의 눈을 가리고 반원형 안에 앉아 이어폰을 꽂게 했다. 참가자들은 이어폰을 통해 다른 사람의 고함과 박수 소리를 들을 수 있었다. 여러 번에 걸친 실험에서 참가자들에게 혼자 고함을 지르고 박수를 치거나 다 함께 고함을 지르고 박수를 치도록 했다. 그 결과 여섯 사람이 함께 하는 고함과 박수 소리의 세기는 혼자서 내는 소리의 세 배가 되지 않았다.

그리고 이와 같은 방식으로 조립공정에서 일하는 노동자들 실험에서도 마찬가지의 결과를 얻었다. 개인의 행위를 단독으로 평가하면 따로 추가임금을 지불하지 않아도 노동자들의 효율은 16%나 향상되었던 것이다.

이것이 바로 '사회적 태만' 현상이다. 사람은 집단에 있으면 '남의 덕'을 보려는 경향이 있다. 자신은 최선을 다하지 않으면서 다른 사람이 노력한 덕을 보려는 것이다.

조비의 다섯 갈래 군사 공격도 마찬가지였다. 다섯 갈래 중 한 갈래인 동오의 군통수권자 육손이 손권에게 말했다.

"우리는 먼저 대충 따르는 척하면서 다른 네 갈래 길에서 오는 군사들의 상황을 지켜보면 됩니다. 만약 네 갈래 길 군사들이 승리해 양천과 한중이 위급해진다면 제갈량은 앞뒤를 모두 살필 겨를이 없을 겁니다. 그때 우리가 성도를 공략하는 것입니다. 만약 네 갈래 길 군사들이 패한다면 그때 가서 다시 상의하면 되고요."

이 다섯 갈래 길에서 오는 군사들은 조비의 명령을 직접 받는 조진을 제외하면 모두 육손과 같은 마음이었다. 그들은 제갈량이 미처 다막지 못한 틈을 타 득을 보겠다는 생각뿐이었다. 그러니 제갈량이 막지 못할 리 없었다.

제갈량은 강인들 사이에서 위망이 높은 마초를 보내 서평관을 지키게 해서 10만 강병을 물리쳤다. 위연에게는 군사가 매우 많은 것처럼 꾸미게 해서 만병의 의심을 일으켜 맹획을 물리쳤다. 그리고 이엄의 이름을 빌려 그의 옛 친구인 맹달에게 편지를 보내 그가 군사를 물리도록 했다. 마지막으로 조운에게는 양평관을 굳게 지키게 해 조진도 막아냈다. 네 갈래 길 군사들이 아무런 공도 세우지 못한 채 물러나는 것을 보고 동오군은 알아서 퇴각했다.

문밖에 나서지도 않고 웃으며 50만 대군을 물리침으로써 제갈량은 자신의 몸값을 더욱 높이면서 자신을 더욱 신격화시켰다.

◈ **심리학으로 들여다보기**

대부분 '더하기'를 바라며 연맹을 맺지만 '빼기'가 되는 경우가 많다. 성급한 연대는 불협화음을 부른다. 갈등이 유발되어도 서로를 잘 모르기에 파국으로 치닫는다. 다른 사람과 함께 일을 도모할 때는 신중에 신중을 기해야 한다.

7부

제갈량, 뜻대로 행하다

일의 추진력은 그 사람의 집념이나 가치관을 실현하기 위한
동력이다. 뜻은 있으나 행동하지 않으면 어떤 일도
성과를 내지 못한다. 제갈량의 의지는 확고했고 실행하는데 과감했다.
격변하는 시대를 사는 우리에게 꼭 필요한 정신력이 아닌가 싶다.

원수에게
손을 내밀어야 할 때도 있다

　다섯 갈래 군사를 무찌른 뒤 제갈량의 전략적 과제는 촉한의 '포스트 유비시대'를 어디로 끌고 가느냐에 있었다. 유비는 제갈량의 거듭된 만류에도 군사를 일으켜 동오를 쳤다가 대패하고 내상을 입어 세상을 떠났다. 이 일로 제갈량은 두 가지 면에서 극심한 타격을 입었다.

　하나는 내면에 타격을 입었다. 스스로 관중과 악의에 비유했지만 유비가 죽는 바람에 이 '호언'을 실현할 수 없게 되었다. 다른 하나는 권위에 타격을 입었다. 단 한 번도 제갈량의 뜻을 거스른 적 없는 유비가 제갈량의 거듭된 만류를 뿌리치고 동오를 공격했다. 그 때문에 전지전능한 '신'이었던 제갈량은 촉한의 원기를 상하게 만든 이 패배를 막지도, 줄이지도, 되돌리지도 못했다. 이 일로 사람들은 제갈량의 능력을 의심하기 시작했다. 그동안 제갈량이 공들여 쌓아온 위엄이 휘청거리게 된 것이다.

제갈량이 두문불출한 까닭은 유선에게 자신의 몸값을 높이기 위함도 있지만 빠른 시일 내에 촉한을 위한 전략적 선택을 내리기 위해서였다.

'반드시 동오와 화친을 맺어야 한다!'

이것은 지극히 고통스러운 결정이었다. 촉한은 이미 삼국 중 가장 약한 나라가 되었다. 지금의 난국을 타계하려면 반드시 과거의 악감정을 훌훌 털어내야 했다. 그러나 자신의 권위를 의심받기 시작한 상황에서 이 같은 결정을 내렸을 때 반대가 있을까 봐 우려스러웠다. 결과적으로 동오와의 전투에서 유비, 관우, 장비, 황충 등 많은 개국공신을 잃었다. 이런 상대라면 불구대천의 원수가 되는 것이 당연했다. 그런데 화친이라니, 이것이 가당키나 한 일이겠는가?

제갈량은 다섯 갈래 길에서 군사들이 밀려오는 것은 걱정하지 않았다. 자신이 이런 생각을 밝혔을 때 유선이 군소리 없이 따라줄지가 더 걱정이었다. 따라서 제갈량은 거짓 병을 핑계로 유선과 문무백관의 속마음을 떠볼 수밖에 없었다.

자신이 거짓 병을 핑계로 두문불출한 지 얼마 되지 않아 유선이 직접 승상부를 찾아왔다. 조직에서 제갈량은 여전히 흔들리지 않는 권위를 자랑했고 사실상의 일인자였다. 이를 재확인한 제갈량은 마침내 '동오와의 화친'을 추진하기로 결정했다. 그런데 이 결정을 자신이 먼저 제기할 수는 없었다. 만에 하나 동오와의 화친이 순조롭게 이루어지지 않을 경우 자신의 권위에 부정적인 영향을 미치기 때문이었다.

제갈량은 유선을 배웅했다. 문밖에 둥글게 모여 서 있던 문무백관은 유선의 밝은 표정을 보고 어리둥절해졌다. 그런데 딱 한 사람만 하늘을 쳐다보며 웃었다. 그의 얼굴에도 기쁜 기색이 가득했다. 놀란 제갈량은 몰래 하인을 시켜 그 사람을 남게 했다. 그의 이름은 등지鄧芝로 후한의 개국공신 등우鄧禹의 후손이었다. 현재 호부상서戶部尙書의 자리에 있었다.

제갈량이 물었다.

"지금 촉, 위, 오 세 나라가 삼족정三足鼎처럼 천하에 나누어 서 있소. 우리는 한실의 정통성을 이어받아 위와 오를 토벌하고 천하를 통일해야 하오. 그렇다면 그대가 보기에 어느 나라를 쳐야할 것 같소?"

제갈량은 속내를 드러내지 않고 등지를 떠보았다.

"제 어리석은 생각으로는 위가 비록 한실의 역적이기는 하나 그 세력이 너무 커서 급하게 제거할 수 없으므로 천천히 도모해야 할 것입니다. 지금의 폐하께서 보위에 오르신 지 얼마 되지 않아 민심이 아직 안정되지 않았으니 동오와의 화친이 급선무일 것입니다. 선제 때의 묵은 원한을 버리고 입술과 이가 서로 의지하는 사이가 되는 것이 앞날을 위한 계책입니다. 승상의 생각은 어떠신지요?"

그제야 제갈량은 껄껄 웃으며 말했다.

"나는 오랫동안 이 문제를 생각해왔소. 그동안 적합한 사람을 찾지 못했는데 오늘에야 비로소 그에 맞는 인물을 만났구려!"

제갈량은 그 자리에서 등지를 동오로 보내 촉과 오의 화친을 추진하게 했다. 과연 등지는 제갈량의 기대를 저버리지 않았다. 이로써 제갈량의 마음의 병은 씻은 듯 낫게 되었다.

유비의 죽음으로 가장 큰 충격을 받은 제갈량이었다. 반드시 온 힘을 다해 위나라를 쳐서 자신이 관중·악의보다 낫고, 유비의 부탁을 저버리지 않았음을 증명할 공을 세워야 했다. 오와 연합해서 위나라를 토벌하기 위해선 사전에 철저히 준비해야 했다. 제갈량은 갖은 고생 끝에 촉의 군사력을 강화하고 군량미와 건초를 넉넉히 마련했다. 그러나 태평성대를 끝내고 전쟁을 일으키려면 적당한 계기와 명분이 필요했다.

제갈량이 이 일로 고민하고 있을 때 익주에서 남만왕 맹획이 건녕태수^{建寧太守} 옹개^{雍闓}(한나라 십방후인 옹치^{雍齒}의 후손)와 결탁해 모반을 일으켰다는 소식이 날아들었다. 장가군^{牂牁郡}태수 주포^{朱褒}와 월전군^{越雋郡}태수 고정^{高定} 두 사람은 성을 옹개에게 바쳤다. 오직 영창군^{永昌郡}태수 왕항^{王伉}만이 공조여개^{功曹呂凱}와 함께 백성들을 모아 죽을 각오로 싸웠다. 옹개·주포·고정의 군사는 맹획의 선봉부대가 되어 영창군을 공격했다.

이 일은 제갈량에게 절호의 기회였다. 제갈량은 곧 후주 유선에게 자신이 직접 대군을 이끌고 가 반란군을 진압하겠다고 했다. 사실 남만의 반란은 하찮은 일로 대장군 한 명만 보내도 평정이 될 터였다. 유선은 제갈량이 직접 군사를 이끌고 가겠다는 까닭을 이해할 수 없었다. 유선이 말했다.

"동쪽의 손권과 북쪽의 조비는 모두 크나큰 우환거리입니다. 승상께서 직접 군사를 이끌고 가 남만을 정벌하시는 동안 오와 위가 쳐들어오면 어떻게 합니까?"

제갈량이 말했다.

"동오는 이제 막 우리와 화친을 맺었기 때문에 크게 염려하시지 않으셔도 됩니다. 설령 손권이 딴마음을 품는다고 해도 이엄이 백제성에 있으니 육손을 막을 수 있을 것입니다. 위나라는 얼마 전 동오를 쳤다가 크게 패해 그 기세가 꺾였으니 짧은 시일 안에는 경거망동하지 못할 것입니다. 그러니 폐하께서는 크게 걱정하실 필요 없습니다. 이번 기회에 신은 먼저 남만을 평정해 후환을 없앤 뒤 다시 북쪽으로 쳐 올라가 중원을 도모하려고 합니다. 선제께서 보잘것없는 신을 세 번이나 찾아주신 은혜에 보답하고 돌아가시면서 맡기신 중임을 이루려고 하는 것입니다."

제갈량의 말뜻은 매우 분명했다. 남만을 평정하는 것은 전쟁의 시작일 뿐이다. 선제의 이름으로 진행되는 것이므로 그 누구라도 결코 반박할 수 없었다.

유선은 제갈량 앞에서 발언권이 없었다.

"짐은 나이가 어리고 아는 게 없어 큰일을 결정할 수 없습니다. 승상께서 잘 헤아려 판단하시오."

정치 놀이에 푹 빠진 사람에게 전쟁만큼 좋은 것은 없다. 전쟁을 구실로 막강한 통제권을 손에 쥘 수 있을 뿐만 아니라 전쟁의 결과를 이용해 이름을 드높일 수 있다. 물론 여기에는 한 가지 전제가 있어야 한다. 반드시 전쟁에서 '승리'해야 한다는 것이다.

남만은 하찮은 상대였다. 제갈량이 직접 출정한다면 틀림없이 승리할 것이다. 제갈량은 대군을 이끌고 익주로 향했다.

고정은 부장 악환鄂煥을 내보냈으나 촉군의 선봉 위연에게 사로잡히는 신세가 되었다.

연맹을 깨뜨리는 가장 좋은 방법은 분열시키는 것이다. 그러려면 연맹을 이루는 집단을 각각 다르게 대한 다음 이 사실을 널리 퍼뜨리기만 하면 된다. 제갈량은 이 수법의 고수였다. 악환을 사로잡은 제갈량은 곧 그를 묶은 밧줄을 풀고 성대한 연회를 마련했다. 이름 없는 반군의 수장에 불과한 자신을 촉한의 대승상이 환대해주자 악환은 매우 감격했다.

제갈량은 악환에게 누구의 수하인지 물었다. 그가 고정의 부장이라고 대답하자 제갈량이 말했다.

"내가 알기로 고정은 충의를 아는 인물이나 옹개의 꾐에 빠져 이렇게 된 것이다. 내 오늘 널 놓아줄 터이니 돌아가서 고태수에게 어서 빨리 항복해 큰 화를 면하라고 고하거라."

고정은 참으로 운이 좋았다. 만약 옹개나 주포의 부장이 붙잡혔더라면 이 두 사람 중 한 사람도 충의를 아는 사람이 될 뻔했으니 말이다. 충의를 아는 사람이 잠시 나쁜 꾐에 빠지는 것은 충분히 용서받을 수 있는 일이다.

고정을 만난 악환은 제갈량이 자신을 죽이지 않은 덕을 치켜세웠다. 고정도 감격해 마지않았다. 한편 옹개는 악환이 제갈량에게 잡혔다가 풀려난 소식을 듣고 급히 진상을 파악하러 왔다.

옹개는 제갈량이 자신들을 갈라놓으려고 '반간계'를 쓴 것이라고 했다. 하지만 고정은 반신반의했다. 이로 보아 이 연맹 관계가 그다지 공고하지 않았다는 사실을 알 수 있다. 이제 제갈량이 한 번만 더 물면 산산조각이 날 게 뻔했다.

양측은 다시 교전을 치렀다. 이번에도 위연이 승리해 고정과 옹개의 부하를 숱하게 사로잡았다. 제갈량은 사로잡은 적들을 일부러 고정의 부하와 옹개의 부하로 나누었다. 그런 다음 고정의 부하들은 모두 살려서 돌려보내고, 옹개의 부하들은 모조리 죽이겠다는 소문을 퍼뜨렸다. 이 사실을 안 옹개의 부하들은 너도나도 고정의 부하인 척했다. 제갈량은 일부러 사실을 확인하지 않고 모두 풀어줬다.

제갈량은 이미 옹개가 항복할 뜻이 있으며 고정과 주포를 죽이고 투항하려 한다는 소문을 퍼뜨렸다. 이 소문을 들은 고정은 악환에게 옹개를 죽이라고 명령했다. 그리고 옹개의 수급을 들고 제갈량에게 투항하러 갔다.

이때 제갈량의 '세 가지 주특기' 중 세 번째 주특기가 또 등장한다. 제갈량은 고정을 호되게 꾸짖었다.

"너는 거짓 항복을 하러 온 것이다. 이 수급도 분명 옹개가 아닐 것이다! 반평생 군사를 부린 내가 겨우 이깟 꾀에 넘어갈 성싶으냐!"

제갈량은 고정의 충성심을 확인하려고 '격장법'을 썼다. 진심으로 항복하러 온 고정은 당연히 자신의 억울함을 증명하고자 했다.

"만약 승상께 제가 거짓 항복을 하러 왔다는 증거가 있다면 백번 죽이셔도 원망하지 않겠습니다!"

제갈량은 문갑 속에서 편지 한 통을 꺼내 고정에게 보여주었다.

"주포가 이미 사람을 시켜 투항의 뜻을 담은 이 편지를 보내왔다. 주포가 말하길 너와 옹개는 생사를 함께하기로 맹세한 사이라 하던데, 네가 어찌 하룻밤 안에 그를 죽이고 투항할 수 있겠느냐? 그러니 너는 틀림없이 거짓 항복을 한 것이다."

고정이 큰소리로 억울함을 호소했다.

"이는 주포가 반간계를 쓴 것이니 승상께서는 결코 그의 말을 믿어서는 안 됩니다!"

제갈량은 불난 데 부채질을 했다.

"나 또한 네 말만 들을 수는 없다. 네가 주포와 마주해 진위를 가려 보겠느냐?"

제갈량의 격장계가 성공하는 순간이었다. 고정은 곧바로 제갈량에게 말했다.

"승상께서는 의심하지 마십시오. 제가 군사들을 이끌고 가 주포를 사로잡아오겠습니다. 그리하면 승상께서도 제가 진심으로 투항한 것임을 알게 되실 겁니다!"

자신이 바라는 결과가 나오자 제갈량은 당장 외쳤다.

"그렇게만 된다면 나도 너를 의심하지 않을 것이다."

고정도 이런 생각을 하지 않은 것이 아니다.

'승상께서 정말로 나의 충성심을 의심하시면서도 내가 군사를 데리고 돌아가게 허락하실까?'

고정은 자신의 결백을 증명하기 위해, 제갈량이 자신을 잘못 보지 않았다는 사실을 증명하기 위해서 곧장 군사를 이끌고 가 주포를 죽였다. 고정은 제갈량에게 주포의 수급을 바쳤다. 제갈량의 얼굴에 만족스러운 마음이 그대로 드러났다.

"이는 내가 일부러 그대를 격동시켜 옹개와 주포를 죽이게 한 것이었소!"

자랑은 사람의 본능이다. 이와 관련해 초패왕은 만고의 명언을 남긴 바 있다.

"부귀하여 고향에 돌아가지 못하면 비단옷을 입고 밤길을 가는 것과 무엇이 다르리!"

사람은 자신이 만족해하는 결과를 만천하에 공개해 대중의 찬탄과 숭배를 받고 싶어 한다. 제갈량도 결국은 보통 사람이었다.

한편 제갈량의 말에 고정은 심경이 복잡해졌다. 반란을 일으킨 세 사람 중 다른 두 사람이 자신의 손에 죽임을 당했기 때문이다. 경위야 어찌되었든 결과적으로 그는 운이 좋았던 셈이다. 제갈량은 고정을 태수로 임명하고 악환을 아문장牙門將으로 삼아 익주를 지키게 했다. 고정은 과연 제갈량의 말대로 충의지사가 되었다. 그러나 이 모든 것은 우연이었다.

◈ 심리학으로 들여다보기

운명을 바꾸는 것은 종종 우연한 사건이다. 어제 읽은 한 권의 책, 지금 만난 한 명의 사람, 순간에 일어나는 하나의 사건이 인생의 방향을 완전히 전환시킬 수 있다. 그러므로 겪고 있는 일들이나 스치는 사람들에게 좀 더 집중해보자. 또 다른 가능성이 열린다.

편향된 생각에
쇠닻을 내리지 마라

익주를 평정한 제갈량은 군사를 이끌고 남만으로 갔다. 마량의 동생 마속이 유선의 명을 받아 군사들에게 나눠줄 술과 베를 가지고 왔다. 제갈량은 말재주가 뛰어난 마속을 매우 아꼈다. 제갈량은 마속에게 남만을 평정할 계책을 물어보았다. 마속이 말했다.

"제게 어리석은 의견이 있으니 승상께서 들어주시기 바랍니다. 남만 오랑캐들은 땅이 멀고 산이 험한 것만 믿고 중원에 복종하지 않은 지 오래입니다. 설령 오늘 그들을 쳐부순다 해도 내일이면 다시 반기를 들 것입니다. 이번에도 승상의 대군이 이르면 틀림없이 쓸어버릴 수 있을 것입니다. 그러나 토벌 후 승상께서 돌아가면 북방의 조비를 토벌하려 할 것이온데, 이 소식을 들은 만병은 그 틈을 타고 또 반란을 일으킬 것입니다. 만약 그들을 모두 죽여 버린다면 지나치게 불인*

ᄂ한 것이며 하루 이틀 안에 이룰 수 있는 일도 아닙니다. 듣기로 군사를 부림에 있어 '적의 마음을 치는 것이 으뜸이요, 적의 성을 치는 것은 그 다음이다. 마음으로 싸워 이기는 것이 군사로 싸워 이기는 것보다 낫다'라고 했습니다. 승상께서는 그들의 마음을 굴복시켜야만 비로소 남만의 오랑캐를 평정하실 수 있을 것입니다."

제갈량의 마음에 쏙 드는 말이었다. 특히 '승상께서 돌아가신 이후에는 북방의 조비를 토벌하려 할 것이온데'라는 대목은 제갈량의 전략적 배치를 그대로 읊은 것이었다. 제갈량은 마속의 의견을 높이 평가하며 이후 남만 평정의 기본 방향으로 삼았다.

1974년, 카네만과 트베르스키는 '닻 내림 효과'를 증명했다. 두 사람은 실험 참가자들에게 UN가맹국 중 아프리카 국가의 비율이 얼마나 되는지 물었다. 첫 번째 참가자들은 실험하기 전 먼저 룰렛 게임을 했다. 그 결과 바늘이 숫자 65에 멈췄다. 두 번째 참가자들도 같은 순서로 실험을 진행했다. 그 결과 룰렛의 바늘이 숫자 10에 멈췄다.

실험 결과, 첫 번째 참가자들이 예측한 비율의 평균은 45%였고 두 번째 참가자들의 평균은 25%였다. 룰렛 판의 숫자와 UN가맹국 중 아프리카 국가의 비율 사이에는 아무런 관련이 없었다. 하지만 실험 참가자들은 룰렛 판에 나온 숫자의 영향을 받았다. 이 둘 사이의 관계가 보여주는 심리 인지 현상이 바로 '닻 내림 효과'다. 룰렛 판의 숫자는 '닻'처럼 참가자들의 인지를 속박하고 고정시킨다.

닻 내림 효과는 숫자에서만 나타나는 것이 아니다. 깊은 인상을 남기는 정보는 이후 내리는 판단에 닻 내림 효과를 발휘한다. 마속의 몇 마디 말은 제갈량의 마음속에 무거운 쇠닻을 내려 이후 제갈량의 언행을 속박했다.

무력으로 남만을 정복하기란 쉬웠다. 그러나 마음으로부터 굴복하게 만드는 일은 결코 쉽지 않았다. '불복'에서 '굴복'으로 가는 과정은 '학습된 무기력'의 과정이다. 끊임없이 남만왕 맹획의 기세를 꺾으면서 동시에 끊임없이 보복할 기회를 주어, 아무리 계략을 세우고 발버둥치고 죽을힘을 다해도 결코 제갈량의 손바닥을 벗어날 수 없다는 사실을 깨달아야만 진정으로 항복할 것이었다. 이것은 맹획에게 길고도 험난한 학습 과정이 될 터였다. 그러나 그를 학습시키는 제갈량은 또 얼마나 번거롭고 괴롭겠는가?

제갈량은 마속을 유선에게 돌려보내지 않고 참군參軍에 임명했다. 자신에게 계책을 내도록 하기 위함이었다. 한편 맹획은 제갈량이 옹개를 무찔렀다는 소식에 세 동(부족)의 원수를 불러 모아 대응책을 모의했다. 이 세 동의 원수는 금환삼결金環三結, 동도나董荼那, 아회남阿會南으로 자기 수하에 있었다. 맹획은 이들에게 세 갈래 길에서 제갈량의 대군을 공격하라고 명령했다.

제갈량은 이 소식을 듣고 먼저 조운을 불렀으나 아무런 분부도 내리지 않았다. 이어서 위연을 불려왔으나 그에게도 아무런 분부를 내리지 않았다. 뒤이어 마충과 왕평을 불러 말했다.

"지금 오랑캐 군사가 세 길로 나누어 오고 있다. 나는 원래 자룡과 문장을 보내려고 했으나 이 두 사람은 이곳 지리를 몰라 보내지 못하고 있다. 따라서 그대 둘을 먼저 보내려고 하니 왕평은 왼쪽 길로 가 적을 맞고 마충은 오른쪽 길로 가 적을 맞으라. 나는 자룡과 문장을 뒤따라 보내 그대들의 뒤를 받칠 것이다."

또 제갈량은 장의張嶷와 장익張翼을 불러 말했다.

"너희 두 사람은 나와 함께 가운데 길로 가 적을 맞으라. 내 이미 왕평과 마충을 왼쪽 길과 오른 쪽 길로 보내 적을 맞게 하였다. 내일 너희들이 서로 시각을 맞춰 나가면 된다. 허어, 그런데 이것 참 낭패로구나. 나는 원래 자룡과 문장을 보내려고 했는데 안타깝게도 저들이 이곳 지리를 몰라 쓸 수가 없구나."

제갈량은 또 한 번 조운과 위연을 보내지 못하는 이유를 강조했다. 자신의 주특기 중 하나인 '격장법'을 쓴 것이다.

이제 촉한의 전성기 때의 오호대장군 중 남은 사람은 조운뿐이었다. 위연도 개국공신으로 오호대장군에 필적하는 능력을 지니고 있었다. 이 두 사람은 촉나라에서 지위가 가장 높은 대장군들이었다. 그런데도 제갈량은 여러 사람 앞에서 두 번이나 이들이 지리를 몰라 쓸 수가 없다고 말했다. 조운과 위연이 이런 창피를 당하고 가만히 있겠는가?

이런 제갈량의 말은 터무니없었다. 남만땅을 처음 밟은 사람은 비단 조운과 위연뿐만이 아니다. 마충과 왕평도 지리에 어둡기는 마찬가지였다. 어떤 곳에서라도 능숙하게 전투를 지휘하는 것은 대장군의 기본 자질이다. 만약에 지리를 몰라서 쓸 수 없다면 애당초 그들을 데려오지 말았어야 했다. 제갈량의 말에 조운과 위연의 심기가 불편해진 것은 당연하다.

제갈량은 두 사람을 달래듯 말했다.

"내가 장군들을 쓰고 싶지 않은 것이 아니라 그대들의 나이가 이미 중년에 가깝기 때문이오. 장군들이 남만 오랑캐의 계책에 떨어지면 일세 영웅의 이름에 먹칠을 하는 것 아니겠소?"

두 사람이 '늙어서' 더는 쓸 수 없다는 말이었다. 대놓고 꾸짖는 것보다 더 듣기 거북했다. 그러나 조운은 원래 상사에게 말대꾸할 줄 몰랐고, 위연은 제갈량을 몹시 두려워했기에 둘 다 울분에 가득 차 진채로 돌아갔다.

두 사람은 자신들이 '지리를 모르고 늙어서 아무짝에도 쓸모없지 않다'라는 것을 증명하기 위해 실제 행동에 나서기로 했다. 두 사람은 분을 억누르고 곧장 적진에 뛰어들어 가볍게 금환삼결을 죽였다. 마충과 왕평도 각각 오른쪽 길과 왼쪽 길에서 만병을 무찔렀다. 동도나와 아회남도 장의와 장익에게 붙잡혔다. 촉군은 대승을 거뒀다.

제갈량은 곧바로 동도나와 아회남을 풀어줬다. 적이 마음으로부터 승복하게 만들려면 마땅히 거쳐야 하는 과정이었다. 날개가 꺾인 맹획은 기세가 전만 못 했다. 제갈량이 여세를 몰아 추격하자 맹획은 군사 수십 기만 데리고 산골짜기로 도망쳤다. 촉병이 쫓아오자 말까지 버리고 도망치다가 매복하고 있던 위연과 마주쳤다. 더 도망칠 데가 없었던 맹획은 그대로 붙잡혔다. 제갈량에게 맹획이 처음 사로잡힌 순간이었다.

제갈량이 맹획에게 물었다.

"선제께서 너를 박하게 대하지 않았거늘 어째서 반란을 꾸민 것이냐?"

맹획은 조금도 굽히지 않고 당당하게 말했다.

"동천과 서천 땅은 원래 모두 다른 사람이 차지하고 있던 땅이었다. 나는 대대로 이 땅에 살아왔다. 그런데 네 주인이 힘으로 그것을 빼앗아 마침내는 천자에까지 올랐다. 그런데 너희가 무례하게도 내 땅을 침범했으면서 오히려 나에게 모반을 했다고 하느냐?"

이치에 맞는 맹획의 말이었다. 제갈량은 더 따지지 않고 물었다.

"너는 이미 내게 사로잡혔다. 마음으로 굴복하느냐?"

닻 내림 효과가 발휘되기 시작했다. '불복'이라는 두 글자는 아이러니하게도 호신부와 같았다. 맹획이 '불복'할수록 제갈량은 '굴복'할 때까지 놓아줄 작정이었다.

원래 남만 평정은 누워서 떡 먹기였다. 남만의 수괴를 붙잡아 참수하면 모든 일이 마무리되는 셈이다. 그러나 죽이기는 쉬워도 굴복시키기는 어려웠다. 맹획과 같은 오랑캐는 개화한 문명인보다 훨씬 용맹했다. 그런 사람을 마음으로부터 굴복시키기란 쉬운 일이 아니었다.

아니나 다를까, 맹획은 금방 변명을 내놓았다.

"산이 험하고 길이 좁아 한순간의 실수로 네 손에 떨어졌을 뿐이다. 어찌 진심으로 네게 항복하겠느냐?"

맹획의 대답은 '자기 고양적 편향self-serving bias을 극명하게 드러낸다.

'자기 고양적 편향'은 자신과 관련된 정보를 가공할 때 두 가지 경향을 보이는 것을 말한다. 즉, 자신의 실패는 회피하고 성공의 영광을 기꺼이 받아들이는 경향이다. 제갈량은 귀신같은 용병술에 실력과 지략을 더해 맹획을 사로잡았다. 그런데도 맹획은 자신이 실패한 것은 산길이 좁아 한순간 실수한 탓이라고 했다. 산길이 조금만 더 넓었어도 자신은 이렇게 사로잡히지 않고 탈출하는 데 성공했다는 뜻이다.

다행히 제갈량은 맹획의 '불복'을 기다리고 있었다. 맹획이 아무리 말도 안 되는 이유를 대더라도 '불복'이라는 말이 나오면 '무조건' 풀

어주고 다시 공격할 심산이었다. 그래서 제갈량은 또 물었다

"네가 복종할 수 없다면 내 너를 풀어주마. 어떠냐?"

맹획도 참 막돼먹은 인물이다. 보통 사람 같으면 승리한 쪽에서 이렇게 말하면 속임수가 분명하다고 의심하거나 감격해서 스스로 굽힌다. 호혜의 원칙에서 비롯된 행동이 나오는 것이다. 그러나 맹획은 아무렇지도 않게 말했다.

"만약 네가 나를 놓아준다면, 나는 다시 군마를 정돈해 너와 자웅을 겨룰 것이다. 그때 가서 네가 다시 나를 사로잡는다면 그때는 복종하마."

제갈량은 껄껄 웃으며 말했다.

"좋다. 내 너를 풀어주마."

제갈량은 맹획을 묶었던 밧줄을 잘라냈다. 그리고 술과 밥을 넉넉히 먹인 뒤 말에 안장까지 얹어주었다. 장수들은 매우 의아하게 여겼다.

"맹획은 남만의 우두머리입니다. 이제 다행히 한 번에 그를 사로잡아 남방을 평정하는가 하였는데 승상께서는 왜 그를 놓아주신 것입니까?"

제갈량이 말했다.

"내가 그를 잡기란 주머니에 든 물건을 꺼내는 것과 다름없다. 그가 마음으로 항복하면 이곳도 자연히 평정될 것이다."

장수들은 그 말을 믿지 않았으나 마속만은 아무 말 없이 미소지었다.

한편 범 아가리에서 살아 돌아온 맹획은 제갈량이 풀어준 까닭을 알 수 없었다. 싸움에 지고 쫓겨 온 부하들은 기쁨을 감추지 못하고 물었다.

"대왕께서는 어떻게 돌아오신 겁니까?"

맹획이 대답했다.

"촉나라 놈들의 감시가 느슨한 틈을 타 십여 명을 죽이고 밤을 틈타 도망쳤다."

사람은 1%의 가능성만 있어도 자신을 영웅으로 포장하려 한다. 이는 사람이라면 누구나 가지고 있는 고질병이다. 자기 고양적 편향 탓이다. 맹획은 '까닭은 알 수 없지만 제갈량이 그냥 풀어줬다'라고 말할 수 없었다.

◈ 심리학으로 들여다보기

얼핏 보기에는 연관이 없어 보이는 관계는 사실상 애타게 찾아 헤맨 '신비한 힘'이다. 너무나 잘 알고 있는 현상에서 새로움을 발견하기란 힘들다. 반복되는 일상에서 변화를 찾거나 변주를 통해 새로운 시도를 하기 어렵다. 다변화를 위한 시도가 필요한 때이다.

도망치는 법을 터득한 쥐는
고양이에게 잡히지 않는다

죽음 문턱에서 살아 나온 맹획은 제갈량과 정면충돌하는 것보다 단단히 지키며 적을 막는 편이 낫겠다고 생각했다. 마침 한여름인 데다 촉군은 먼 길을 달려온 터라 몹시 피로한 상태였다. 험한 노수瀘水를 근거지 삼아 굳게 지키고 나가지 않으면 제갈량이 오래 버틸 수 없을 거라 생각했다. 이런 맹획의 계책은 외적의 침략에 대한 대응 중 상책이었다.

맹획은 전군을 노수 남쪽으로 퇴각시키고 모든 배를 남쪽 언덕에 끌어다 놓았다. 더불어 토성을 높이 쌓고 도랑을 깊이 팠다. 강가 산기슭에는 높은 성루를 세우고 활과 쇠뇌, 돌을 날리는 투석기를 여럿 설치해 오래 버틸 채비를 마쳤다.

'네 놈과 결코 정면으로 맞서지 않고 죽을 각오로 지키기만 할 것이

126

다. 과연 네가 나를 사로잡을 수 있겠느냐?'

제갈량의 대군은 노수를 건널 배가 없어 북쪽 언덕에 발이 묶였다. 그때 유선의 명을 받은 마대가 더위 먹은 데 쓰는 약과 군량을 가지고 도착했다. 제갈량이 마대에게 말했다.

"지금 맹획은 노수에 의지해 항거하고 있어 건널 길이 없다. 나는 먼저 그 군량을 나르는 길을 끊으려고 한다. 이곳에서 150리쯤 가면 노수 하류에 사구沙口라는 곳이 있다. 그곳은 물살이 느려 아무렇게나 엮은 뗏목으로도 건널 수가 있다. 네가 군사 3천을 이끌고 노수를 건너 오랑캐들의 군량과 건초를 옮기는 보급로를 끊어라. 그런 연후에 기회를 봐 동도나와 아회남 두 동주를 만나 안에서 호응하게 해라."

마대는 명령을 받고 사구로 가 병사들에게 강을 건너게 했다. 병사들은 강물의 깊이가 얕아 너도나도 뗏목에서 내려 벌거벗은 채로 강을 건넜다. 그런데 이게 어찌된 일인가? 강을 건너던 병사들이 하나같이 코와 입에서 피를 쏟으며 죽어갔다. 마대는 대경실색해 곧 제갈량에게 달려가 이 사실을 알렸다.

제갈량은 그곳 토박이를 불러 연유를 물었다. 알고 보니 찌는 듯한 날씨 탓에 노수에 독기가 모인 탓이라고 했다. 낮에 태양이 내리쬘 때는 독기가 피어오르는데 그때 강을 건너면 독기를 들이마시고 죽게 되는 것이다. 강을 건너려면 밤에 강물이 식어 독기가 피어오르지 않을 때까지 기다려야 했다.

제갈량은 마대에게 토박이가 알려준 대로 따르라고 했다. 과연 그의 말대로 하니 무사히 강을 건널 수 있었다. 마대는 그 길로 맹획에게 가는 군량과 건초를 옮기는 보급로를 끊었다.

한편 맹획은 노수가 험하기 때문에 제갈량도 속수무책일 것이라고 믿었다. 안심하고 날마다 술만 마시며 군무는 돌보지 않았다. 추장 하나가 그런 맹획에게 말했다.

"사구 쪽은 물이 얕아 군사를 보내 지키지 않으면 안 됩니다. 만약 촉병이 이곳을 건너면 우리에게 해롭습니다."

맹획이 코웃음쳤다.

"너는 이곳 토박이면서 노수가 얼마나 무서운지 모르느냐? 촉병이 사구에서 강을 건너는 것이야말로 내가 바라는 바다. 강을 건너기만 하면 독기에 중독돼 죽을 것인데 무엇이 걱정이란 말이냐?"

이에 추장이 다시 말했다.

"만약 이곳 토박이들이 촉병에게 밤에 강을 건너야 한다고 알려주면 어떡합니까?"

"내 땅 안에 사는 사람들이 왜 외지인의 편을 들겠느냐? 걱정하지 말거라."

맹획이 보인 태도는 전형적인 '내집단 편향ingroup bias'이다.

사람은 무리를 지어 생활하는 동물이다. 자신을 어떤 특정한 하나 또는 다수의 집단에 집어넣고 단체의 개념인 '우리' 안에 포함시킨다. '우리'와 '저들'은 전혀 다른 개념이다. '우리'는 '저들'보다 더 똑똑하고 더 강하며 나를 더 잘 알고 있다. 이것이 바로 '내집단 편향'이다.

현재 토착민은 모두 자신과 같은 집단에 속하므로 당연히 촉군을 적대적인 집단으로 보고 배척한다고 맹획은 생각했다. 따라서 제갈량 편에 서서 밤에 노수를 건너면 된다는 비밀을 누설할 토착민이 없다고 굳게 믿었다.

물론 팔은 안으로 굽는다. 그러나 한 집단 안에 여러 개의 소집단이 존재할 수 있다.

예를 들어 우리는 '스위스인'하면 동질의 집단 하나를 떠올린다. 그러나 스위스인 내부에서는 자신들은 '프랑스어를 모국어로 하는 스위스인', '독일어를 모국어로 하는 스위스인', '이탈리아어를 모국어로 하는 스위스인'으로 나눈다. 이들 소집단 사이의 차이는 생각보다 훨씬 크다. 또 다른 예를 들어보자. 앵글로색슨 혈통의 미국인들은 종종 '라틴아메리카인'을 동질의 집단 하나로 생각한다. 그러나 라틴아메리카인은 '멕시코계미국인', '쿠바계미국인', '푸에르토리코계미국인' 등으로 나뉜다.

맹획의 남만인 집단도 사회적 지위에 따라 여러 개의 신분계층(소집단)으로 나뉘었다. 맹획처럼 최상위 계층의 통치자는 억압받는 피지배계층의 인정을 받기 어렵다. 게다가 맹획은 사전에 '내집단 편향' 의식을 광범위하게 심어놓지 않았다. 그로 인해 피지배계층은 노수에 대해 묻는 이들이 외적이라는 인식조차 없었다. 심지어 수탈과 억압에 시달려온 많은 피지배계층은 '외적'이 침략해 맹획처럼 호의호식하는 통치자들을 혼쭐내주기를 바랐다. 그래서 촉군이 노수를 건널 방법을 공손하게 물어왔을 때 조금도 망설이지 않고 자세히 알려주었다.

마대는 군량을 빼앗은 뒤 다시 군사를 이끌고 공격했다. 맹획은 동도나를 보내 적을 맞게 했다. 마대는 제갈량이 동도나를 사로잡았다가 죽이지 않고 풀어줬는데 은혜도 모르는 사람이라고 비난했다.

사실 동도나는 은혜를 입으면 결초보은하는 사람이었다. 맹획의 명령으로 어쩔 수 없이 군사를 이끌고 온 동도나는 마대의 비난에 전의를 상실하고 그대로 물러갔다. 이틀 안 맹획은 동도나를 참수하려고 했다. 동도나는 다른 추장과 동주들의 만류로 겨우 죽음을 면했지만, 몽둥이로 호되게 100대나 맞았다. 앙심을 품은 동도나는 맹획이 술에 취한 틈을 타 원망을 품고 있던 사람들과 함께 그를 사로잡아 제갈량의 장막으로 압송했다. 이것으로 맹획은 두 번째 사로잡혔다.

제갈량이 맹획에게 말했다.

"지난번에 너는 내가 다시 너를 사로잡으면 항복하겠다고 했다. 다른 할 말이 있느냐?"

맹획이 말했다.

"이번에 내가 사로잡힌 것도 내 능력이 부족해서가 아니다. 내 수하들이 모반해 이리된 것인데 어찌 항복할 수 있겠느냐?"

제갈량은 이번에도 맹획이 '불복'하면 놓아줄 작정이었다. 제갈량은 맹획의 포승줄을 풀어준 뒤 술과 음식을 대접하며 말했다.

"나는 초가에서 나온 이래 싸워서 이기지 못함이 없고 쳐서 빼앗지 못함이 없었다. 너희는 그저 남만의 오랑캐에 불과한데 어째서 나에게 불복하는 것이냐?"

맹획은 입을 다문 채 대답하지 않았다. 제갈량은 맹획을 데리고 영채로 나가 군량과 병기를 둘러봤다.

"보거라. 나는 이렇듯 빼어난 장수들과 날랜 군사들, 넉넉한 군량까지 갖추고 있지 않느냐. 그런데 내게 항복하지 않다니 참으로 어리석구나. 네가 어찌 감히 나를 이길 수 있겠느냐? 만약 일찍 항복한다면 내 천자께 말씀드려 네 왕위를 잃지 않게 하고 자자손손 이 땅을 다스리게 해주겠다. 그래도 항복하지 않겠느냐?"

제갈량은 어째서 자신의 세력을 보여주며 달콤한 말로 항복을 권한 것일까?

마속의 계략이 상책임은 틀림없으나 맹획이 너무 고집불통이었기 때문이다. 제갈량은 맹획이 잡힐 때마다 '불복'하며 끝끝내 항복하지 않을까 걱정이었다. 그렇게 시간만 허비하는 것은 못할 노릇이었다. 그래서 자기 세력을 보이고 겁을 준 다음, 달콤한 제안으로 문제를 빨리 해결하고자 한 것이다. 그런데 뜻밖에도 맹획이 태도를 바꾸며 말했다.

"내가 항복하지 않으려는 것이 아니라 내 부하들이 마음으로 항복하지 않는 것이오. 승상께서 이번에 나를 풀어주면 돌아가는 대로 부하들을 불러 모아 달래겠습니다. 그리하여 모두 한마음이 되면 그때 가서 승상께 항복하겠습니다."

제갈량은 매우 기뻐하며 맹획과 날이 저물도록 술잔을 나눴다. 그런 뒤 직접 맹획을 노수변까지 배웅해주고 배를 띄워 돌려보냈다.

그렇다면 이것으로 문제가 다 해결된 것일까? 안심하기엔 아직 일렀다.

맹획은 돌아가자마자 제갈량의 사람이 된 동도나와 아회남을 제일 먼저 처리했다. 그는 장막 안에 도부수를 숨겨두고 제갈량의 전언이 있다는 거짓말로 동도나와 아회남을 불러들인 뒤, 두 사람을 토막 내 죽이고 시신을 개울에 던져버렸다. 그리고 동생 맹우孟優를 불러 계책을 일러줬다.

맹우는 건장한 군사 한 무리와 함께 금은보화와 상아, 물소뿔 같은 귀하고 값진 보물을 잔뜩 싸들고 제갈량을 찾아 길을 나섰다. 맹우가 막 강을 건너자 북소리와 피리소리가 요란하게 울리더니 한 떼의 군마가 나타났다. 맨 앞에 선 장수는 바로 마대였다. 맹우는 대경실색해 급히 마대에서 선물을 가지고 온 연유를 설명했다.

마대는 맹획이 동생 맹우 편에 금은보화를 바친 정황을 제갈량에게 상세히 보고했다. 제갈량은 마속을 쳐다보며 물었다.

"이것은 무슨 뜻인지 알겠는가?"

마속은 제갈량이 말한 의미를 깨닫고 종이에 써서 보여줬다. 그것을 본 제갈량은 박장대소하며 말했다.

"그대의 의견이 나와 꼭 같구나!"

제갈량은 조운과 위연, 왕평, 마충, 관색關索을 불러 각각 은밀히 영을 내렸다. 모든 준비를 마친 제갈량은 맹우를 들게 했다. 맹우는 제갈량을 만나 엎드려 절하며 말했다.

"제 형님 맹획은 승상께서 목숨을 살려주신 은혜에 깊이 감격하고 있습니다. 마땅히 드릴 것이 없어 특별히 금은보화를 조금 준비하여 감사를 표하고자 합니다."

제갈량이 물었다.

"그대의 형은 지금 어디 있는가?"

"형님은 승상의 크나큰 은혜에 감사하고자 은갱산銀坑山에 보물을 거두러 갔습니다. 곧 돌아올 것입니다."

제갈량이 또 물었다.

"그대는 몇 사람이나 데리고 왔는가?"

"어찌 감히 여럿을 데리고 오겠습니까? 예물을 지고 온 100여 명을 데리고 왔을 뿐입니다."

제갈량은 그들을 모두 장막 안으로 부르라고 했다. 자세히 보니 이들은 모두 푸른 눈에 얼굴은 검고 머리카락은 황금색이었다. 귀에는 금귀고리를 달고 헝클어진 머리에 맨발이었으며 키가 크고 힘도 세 보였다. 제갈량은 그들을 자리에 불러 앉힌 뒤 함께 술을 마셨다.

한편, 맹획은 이 '거짓 항복'의 보고만 기다리고 있었다. 한참 초초해하고 있을 때 두 사람이 돌아와 보고했다. 제갈량이 선물을 받고 아무런 의심도 하지 않았으며 같이 간 사람들을 모두 장막 안으로 불러들여 술을 마셨다고 했다. 맹우는 맹획에게 3경 무렵 제갈량을 잡자고 전했다.

그날 밤 2경 무렵, 맹획이 약속대로 군사를 이끌고 촉군 진영에 도착했다. 그런데 제갈량의 진채는 텅 비어있었다. 맹획이 장막 안으로 들어가니 환한 등불 아래 맹우와 그 졸개들이 술이 떡이 돼 바닥에 쓰러져 있었다. 맹획은 상황이 심상치 않음을 깨닫고 곧 퇴각 명령을 내렸다. 하지만 범 아가리에서 빠져나가기가 어디 그리 쉽겠는가!

조운, 위연, 왕평, 마충, 관색이 각기 다른 길에서 쏟아져 나오자 만병은 사방으로 도망치기 바빴다. 맹획이 홀로 도망쳐 노수 강변에 이르니 마침 수십 명의 만병이 작은 배 한 척을 저어오고 있었다. 맹획은 서둘러 배를 강가에 대라고 명령했다. 맹획은 배에 오르자마자 노를 젓던 병사들에게 붙잡혔다. 알고 보니 그들은 마대의 부하들이었다. 마대는 병사들을 만병으로 꾸며 이곳에서 맹획을 기다렸던 것이다. 이로써 맹획은 세 번째 붙잡혔다.

그렇다면 제갈량은 어떻게 맹획의 거짓말을 꿰뚫어 보았을까. 어떻게 거짓 항복이라 판단했을까?

신임은 쉽게 알아차릴 수 없는 편견이다. 그만큼 믿는다는 것이므로 좋은 편견인 것 같지만 이는 우리 눈을 가리는 편협한 사고가 될 수밖에 없다. 자신이 아닌 이상 타인을 대상으로 무조건적인 신뢰를 보낸다는 것은 생각보다 위험할 수 있다.

거짓말에 일부러 속아준다면
바보가 아니다

거짓말은 가장 복잡하고 어려운 정신노동 중의 하나다. 거짓말하는 사람은 여러 정보를 머릿속에서 동시에 처리하면서 여러 진실에 대응해야 한다. 이런 다층적이고 다양한 반응은 서로 얽히고설켜 주의력을 분산시킨다. 따라서 타고난 거짓말쟁이를 제외하고는 아무렇지도 않은 척 거짓말로 상대를 속이기란 쉽지 않다. 다시 말해 거짓말은 눈에 보인다는 말이다. 관찰력이 뛰어나고 일정한 판단법칙에 능숙한 사람이라면 어렵지 않게 거짓말을 꿰뚫어 본다.

맹획과 맹우 형제가 맞닥뜨린 사람은 '거짓말 꿰뚫어 보기의 고수' 제갈량이었다.

거짓말을 식별하는 기본 법칙 중 하나는 '갑작스러운 변화' 법칙이다. 성숙한 사람은 대개 그 세계관과 가치관의 틀이 기본적으로 잡혀

있고 행동 양식도 고정돼 있다. 그런데 갑자기 평소와 다른 태도를 보인다면 예의주시해야 한다. 그 사람의 평소 행동 양식을 잘 알고 있을수록 거짓말 여부를 더 쉽게 알 수 있다.

제갈량은 이미 맹획과 두 번이나 만났다. 이 만남에서 맹획은 고집불통의 완고한 성격을 드러내며 단 한 번도 제갈량에게 고개 숙이지 않았다. 특히 첫 번째 만남에서 맹획은 제갈량을 전혀 모르던 상태라 자신만만했다. 이때 그가 보여준 태도는 결코 고개를 숙이지 않는 완고한 고집불통의 전형적 모습이었다. 두 번째 잡혔을 때는 태도에 변화를 보였다. 여전히 '불복'했지만 제갈량이 군사들과 군량을 보여주며 부드러운 말로 항복을 권하자 갑자기 딴사람처럼 자세를 낮췄다. 그러면서 수하들이 항복하려고 하지 않아 투항할 수 없다고 변명까지 했다. 돌아가는 대로 수하들을 구슬려 함께 항복하러 오겠다는 다짐까지 곁들였다. 그러던 맹획이 갑자기 180도 다른 태도를 보이는데, 남달리 예민한 제갈량이 그걸 놓칠 리 없었다.

하지만 평소와 다른 모습을 보인다고 해서 무조건 거짓말은 아니다. '거짓말'이라고 확신하기 전에 먼저 다양한 방법으로 교차검증을 해야 한다.

맹우는 보물을 바치러 오면서 마대가 군사를 이끌고 온 것을 보고 대경실색했다. 이는 대단히 부자연스러운 태도였다. 맹우가 순수한 호의로 보물을 가지고 왔다면 그렇게 경계할 필요가 없다. 그럼 촉군을 두려워할 필요도 없었다. 제갈량은 마대에게 이 상황을 보고받고 이미 거짓으로 항복한 것을 간파했다. 그래서 마속과 함께 '벙어리극'을 연출하고 차근차근 일을 진행한 것이다. 제갈량이 맹우에게 던진 질문도

별 뜻이 없는 것 같지만 사실 '교차검증' 과정이었다.

제갈량과 맹우가 나눈 대화를 되짚어보자.

"그대는 몇 사람이나 데리고 왔는가?"

"어찌 감히 여럿을 데리고 오겠습니까? 예물을 지고 온 100여 명을 데리고 왔을 뿐입니다."

맹우의 대답은 참으로 이상하다. 그가 왕의 동생인지라 수행원 100여 명은 결코 많은 수가 아니었다. 또한, 맹우는 먼저 '어찌 감히 여럿을 데리고 오겠습니까?'라고 말했다. 다시 말해 몇 사람을 데려올지 미리 심사숙고했다는 뜻이다. 왜 심사숙고했을까? 답은 너무 많은 사람을 데려오면 제갈량의 의심을 살 수 있기 때문이다. 게다가 맹우는 자신이 데려온 사람들은 모두 예물을 지고 온 사람들이라고 특별히 강조했다. '도둑이 제 발 저린 것'임을 잘 보여준다.

그뿐만이 아니다. 맹우가 데려온 사람들은 하나같이 체격이 건장하고 힘이 장사였다. 이런 사람을 단순히 짐 나르는 짐꾼으로 쓰는 것도 확실히 이상한 부분이다. 결국 제갈량은 평소와 너무나 다른 맹획 형제의 태도와 그 외의 여러 기미를 보고 이들이 거짓으로 항복했다는 사실을 간파했다. 그래서 제갈량은 짐짓 속아주는 척하면서 덫을 쳐 또 한 번 맹획을 사로잡은 것이다.

세 번째 사로잡힌 맹획은 또 '불복'하며 말했다.

"이것은 내 아우가 먹는 것에 홀려 당신이 쓴 독에 당해 대사를 그르친 것이오. 그런데 내 어찌 항복할 수 있겠소?"

제갈량은 하는 수 없다는 듯 다시 맹획을 풀어줬다.

맹획은 꽁지 빠지게 도망쳤다. 한편 노수를 건넌 제갈량은 진채를 세우는 일이 끝나자 삼군에게 큰 상을 내렸다. 제갈량은 맹획의 거짓 항복을 눈치챈 경과를 장수들에게 설명했다. 장수들은 감탄해 마지않으며 한목소리로 말했다.

"승상께서는 지^{智}, 인^{仁}, 용^{勇} 세 가지를 모두 갖추셨습니다. 강태공·장량이라 할지라도 승상께는 미치지 못할 것입니다."

이것이야말로 제갈량이 가장 듣고 싶었던 말이다. 그러나 유비의 죽음으로 큰 충격을 받은 제갈량은 부하들이 찬탄을 보내는데도 몹시 부담스러웠다. 제갈량이 말했다.

"내가 어찌 그런 옛사람들에 비견될 수 있겠는가? 그대들의 힘이 있었기에 이와 같은 공을 세운 것일세."

제갈량은 평생 겸손과는 거리가 먼 사람이었다. 아마 이 말이 그의 평생 처음이자 마지막으로 한 겸손의 말이었다. 여하튼 유비의 죽음이 제갈량의 마음에 '사명감'을 심어 주었음을 알 수 있게 한다. 이로 인해 제갈량은 때가 아님을 알면서도 영원히 실현할 수 없는 꿈을 위해 '모든 힘을 다했고 죽은 후에야 그만두게' 된다.

한편 세 번이나 사로잡히는 굴욕을 겪은 맹획은 분을 삭이지 못했다. 은갱동^{銀坑洞}으로 돌아간 그는 군사를 재정비하고 다시 제갈량과 싸움을 벌였다. 그러나 이번에도 제갈량이 파놓은 함정에 빠져 사로잡히는 신세가 된다. 벌써 네 번째 사로잡힌 셈이었다. 맹획은 지난 세 번의 경험으로 자기가 '불복'하면 제갈량이 곧 풀어준다는 것을 깨달았다. 아니나 다를까, 이번에도 제갈량은 그를 풀어주었다.

맹획이 돌아가자 맹우가 한 가지 계책을 내놓았다.

"여기서 서남쪽으로 가면 독룡동^{禿龍洞}이라는 마을이 있습니다. 그곳

동주洞主 타사대왕朶思大王은 이 아우와 매우 친합니다. 그곳으로 가서 더위를 피하도록 하시지요. 촉군은 이곳의 여름 날씨를 견디지 못하고 자연히 돌아갈 것입니다."

맹획은 아우를 따라 타사대왕의 땅으로 갔다. 타사대왕이 맹획에게 말했다.

"대왕께서는 마음 놓으시지요. 만약 촉군이 이곳에 온다면 단 한 사람도 살아 돌아가지 못할 것입니다."

독룡동으로 들어가는 길은 단 두 갈래뿐이었다. 동북으로 난 길은 지세가 평탄하고 물이 달아 사람과 말이 지나다니기에 좋았다. 그러나 만약 이곳에 나무와 돌을 쌓아 입구를 막으면 100만 대군이 온다 해도 뚫고 들어갈 수가 없다. 서북으로 난 길은 산세가 험하고 재가 높으며 길이 좁았다. 물론 그중에 샛길이 없지는 않으나 대부분 독사와 전갈 등의 독충이 우글거렸다. 저녁에는 마치 안개와 같은 장기瘴氣(축축하고 더운 땅에서 생기는 독한 기운)가 자욱해 사巳·오午시에야 거두어지니 미未·신申·유酉시에만 지나다닐 수 있었다. 그러나 물을 마실 수가 없으니 사람과 말이 다니기가 어려웠다. 더 큰 문제는 이곳에 있는 네 개의 독샘이었다. 첫 번째 샘은 아천으로 물맛이 매우 달지만 사람이 그 물을 마시면 말을 할 수 없게 되고 보름이 못 돼 죽는다. 두 번째 샘은 멸천으로 온천물처럼 따뜻하나 사람이 그곳에 몸을 담그면 살갗이 문드러져 결국에는 뼈를 드러내고 죽는다. 세 번째 샘은 흑천으로 사람이 그 물을 몸에 뿌리면 손발이 까맣게 변해 죽는다. 네 번째 샘은 유천으로 그 물이 얼음과 같아 이 물을 마시면 목구멍에서부터 따뜻한 기운이 사라지고 온몸이 솜같이 부드러워져 마침내는 죽는다. 그래서 이곳에는 벌

레나 새 한 마리 찾아볼 수 없다. 오직 한나라 복파장군 마원만 온 적이 있을 뿐 그 이후로는 누구도 이른 적이 없다.

타사대왕은 동북으로 난 큰길을 막고 서북쪽으로 난 길만 남겨두자고 했다. 그리하면 촉군은 서쪽 길로 접어들 것이고 그 길에는 물이 없으므로 샘물을 보자마자 마시려 할 것이 분명했다. 그렇게만 된다면 설령 100만 대군이 온다 해도 살아 돌아가는 이가 없을 터였다.

타사대왕의 계획을 들은 맹획은 크게 기뻐했다. 맹획은 북쪽을 가리키면서 제갈량을 욕했다.

"제갈량 네가 아무리 꾀가 많고 헤아림이 깊다 해도 이번에는 살아 돌아가기 어려울 것이다. 마침내 네 번 사로잡힌 원수를 갚을 수 있겠구나."

과연 제갈량은 타사대왕의 생각대로 대군을 이끌고 서쪽 길로 추격해왔다. 왕평이 선봉에 서 군사를 이끌었는데 가는 길에 물이 없어 군사들은 몹시 목이 탔다. 그러던 중 샘물을 발견하고 너도나도 달려가 마시기 시작했다. 그런데 얼마 지나지 않아 하나같이 말을 못 하게 되었다. 왕평은 급히 제갈량에게 이 사실을 보고했다.

제갈량은 직접 수레를 타고 샘물을 살피러 왔다. 가서 보니 샘이 솟는 작은 못이 있고 물이 매우 맑았다. 하지만 그 깊이가 매우 깊어 바닥이 보이지 않고 물기운이 서늘했다. 사방을 둘러봐도 높이 솟은 봉우리만 있을 뿐 새 한 마리 울지 않았다. 제갈량은 불현듯 의심이 들었지만 어찌해야 할지 몰랐다.

제갈량이 여태껏 살아오면서 이토록 속수무책이었던 적이 있었던가? 제갈량은 맹획과 말도 안 되는 '항복할래 아니면 불복할래?' 게임을 시작한 것을 후회했다. 차라리 무 자르듯이 단칼에 다 베어 넘기고 남만왕을 새로 세우는 것이 나았을 거란 생각이 들었다. 이제 삼군의 통수권자이자 촉나라의 정신적 지주인 제갈량이 도망칠 길은 없었다. 이렇게 열악하고 낯선 환경에서 제갈량은 어떻게 해야 할까?

제갈량은 좌우를 살피다 멀리 산기슭에 있는 오래된 사당 하나를 발견했다. 그는 칡덩쿨을 타고 올라가 무너지기 직전의 사당 안으로 들어갔다. 알고 보니 이 사당은 한나라 복파장군 마원의 묘였다. 마원이 남만을 평정하러 이곳에 왔던 것을 기리기 위해 훗날 토착민들이 세운 것이었다.

제갈량이 다 쓰러져가는 묘당 안 낡은 장군상에 절을 했다.

"이 량亮은 선제로부터 어린 세자를 부탁받았으며 이제는 금상의 어진 뜻을 받들어 이곳 남만을 평정하러 왔습니다. 남만을 평정한 뒤에는 위를 토벌하고 오를 집어삼켜 한황실을 다시 일으켜 세우고자 함입니다. 그런데 지금 군사들은 이곳 지리를 몰라 잘못하여 독수를 마시고 말을 못 하게 되었습니다. 바라건대 존신尊神께서는 한나라로부터 입은 은의恩義를 생각하시어 신령한 힘을 보여주시어 삼군을 지켜주십시오!"

제갈량이 마원의 신령에게 문제를 해결해달라고 빌었다. 이제까지 제갈량은 모든 문제를 자기 힘으로 해결했다. 맹획을 여러 번 잡고도 풀어준 까닭 역시 지력에 자신이 있었기 때문이다. 자신의 지력이라면 맹획을 마음으로부터 굴복시킬 수 있을 거라 믿어 의심치 않았다. 그런데 맹획은 생각보다 훨씬 야만스러웠다. 지혜로 몇 번이나 그를 사로잡았으나 그를 굴복시킬 수는 없었다.

사람을 굴복시키는 방법에는 세 가지가 있다. 첫째는 덕으로 굴복시키는 것이고, 둘째는 지혜로 굴복시키는 것이며 셋째는 힘으로 굴복시키는 것이다. 그중 맹획 같은 자에게는 덕으로 굴복시키기가 무용지물이어서 제갈량은 지혜로 굴복시키는 방법을 선택했다. 그러나 맹획 같은 자를 단번에 굴복시키는 방법은 '힘'뿐이었다. 만약 제갈량이 직접 맹획과 자웅을 겨뤘다면 일찌감치 굴복했을지도 모른다.

맹획이 볼 때 제갈량의 지혜와 계책은 떳떳하지 않은 음모와 모략에 불과했다. 이것이 바로 문명인과 야만인을 가르는 가치관의 차이였다. 두 집단 간에 필연적으로 존재할 수밖에 없는 편견이다.

네 번이나 맹획을 사로잡고도 굴복시키지 못한 제갈량은 자신의 권위가 위협받고 있다고 생각했다. 그런 상황에서 맞닥뜨린 '아천'은 이미 제갈량이 평생 익힌 학문의 범위를 뛰어넘는 것이었다. 가장 무력한 상황에서 제갈량은 다른 방법을 선택했다. 바로 자신의 통제권을 신에게 넘겨주는 것이었다.

제갈량 역시 제아무리 대단해도 그 또한 사람이었다.

◈ **심리학으로 들여다보기**

미신은 극단적으로 무력한 상황을 벗어날 수 있는 마지막 탈출구다. 그만큼 자신감이 떨어졌다는 말이기도 하다. 자신이 가진 능력이 무력하다고 느낄 때 신적 메시지에 의지하게 된다. 바로 이때 운명론자가 된다.

포기하지 않는 자의 뜻이라야
어둠을 뚫는다

윤건을 쓰고 깃털 부채를 펄럭이며 천하를 호령하던 제갈량은 어디로 갔는가? 그는 왜 진흙으로 빚은 장군상에 예를 올렸을까?

브로니스라브 말리노브스키Bronislaw Malinowski는 전 세계에서 가장 위대한 인류학자 중 하나이다. 그는 인류학 분야 최고의 고전으로 손꼽히는 《서태평양의 항해자들Argonauts of the western pacific》를 남겼다. 그는 이 책에서 서태평양의 트로브리안 군도 원주민을 관찰한 결과를 서술했다.

말리노브스키는 원주민들이 산호초가 있는 잔잔한 바다에서 작업할 때 평범한 고기잡이 기술을 사용하는 것에 주목했다. 그리고 위험한 바다로 나갈 때는 매우 복잡한 주술행위나 미신 의식을 시행했다. 산호초 지역에서 고기를 잡을 때는 불확실성이 상대적으로 적고 상황을 통제할 수 있으므로 주술행위가 필요하지 않다고 판단한 것이다. 그러나 먼 바다로 나가면 얘기가 달라진다. 상황을 예측할 수도 없고 통제할 수도 없다. 그래서 원주민들은 갖가지 주술행위로 먼 바다의 상황을 통제해 위험을 낮추려고 한다는 것이다.

문명사회에 사는 현대인도 불확실한 위험에 맞닥뜨리면 미신에 기댄다.

1991년 걸프전 당시, 이스라엘 텔아비브대학의 한 심리학자가 연구한 결과이다. 텔아비브와 라마트간 등 대도시는 스커드미사일의 습격에 무방비로 노출돼 언제라도 공격당할 처지에 있었지만, 다른 도시들은 상대적으로 안전했다. 연구자들은 더 위험한 지역에 사는 사람이 심리적 불안으로 더 미신에 기대는지 알고 싶었다. 그들은 사람들에게 여러 가지 이상한 문제를 냈다. 예를 들어 '운이 좋은 사람과 악수하면 자신에게도 행운이 찾아온다고 생각하는가?', '방에 들어갈 때 오른발을 먼저 들이밀면 더 안전한가?'와 같은 문제였다. 그 결과 불확실성에 대응하기 위해 미신을 믿는 경향이 확실히 두드러졌다고 한다.

제갈량의 행위 역시 전혀 이상할 것이 없다. 신이 아닌 이상, 나약해지는 순간에 신상에 기도하며 마음의 안녕과 적과 싸울 용기를 되찾은 것이다. 기도를 마친 제갈량은 사당을 나가 토착민을 찾았다. 마침 맞은편 산에서 한 노인이 지팡이를 짚으며 오고 있었다. 제갈량은 얼른 그 노인에게 다가가 어찌된 영문인지 독샘에 관한 정보를 얻어냈다. 제갈량은 어찌해야 할지 그저 막막하기만 했다.

'아, 남만 평정이 결코 쉽지 않겠구나. 남만도 평정하지 못하면서 어떻게 위를 토벌하고 오를 삼킬 수 있단 말인가. 오와 위를 멸하지 못하는데 어떻게 한실을 일으켜 세울 수 있겠는가! 선제께서 뒤에 남은 금상을 부탁하셨는데 그 당부를 저버린다면 차라리 이곳에서 죽는 것이 낫지 않겠는가!'

이때의 제갈량은 정말로 나약해져 있었다. 물론 진정으로 목숨을 끊을 작정은 아니었지만 캄캄한 현실이 극단적인 선택으로 이끌었다. 원하는 것은 무엇이든 이루고 거침없이 성공가도를 달린 사람은 세상풍파를 다 겪고 사사건건 실패를 맛본 사람보다 좌절을 이겨내지 못한다. 오랜 세월 공들여 쌓아온 '신'격화된 이미지가 이까짓 '독샘' 하나 해결할 방법을 찾지 못해 무너질 위기에 봉착했다. '신'이라는 이미지가 깨지면 제갈량으로서는 사는 게 죽느니만 못 할 터였다. 뼛속까지 자신만만한 제갈량이 이런 현실을 어떻게 받아들일 수 있겠는가?

제갈량이 몹시 괴로워하자 노인은 측은지심이 일었다.

"승상께서는 너무 괴로워하지 마십시오. 노부가 이 어려움을 모두 해결할 수 있는 길을 안내해 드리겠습니다."

제갈량은 얼른 가르침을 청했다.

"여기서 서쪽으로 몇 리를 가면 만안계萬安溪라는 개울이 나옵니다. 그곳에 '만안은자萬安隱者'라는 호를 쓰는 선비 한 분이 살고 계십니다. 그가 거처하는 암자 뒤에 안락천安樂泉이란 샘이 있는데 중독된 사람이 안락천의 물을 마시면 바로 낫습니다. 암자 앞에는 '해엽운향薤葉芸香'이란 약초가 있는데 그 잎을 입에 물면 장기 역시 침범하지 못합니다. 승상께서는 어서 그곳으로 가셔서 샘물과 약초를 얻으십시오."

제갈량은 크게 기뻐하며 거듭 감사 인사를 올렸다. 노인이 가르쳐준 대로 여러 예물을 준비하여 왕평과 벙어리가 된 병사들을 데리고 만안은자를 찾아갔다.

제갈량은 찾아온 연유를 만안은자에게 소상히 밝혔다. 이에 만안은자는 왕평과 벙어리가 된 군사들에게 암자 뒤 샘물을 마시게 했다. 과연 곧 신기한 효력이 나타나 벙어리가 된 군사들이 나쁜 침을 내뱉더니 이내 말을 하게 되었다. 만안은자는 제갈량에게 중요한 사실 하나를 알려주었다.

"독룡동 부근은 독사와 전갈이 많고 버드나무 꽃이 개울이나 샘물에 떨어져 물을 마실 수가 없습니다. 그러므로 땅을 파서 나오는 샘물을 마셔야만 탈이 없을 것입니다."

제갈량이 감사 인사를 한 뒤 해엽운향도 달라고 하자 만안은자는 기꺼이 내어줬다. 고마운 마음에 제갈량이 은자의 이름을 묻자 그는 껄껄 웃으며 답했다.

"나는 맹획의 형 맹절孟節입니다."

제갈량은 깜짝 놀랐다.

"저희 부모님은 모두 세 아들을 두셨는데 제가 첫째이고 맹획이 둘째, 맹우가 셋째입니다. 부모님은 모두 돌아가셨고, 그중 둘째 아우가 성정이 거칠고 모질어 제가 몇 번이나 타일렀는데도 말을 듣지 않습니다. 그래서 이름을 바꾸고 이곳에 숨어 지내는 것입니다."

맹절은 죽어가던 제갈량에게 하늘이 내려준 구명줄이나 다름없었다. 맹절은 남만왕의 후예로 합법적인 왕위계승자였다. 맹절을 설득해 왕위에 오르게만 한다면 굳이 맹획과 이 피곤한 게임을 계속할 필요가 없었다. 제갈량은 이 게임에 흥미를 잃은 지 오래였다. 다만 자신의 뜻을 스스로 취소할 수 없어 울며 겨자 먹기로 계속하는 것뿐이었다. 강

요에 의해서가 아니라 제갈량 스스로 한 약속을 모두가 알고 있기에
물릴 수가 없었던 것이다. 제갈량이 맹절에게 말했다.

"내가 천자께 말씀드려 그대를 이곳 왕으로 삼으면 어떻겠습니까?"

맹절이 고개를 가로저었다.

"내가 이곳에 숨어든 까닭은 공명이 싫었던 탓인데 어찌 부귀를 다
시 탐하겠습니까?"

제갈량이 거듭 청했지만 맹절은 한사코 거절했다.

'심드렁한 판매자' 책략을 구사하는 데 제갈량을 따를 자가 없었다.
그런 그가 맹절의 거절이 참인지 거짓인지 구별하지 못하겠는가? 결
국, 제갈량도 맹절의 굳은 뜻을 알고 포기했다.

진채로 돌아간 제갈량은 맹절이 알려준 대로 땅부터 파게 했다. 그
러나 이십여 장을 파내려가도 샘물은 나오지 않았다. 수십 군데 장소
를 옮겨가면서 파보아도 마찬가지였다. 제갈량의 대군은 또다시 갈증
으로 죽을 처지에 놓였다.

바람과 비를 자유자재로 부르던 제갈량이 이토록 약한 모습을 보일
줄 어찌 알았겠는가? 막다른 길에 몰린 제갈량이 얼마나 초조하고 답
답했을지 짐작이나 할 수 있겠는가. 벼랑 끝에 몰린 제갈량은 다시 신
을 찾았다.

한밤중에 일어난 제갈량은 향을 사르고 하늘에 고했다.

"신 제갈량은 재주가 없으면서도 대한大漢의 복록을 받고 천자의 명
을 받들어 남만을 평정하러 왔습니다. 이제 도중에 물이 없어 군마가
목마름에 시달리고 있습니다. 만약 하늘이 대한의 명맥을 끊으려 하심
이 아니거든 이 샘에 단물이 괴게 해주십시오. 만약 대한의 운이 이미

다했다면 신 제갈량을 비롯해 모든 군사는 이곳에서 죽기를 바랄 뿐입니다."

제갈량의 말은 하늘을 협박한 것이나 다름없다. '만약 네가 물을 주지 않으면 나는 이 자리에서 죽겠다'라는 뜻이니 말이다. 왜 제갈량은 이런 기도를 올린 것일까?

'잘 되면 내 탓 안되면 조상 탓'이라더니, 이것은 하늘의 총아였던 사람이 할 수 있는 전형적인 생각이다. 이들은 하늘의 보살핌을 받을 때는 '하늘'의 존재를 거들떠보지도 않는다. 자신의 비범한 능력으로 하늘도 뛰어넘을 수 있다고 생각한다. 이런 자신이 성공을 거두는 것은 지극히 당연한 일이었다.

그러나 '좌절'이 무엇인지 맛보면 그들은 하늘을 원망하기 시작한다. 약해진 심리적 방어선이 벽에 부딪혀 무너지기 시작하면 순식간에 태도가 180도 변하는 것이다. 자신을 믿던 사람이 이제 하늘을 믿고 내부통제자에서 외부통제자로 바뀐다. 제갈량이 이처럼 급하게 하늘에 기도를 올릴 필요가 없었다. 맹절이 그를 속이지 않았기 때문이다. 마음을 차분히 가라앉히고 느긋하게 기다렸다면 샘을 가득 채운 물을 맛볼 수 있었다.

그러나 제갈량의 기도가 영 쓸데없는 짓은 아니었다. 짧은 시간이나마 자신감을 회복시켜주었고 군사들이 땅을 파 샘물이 나올 때까지는 지속되었다. 아니나 다를까, 마침내 달콤한 샘물이 나오기 시작했다.

이를 계기로 제갈량은 이제껏 거들떠보지도 않던 하늘이 자신을 아끼고 있음을 확신했다. 그렇다면 남만은 틀림없이 자기 손에 평정될 것이고, 위와 오도 토벌할 수 있을 것이다. 머지않아 대한도 일으켜 세울 게 분명했다. 제갈량은 자신만만해져 맹획을 포위해 나갔다.

타사대왕은 제갈량의 대군이 독샘과 장기도 두려워하지 않는다는 말을 듣고 믿지 않았다. 멀리서 직접 촉군의 상황을 살펴본 다음에야 제갈량이 부리는 것은 하늘에서 내려온 군사라며 두려워했다. 그렇게 군심이 흔들리고 있을 때, 서쪽 은야동銀冶洞 스물한 번째 동주 양봉楊鋒이 군사 3만을 이끌고 그들을 도우러 왔다.

양봉의 군사들은 철갑을 입고도 산봉우리와 높은 영마루를 날듯이 달릴 수 있었다. 이에 맹획은 매우 기뻐했다. 그런데 양봉이 '외부와 내통해' 술을 올리는 척하면서 자신을 사로잡아 제갈량에게 압송해갈 줄은 꿈에도 몰랐다. 이로써 맹획은 다섯 번째 사로잡혔다. 맹획이 양봉에게 물었다.

"나와 너는 모두 남만인이고 지난날 원한 진 일이 없거늘 왜 나를 해치려는 것이냐?"

양봉이 대답했다.

"내 형제며 아들, 조카는 모두 승상께서 은혜를 베푸신 덕에 목숨을 구했다. 그 은혜를 갚을 길이 없던 차에 네가 마침 모반을 일으켜 완고하게 저항하니 너를 사로잡지 않으면 누구를 잡겠느냐?"

제갈량의 '분열' 책략이 효력을 발휘한 것이다. 제갈량은 여러 번에 걸쳐 맹획을 잡았다 놓아주었다. 그럴수록 맹획은 더 완강히 저항했다. 그러나 다른 동주와 장수들은 제갈량에게 굴복했다. 그들도 한때는 '지혜로 사람을 굴복시키는' 제갈량의 방식에 코웃음 쳤다. 그러나 몇 번이나 잡혔다 멀쩡히 풀려난 것으로도 모자라 제갈량의 '의도적'인 은혜까지 입었다. 그러면서 '지혜로 사람을 굴복시키는 방식'이 어느 틈에 '덕으로 사람을 굴복시키는 방식'으로 변해 있었다. '덕'이 대단한 것은 아니다. 일상적인 일을 한결같이 지켜나가는 것이 바로 덕이다.

◈ **심리학으로 들여다보기**

신이 당신에게 줄 수 있는 것은 당신 자신이 버렸던 자신감뿐이다. 당신의 운명을 쥐락펴락하는 것은 신이 아니라 당신 자신이다. 자신감을 내던지고 똑바로 설 수 있는 사람은 없다. 자신감이 충만할 때 뛸 수 있는 용기가 생긴다.

치러야 할 비용이 너무 커진다면
일단 멈춰라

하늘의 도움으로 맹획을 사로잡은 제갈량은 기분이 좋았다.

"이번에는 진심으로 항복하겠느냐?"

맹획은 한두 번 경험한 것이 아닌지라 이번에도 자기편의 배신으로 붙잡힌 것이라 '불복'했다. 제갈량이 말했다.

"너는 마실 물 하나 없는 땅으로 나를 끌어들였다. 게다가 네 개의 독샘과 장기로 우리 군을 해치려 했지만, 우리 군은 아무 탈 없이 여기까지 왔다. 이것이 하늘의 뜻이 아니고 무엇이겠느냐? 그런데도 왜 너는 이 사실을 깨닫지 못하느냐?"

제갈량은 세상에서 가장 큰 권위를 자랑하는 '하늘의 뜻'을 내세워 맹획을 설득하려 했다. 그러나 맹획은 단호했다.

"우리 조상은 대대로 은갱산에서 살았소. 그곳에는 세 갈래 강이 흐르고 지나기 힘든 관이 겹쳐 있습니다. 만약 나를 한 번만 더 풀어줘 그곳에서 사로잡는다면, 이번에는 마음으로 당신에게 항복하고 자자손손 배반하지 않을 것이오."

제갈량은 불쾌한 기색이 역력한 말투로 말했다.

"좋다. 내 다시 너를 풀어줄 테니 가서 군사를 정비해 다시 찾아오너라. 만약 내가 다시 너를 붙잡았는데도 항복하지 않는다면, 그때는 네 구족을 멸할 것이다!"

이쯤 되자 제갈량도 정말로 화가 났다. 처음 '지혜로 굴복시키겠다'라고 호언장담할 때만 해도 상황이 이렇게 될 거라곤 전혀 생각지 못했다. 제갈량이 이런 난감한 상황에 처한 까닭은 '복종과 불복종'은 객관적인 기준이 아니기 때문이다. 맹획의 속마음이 어떻든 그가 불복한다고 말하기만 하면 제갈량은 자신의 설정대로 그를 놓아주어야 했다. 생각해보라. 마음에서는 이미 복종했으면서 입으로만 불복한다고 떠들어대기가 얼마나 쉬운 일인가. 이 게임을 이끌어가는 사람은 제갈량이 아니라 맹획이었다. 제갈량은 맹획을 놓아주며 함께 잡힌 맹우와 타사대왕을 향해 말했다.

"맹획의 일은 너희 둘과는 무관하다."

제갈량은 두 사람을 묶은 포승줄을 풀어주며 좋은 술과 음식을 마련해 대접했다. 맹획의 모반 행위가 어떻게 이 두 사람과 무관할 수 있겠는가? 이것은 제갈량이 좋은 계책이 떠오르지 않는 상황에서 생각해낸 분열 책략일 뿐이었다. 후에 제갈량은 대군을 지휘해 삼강성三江城을 쳐부수고 그 '무관한' 타사대왕을 죽였으며 뒤이어 은갱동까지 점령한 걸 보면 짐작할 수 있다.

제갈량이 군사를 나눠 맹획을 잡으려고 할 때 급보가 날아들었다. 맹획에게 투항을 권유한 맹획의 매제가 호되게 질책당하자, 홧김에 맹획 부부와 피붙이 100여 명을 붙잡아 압송해왔다는 것이다.

제갈량은 군사들을 장막 근처에 매복시킨 뒤 맹획이 장막 안으로 들어오자 큰소리로 외쳤다.

"모두 붙잡아라!"

그리고는 제갈량 스스로 이렇게 한 이유를 밝혔다.

"너희들은 그따위 얄팍한 수작으로 나를 속아 넘길 수 있으리라 보았더냐? 네가 두 번째로 사로잡혀 왔을 때 너희 동 사람들과 짜고 거짓 항복을 했던 적이 있지만, 그때도 나는 너를 의심하지 않았다. 이번에 또 거짓으로 항복을 한 것은 기회를 틈타 나를 죽이려는 속셈이 틀림없다. 그러나 이 정도 잔꾀로 날 죽일 수 있겠느냐?"

군사들이 달려들어 품을 뒤지니 정말로 날카로운 칼이 나왔다.

제갈량은 어떻게 또 거짓 항복임을 알아차렸을까? 이번에는 지난번과 전혀 달랐다. 지난번에는 맹우와 그 주변 상황을 살핀 뒤 평소와 다른 조짐을 발견하고 교차검증까지 한 끝에 거짓 항복임을 간파해냈다. 그러나 이번에는 먼저 사로잡은 뒤 진실 여부를 확인했다. 게임에서 이기려면 이 방법이 최선이다. 맹획의 항복이 진정이든 거짓이든 먼저 사로잡고 나서 확인해도 상관없다. 만약 거짓으로 항복한 것이라면 위험의 싹을 미리 잘라낸 셈이 된다. 진정한 항복이라면 '너희들을 떠보려고 그런 것이다'라는 말로 웃어넘긴 뒤 포박을 풀어주면 그만이다.

맹획은 아무 대꾸를 못 했다. 이로써 그는 제갈량에게 여섯 번째 사로잡혔다. 다시 제갈량이 그에게 '복종 아니면 불복종'을 묻자 새로운 이유를 댔다.

"이번에는 내가 제 발로 죽을 길로 들어온 것이지 당신이 대단해서 잡힌 것이 아니오. 그러니 결코 굴복할 수 없소."

그러면서 새로운 조건을 내걸었다.

"승상께서 나를 일곱 번째로 사로잡는다면 그때는 군말 않고 항복 하겠소."

한두 번도 아니고 여섯 번씩이나 사로잡히고도 복종하지 않자 제갈 량의 인내심도 바닥을 드러내고 있었다. 스스로 한 맹세를 깰 수는 없 는 법, 결국 제갈량은 맹획을 호되게 꾸짖은 뒤 다시 풀어줬다.

이번에 맹획은 오과국烏戈國의 올돌골兀突骨에게 도움을 청했다. 올돌골 은 키가 9척 장신이나 되었으며 오곡이 아닌 살아있는 뱀과 맹수를 주 식으로 삼았다. 그래서인지 몸에 비늘이 돋아 갑옷처럼 칼과 화살을 막아냈다. 그의 군사들은 모두 등갑을 입고 있었다. 그 등갑을 만드는 등나무는 산간 바위 절벽에서 자란다. 등나무를 채취해 반 년 동안 기 름에 담가두었다가 꺼내 말리고, 다 마르면 다시 기름에 담그는 식으 로 십여 차례 반복해야 갑옷을 짤 수 있는 상태가 된다. 이렇게 만들어 진 갑옷을 입으면 강을 건널 때도 가라앉지 않고, 물에 빠져도 젖지 않 으며 칼과 화살이 뚫지 못한다. 그래서 이들을 등갑군藤甲軍이라 불렀다.

장수들은 '등갑군'이 칼과 화살에 맞아도 멀쩡하고 바람처럼 날랜 것을 보고 제갈량에게 퇴각을 권고했다. 줄곧 길 안내를 맡아온 여개 가 말했다.

"이런 야만인들을 상대로 이긴다고 한들 무슨 이득이 있겠습니까? 차라리 군사를 물리는 게 나을 것 같습니다."

장수들의 태도는 제갈량이 아직 맹획을 굴복시키지 못한 것에 인내심을 잃었다는 사실을 보여준다. 여개의 건의는 제갈량이 체면을 지키면서 내면의 인지부조화를 극복하고 가벼운 마음으로 군사를 물릴 구실을 마련해주었다. 그러나 제갈량은 호탕하게 장수들의 건의를 물리치며 말했다.

　"우리가 이곳에 오는 것이 어디 쉬운 일인가? 그런데 어떻게 쉽게 포기할 수 있겠느냐? 시작만 있고 끝이 없다면 지자智者라 할 수 없는 법, 내게 그들을 물리칠 계책이 있다."

　제갈량은 화공의 대가라는 것을 기억하는가? 이 점을 모르고 제갈량을 상대한다면 반드시 불타는 생지옥을 경험하게 된다. 등갑군의 갑옷은 칼과 활로도 뚫을 수는 없지만 기름에 담갔다 말려 만든 것이어서 불에 잘 붙었다. 이에 제갈량은 '자만심에 빠져 적을 얕보는' 등갑군을 모두 반사곡盤蛇谷으로 유인한 뒤 화공을 써서 모조리 불태워 버렸다. 그렇게 오과국 사람은 거의 다 불타 죽었다. 처참한 광경을 목격한 제갈량은 눈물을 흘리며 말했다.

　"내가 비록 나라에는 공이 있겠으나 천수를 누리지는 못하겠구나!"

　등갑군을 물리쳤으니 맹획을 잡기란 식은 죽 먹기였다. 그런데 이번에 제갈량은 그에게 '복종 아니면 불복종'을 묻지 않았다. 별다른 말 없이 곧바로 포박을 풀어주고 다른 장막으로 데려가 음식을 먹이라 명했다. 맹획은 밥을 먹으면서 생각했다.

　'제갈량이 무슨 수작을 부리든 술과 밥으로 배를 채운 다음에는 이번에도 불복하겠다고 말하리라. 네놈이 어떻게 나오는지 보자.'

　이때 한 사람이 들어왔다.

"승상께서는 마음이 무거워 당신과 얼굴을 마주할 수 없다고 하십니다. 식사를 마치셨으면 알아서 돌아가십시오."

제갈량은 왜 갑자기 이런 태도를 보인 것일까? 이것은 '기분이 좋지 않을 때 오히려 착한 행동을 하는 심리' 때문이다. 사회의 일반적인 규범과 자신의 신념에 위배되는 행위를 했을 때, 사람은 죄책감을 느낀다. 죄책감이 들면 사람은 내면의 죄책감을 덜어내기 위해 착한 행위를 한다.

다비드 맥밀란David Macmillan과 오스틴 제임스Austen James는 1971년 미국 미시시피주립대학에서 유명한 실험을 했다. 실험이 시작되기 전, 학생들은 자신들보다 먼저 이 실험에 참여했다가 놓고 간 노트를 가지러 다시 왔다는 사람을 만났다. 그는 물어보지도 않았는데 참가자들에게 다가가 객관식 문제의 정답은 B라고 알려줬다. 그 사람이 자리를 뜬 후 실험진행자가 나타나 실험 시작을 알렸다. 진행자는 학생들에게 질문을 던졌다.

"이 실험에 참여하기 전 실험과 관련된 어떠한 정보라도 들은 것이 있습니까?"

학생들은 모두 들은 적이 없다고 했다. 실험이 끝난 뒤 진행자가 말했다.

"이제 돌아가셔도 됩니다. 다만 시간이 있으신 분들은 시험지 채점을 좀 도와주시겠습니까?"

사실 이것이 실험의 진짜 목적이었다. 맥밀란과 제임스는 거짓말을 했다는 죄책감이 학생들에게 다른 무엇으로 잘못된 행위를 보상하게 만드는지 알고자 했다. 그 결과, 거짓말을 하지 않은 학생은 평균 2분동안 시험지 채점을 도왔다. 반면에 거짓말을 한 학생들은 평균적으로 63분이나 시험지 채점을 도왔다.

사람들은 자기 잘못을 다른 사람이 알면 착해진다. 다른 사람 또는 사회에 유익한 행동을 해서 지난 잘못을 보상하고자 한다. 설령 외부에서 자신의 잘못을 눈치채지 못했다고 하더라도 도둑이 제 발 저려 먼저 나서서 잘못에 대해 보상하려 든다.

데니스 리간Dennis Regan이 1972년 실시한 실험은 이 점을 잘 보여준다. 연구자는 뉴욕의 한 쇼핑센터에서 여성들을 대상으로 자신의 카메라를 망가뜨렸다고 믿게 했다. 잠시 후, 연구자의 동료가 초 한 봉지를 들고 가다 그 여성들 곁에서 일부러 바닥에 떨어뜨렸다. 그러자 죄책감을 느끼지 않은 사람 중에는 15%만 이 사실을 말해주었다. 그러나 죄책감을 느낀 여성 중 이 사실을 말해준 사람은 60%나 되었다. 죄책감을 느낀 여성들은 초를 떨어뜨린 사람과 자신이 저지른 잘못 사이에는 아무런 관계가 없다고 생각하면서도 이 도움을 준 것이다.

3만 등갑군이 반사곡에서 산 채로 불타 죽는 끔찍한 장면을 목도한 제갈량은 양심의 가책을 느껴 자신의 행위를 반성하게 되었다. 맹획 하나를 굴복시키기 위해 도대체 얼마나 큰 대가를 치렀는가? 얼마나 많은 사람이 목숨을 잃었는가? 3만 등갑군 외에 진심으로 귀순했던 동도나, 아회남 그리고 이름 없는 무명소졸들까지. 숱하게 많은 사람이 맹획 때문에 죽어갔다.

맹획을 굴복시키는 것이 그토록 중요한가? 맹획을 굴복시키는 것만이 남만을 평정하는 유일한 길인가? 물론 아니다. 이 때문에 제갈량은 깊은 양심의 가책을 느꼈다. 양심의 가책으로 괴로운 마당에 맹획과

하는 '복종 아니면 불복종' 게임은 의미가 없었다. 그래서 제갈량은 얼굴도 보지 않고 맹획을 풀어주라고 한 것이다.

그러나 사건은 종종 예상과 다른 방향으로 흘러간다. 그토록 얻고자 할 때는 손에 잡히지 않다가 마음을 내려놓는 순간 거짓말처럼 이루어지는 게 세상일이다.

맹획은 그 말을 듣는 순간 진심으로 굴복했다. 제갈량이 베푼 '덕'에 굴복당한 것이다. 덕은 사소한 것이 누적되어 이루어진다. 일곱 번이나 자신을 사로잡고도 풀어준 것이 고집불통 맹획의 마음을 움직였다. 맹획은 잘못을 빌기 위해 옷을 벗고 제갈량을 찾아가 죄를 청했다. 맹획은 마음으로부터 기꺼이 복종할 것이며 자손만대 결코 배반하지 않겠다고 맹세했다.

제갈량은 크게 기뻐했다. 남만 지역의 모든 일을 맹획에게 맡기고 자기 측 사람은 한 명도 남기지 않았다.

제갈량은 성도로 돌아가는 길에 노수변에 이르렀다. 이번 출정에서 많은 사람을 죽인 일로 죄책감에 시달리던 중이었다. 그래서 조촐하게나마 제단을 마련해 망자의 영혼을 위로해주었다.

◈ **심리학으로 들여다보기**

집착하던 것을 포기하면 오히려 성공할 확률이 높아진다. 하나의 점에 집중하는 사람은 시야가 좁아진다. 주변을 보지 못하고 변화를 눈치채지 못한다. 세상이 넓다는 것도 모른다. 그 결과 스스로 작아지게 된다. 당장 눈을 들자. 더 환한 세계를 볼수록 성공 가능성이 커진다.

8부

제갈량, 자신과 싸우다

인생 최대의 적은 '자신'이다. 가장 어려운 싸움은 자기 내면의 갈등을
이겨내는 것이다. 죽느냐 사느냐의 문제도, 어떻게 살 것인가 하는
문제도, 나아갈 길을 찾는 문제도 모두 자신에게서 출발한다.
자신과 싸움에서 이길 방법을 제갈량에게 배워보자.

허풍을 쳤으면
큰일을 해야 한다

위문제 조비의 제위 기간은 겨우 8년이었다. 그는 제위를 아들 조예
曹睿에게 물려주고 조진, 진군陳群, 사마의에게 아들을 보필해달라고 부
탁했다. 조예가 즉위한 뒤 사마의는 새 황제에게 충성을 바쳤다. 그는
옹주雍州와 양주凉州를 지키는 이가 없음을 알고 곧 표문을 올려 스스로
서량을 지키러 가겠다고 했다. 충심에서 우러나온 이 행동이 하마터면
'멸문지화'를 불러올 거라곤 꿈에도 생각지 못했다.

남만을 평정하고 돌아오자마자 이 소식을 들은 제갈량은 원정으로
지친 군사들을 고려하지 않고 곧 북벌을 결정했다.

왜 제갈량은 이토록 북벌을 서두른 것일까? 선제의 당부를 이루기
위해서였을까? 물론 유비가 '원래 그대들과 함께 역적 조조를 멸하고
한실을 떠받치려 했다'고 말하면서 제갈량에게 유선을 잘 보필해달라

고 부탁하며 것은 사실이다. 이게 제갈량이 군사를 일으킨 원인 중의 하나지만 이것이 전부는 아니었다.

하나는 맹세에 대한 부담이고 다른 하나는 중년에 느끼는 위기감이었다.

제갈량은 출사하기 전 자신을 관중과 악의에 비유했다. 이후 관중과 악의에 자신을 비유한 것은 겸손의 표현'이라고 말하기도 했다. 사마휘를 비롯해 여러 사람이 '와룡과 봉추 중에 하나만 얻어도 능히 천하를 편안케 할 수 있다', '강자아와 장량만이 제갈량에 비할 수 있다'라고 했다. 아무튼 제갈량을 대단한 인물로 추켜세웠다. 이러한 것들이 모여 '공개적인 맹세'가 되어버렸다. 더구나 제갈량의 이 '맹세'는 유비·관우·장비의 도원결의만큼 널리 알려져 있었다. 그러나 지금까지 제갈량이 이룬 업적은 과거 그가 공개적으로 한 말들과 거리가 멀었다. 이러한 차이는 심리적 부담이 되어 하루빨리 큰 공을 세워 천하의 기대에 부응하려고 발버둥 치도록 만들었다.

또 다른 원인은 중년의 위기감이다. 이때 제갈량의 나이가 마흔을 넘긴지라 불현듯 중년의 위기감이 찾아왔다. 전란이 끊이지 않던 시기라 언제 죽을지도 모르고, 당시 사람의 평균수명은 지금보다 훨씬 짧았다. 마흔이 넘은 사람이 계속 미적대다가는 공을 세울 기회도 얻지 못하고 눈을 감을 수도 있었다. 쏜살같이 흐르는 세월이 제갈량의 조바심에 불을 붙인 것이다.

이미 유비는 죽고 없는데 함께 한실을 일으켜 세우자는 맹세는 아직 실현하지 못했다. 제갈량은 끝내 맹세를 실현하지 못할 수도 있다는 중압감에 시달렸다. 서두르지 않는다면 유선 대에서도 이 맹세를 이루지 못할 수도 있었다. 이런 여러 원인이 복합적으로 작용한 탓에 제갈량은 서둘러 북벌을 결심한 것이다.

마속은 제갈량의 생각을 알고 한 가지 의견을 내놓았다. 여태껏 사마의의 활약은 그다지 두드러지지 않았지만 그가 표문을 올린 것만 보고도 제갈량은 머지않아 그가 자신의 맞수가 될 것을 짐작했다. 만약 사마의가 옹주와 양주에서 세력을 키울 때까지 기다린다면 그를 이기지 못할 수도 있었다. 그래서 마속은 먼저 이간계를 써서 사마의의 목숨을 거둔 다음에 출정하라고 건의했다.

제갈량은 매우 기뻐하며 마속의 의견을 따랐다. 얼마 지나지 않아 낙양洛陽과 업군業郡 등지에 사마의가 모반을 일으키려 한다는 소문이 파다하게 퍼졌다. 조예는 깜짝 놀라 곧 군신들을 소집해 대책을 의논했다. 사마의의 적들은 이 기회를 놓치지 않았다. 태위太尉 화흠華歆이 나서서 말했다.

"얼마 전 사마의가 표문을 올려 서량을 지키러 가겠다고 한 것이 바로 이 때문이었나 봅니다. 일찍이 태조 무황제(조조)께서도 저희에게 '사마의는 눈매가 매와 같고 이리처럼 고개를 뒤로 틀 수 있으니 반역의 상이다. 결코 그에게 병권을 주어서는 안 된다. 반드시 나라에 큰 화근이 될 것이다'라고 이른 바 있습니다. 이제 그가 모반을 꾸미고 있다는 것이 백일하에 드러났으니 황상께서는 어서 그를 죽이십시오."

사도司徒 왕랑王朗도 거들었다.

"사마의는 육도삼략에 밝고 군사를 잘 부리며 예전부터 큰 뜻을 품어왔습니다. 일찍 없애지 않으면 훗날 틀림없이 왕망王莽의 화를 입을 것입니다."

이에 놀란 조예는 친히 군사를 일으켜 사마의를 토벌하고자 했다.

사람은 전혀 상관없는 사건 간의 연결고리를 발견해 '착각상관'을 형성한다. 원래 아무런 상관이 없는 두 사건 사이에 '어떤' 관계가 있다고 생각하거나 심지어 인과관계를 도출해내기도 한다. 화흠의 생각이 바로 그러했다.

사마의가 아무도 권하지 않는데 스스로 서량을 지키러 가겠다고 한 것은 충심에서 우러나온 행동이다. 사마의가 모반을 일으킨다는 소식도 제갈량이 사람을 시켜 퍼뜨린 헛소문에 불과했다. 그런데도 화흠은 아무 관계없는 이 두 사건 간의 인과관계를 포착했다. 그리고 조조가 했던 말을 들먹이며 자신의 관점을 입증하려고 했다. 조조가 조예에게 미친 영향은 어마어마했다. 따라서 조예는 화흠의 말에 귀가 솔깃하지 않을 수 없었다.

만약 조진이 없었다면 화흠은 제갈량이 공을 세우는 데 큰 도움을 줄 뻔했다. 조진이 말했다.

"이것은 이간계일 공산이 큽니다. 만약 사실 확인도 하지 않고 사마의를 친다면 원래는 그럴 뜻이 없었던 그를 자극해 정말로 모반을 일으키게 할 수 있습니다. 그러므로 폐하께서는 순시를 나간 척 서량에 가셔서 허실을 살펴본 뒤에 그가 하는 행동을 보고 결정하심이 옳을 것입니다."

조진의 말이 옳았다. 그리하여 조예는 서량으로 순시를 갔다.

한편 사마의는 황제가 온다는 말을 듣고 자신이 조련시킨 군사의 성과를 보여줄 좋은 기회라고 생각했다. 갑옷 입은 군사 10만을 위풍당

당하게 세워두고 황제가 오기만 기다렸다. 그런데 조예보다 먼저 당도한 근신이 이 광경을 조예에게 달려가 보고했다.

"사마의가 정말로 모반을 하려고 합니다. 그는 이미 갑옷으로 무장한 10만 군사를 이끌고 왔습니다!"

사마의가 모반할 것이라는 선입견을 가지고 있던 터라 그의 일거일동이 모두 모반을 하려는 움직임으로만 보였다. 사마의로서는 억울하기 짝이 없는 상황이다.

조예가 당황해서 어찌할 바를 모를 때, 그나마 냉정을 유지한 조휴曹休가 정예병을 이끌고 달려나갔다. 한편 사마의는 황제의 어가가 도착한 줄로만 알고 말에서 내려 길바닥에 엎드렸다. 조진은 군사들에게 포위하라고 이르고 꾸짖었다.

"중달仲達, 그대는 선제의 고명을 받은 몸으로 어찌하여 모반을 하려고 하는가?"

사마의는 억울함을 호소했다. 그러나 초두효과는 생각보다 매우 강력했다. 한번 박힌 인상은 쉽게 바뀌지 않는다. 조예는 반신반의했고 화흠은 단호하게 말했다.

"다시는 그에게 병권을 맡겨서는 안 됩니다. 벼슬을 뺏고 고향으로 내려보내심이 옳을 듯합니다."

결국, 사마의는 파직당해 고향으로 쫓겨 갔다. 옹주와 양주 군사는 조휴가 맡게 되었다. 이 소식이 전해지자 제갈량은 기분이 날아갈 것 같았다.

"사마의가 벼슬을 잃고 고향으로 내려갔으니 이제 걱정할 것이 뭐 있겠는가!"

물론 이때 제갈량은 자신이 김칫국부터 들이켰다는 사실을 전혀 몰랐다.

다음날 제갈량은 조정에 나가 유선에게 그 유명한 '출사표出師表'를 올렸다. 출병할 거면 그냥 출병하면 되지 굳이 서릿발 같은 위엄이 흘러넘치고 마디마디 감정이 북받치는 '출사표'를 올린 까닭이 무엇일까?

첫째, 유선에 대한 존중을 표현하기 위해서였다.

아무리 이름뿐이라 해도 유선이 촉나라의 '일인자'였다. 제갈량은 예의상 충분히 유선을 존중해야 했다. 그래야만 '제갈량 홀로 대권을 장악한 상황'이 불러올 부정적인 영향을 최소화할 수 있다. 유선에 대한 제갈량의 통제력은 이미 그 옛날 한헌제에 대한 조조의 통제력에 버금갔다. 사실 조조는 한 황실에 지대한 공헌을 했다. 만약 그가 없었다면 한헌제는 일찌감치 누군가의 손에 황천길로 갔을 것이다. 조조가 만인의 비난을 산 까닭은 그가 실질적인 대권을 손에 쥐어서가 아니라 한헌제를 전혀 존중하지 않았기 때문이다.

제갈량은 그 누구보다 똑똑한 사람이었다. 그는 조조처럼 나라를 어지럽힌 역적으로 손가락질 받고 싶지 않았다. 그러려면 반드시 광명정대하고 엄숙하게 '출사표'라는 형식이 필요했다. 유선으로부터 이번 출병에 대한 형식상의 동의를 받는 것이다.

둘째, 자신을 포장하기 위해 반드시 필요한 절차였다.

'후광효과'를 활용해 자신을 신과 같은 이미지로 만드는 것은 제갈량의 특기 중 하나이다. 사소한 부분도 놓치지 않고 형식주의를 최대한 활용하는 것도 그의 한결같은 수법이다.

"선제께서는 창업의 뜻을 반도 이루기 전에 붕어하시고 지금 천하는 셋으로 나누어져 있습니다. 게다가 우리 익주는 싸움으로 피폐해져 있으니 이는 실로 나라의 흥망이 걸린 위급한 때라고 할 수 있습니다. 그러하되 곁에서 폐하를 모시는 신하는 안으로 게으르지 않고, 충성된 무사는 밖에서 자신의 몸을 잊습니다. 이 모두가 선제께서 특별히 아껴주신 데 대하여 폐하께 보답하고자 함입니다."

이 말은 '이번에 출사하는 것은 결코 내 마음대로 내린 결정이 아니라 선제가 이루지 못한 일을 완성하려는 것이다. 지금 촉한은 나라가 망하느냐 흥하느냐 하는 위태로운 때를 맞이했다. 나는 충의지사로서 분연히 떨치고 일어나 선제가 내게 베푼 은혜를 생각해 금상인 그대에게 보답하려는 것이다'라는 뜻이다.

제갈량은 먼저 선제 유비를 거론했다. 권위자의 영향력을 이용하기 위해서였다. 또 위태로운 정세를 들먹이며 출병하지 않으면 안 된다고 강조했다. 물론 이 이유는 억지스러운 데가 있다. 촉한은 제갈량이 죽은 뒤로도 30여년 이상 존재했다. 다시 말해 이때는 아직 심각하게 존망을 걱정할 때가 아니었다. 여기에 더해 호혜의 원칙을 거론하며 선제에게 받은 은덕을 금상에게 갚겠다고 했다. 이런 이유인데 어찌 출사를 막을 수 있겠는가? 어찌 숙연해지지 않겠는가?

이렇게 제갈량은 선제의 당부를 잊지 않고 나라가 위급할 때 분연히 일어났다는 이미지를 만들어냈다. 어떤 일을 하든, 그 일이 성공하든 실패하든, 일단 그럴듯하면서 도의에 부합하는 포장을 씌우는 것은 유익한 일이다. '출사표' 상의 힘이 넘치고 이치가 정당하면서도 엄숙한 문장은 이번 북벌 출정에 가장 완벽한 '후광'을 씌웠다.

셋째, 인사 안배를 위해 꼭 필요한 절차였다.

출정은 곧 정치의 중심에서 멀어진다는 뜻이다. 만약 유선이나 다른 사람이 이 기회를 이용해 제갈량의 자리를 노린다면 통제권을 빼앗길 수 있다. 만사에 신중한 제갈량은 반드시 만일의 사태에 대비해 조치를 취해야 했다. 그래서 '출사표'에 정중히 밝혔다.

"마땅히 폐하의 들으심을 넓게 여시어 선제께서 끼친 덕을 더욱 빛나게 하시며 뜻있는 선비들의 의기를 더욱 넓히고 키우셔야 할 것입니다. 스스로 덕이 엷고 모자란다고 함부로 단정하셔서는 아니 되며 옳지 않은 비유로 의를 잃으심으로 충성된 간언이 들어오는 길을 막으셔도 아니 됩니다. 궁중과 부중은 하나가 되어야 합니다. 벼슬을 올리는 일과 벌을 내리는 일은 그 착함과 악함에 따라야 한다는 것이 궁중 다르고 부중 달라서는 아니 됩니다."

제갈량은 유선을 비롯해 다른 사람들을 통제하고 싶었다. '궁중과 부중'은 각각 황궁과 승상부를 가리킨다. 다시 말해 궁중과 부중 모두 제갈량이 만든 규칙에 따라 일을 처리해야 한다는 뜻이다.

그밖에 여태까지 해오던 대로 계속 따르게 하려면 중요한 직위에 믿을 만한 사람을 앉혀야 했다. 그러지 않으면 형식적으로 일을 처리해 권력이 새어나가 조직 전체가 통제력을 잃게 된다. 그래서 제갈량은 '출사표'를 이용해 자신이 중용한 간부들을 위해 광고를 한 것이다. 아마도 이것이 역사상 최초의 간접광고일 것이다.

"시중侍中, 시랑侍郞 벼슬에 있는 곽유지郭攸之, 비위費緯, 동윤董允 등은 모두 선량하고 진실되며 뜻과 헤아림이 충성되고 깨끗합니다. 그래서 선제께서는 그들을 뽑으시어 폐하께 남기신 것입니다. 어리석은 생각으로는 궁중의 일은 일의 크고 작음을 가리지 않고 그들에게 물어 그대로 따르심이 좋겠습니다. 그들은 빠지거나 새는 일 없도록 폐하를 보필해 이로움을 더할 것입니다. 장군 향총向寵은 성품과 행실이 맑고 치우침이 없으며 군사에 밝은지라 지난날 선황제께서 향총을 시험 삼아 쓰신 뒤 유능하다 말씀하셨습니다. 그리고 여러 사람의 뜻을 모아 그를 도독으로 삼은 것입니다. 어리석은 생각으로는 군사에 관한 일이면 크고 작음에 상관없이 그와 의논하시는 것이 좋을 듯합니다. 틀림없이 진중의 군사들을 화목하게 하고 뛰어난 자와 못한 자를 가려 각기 그 있어야 할 곳에 서게 할 것입니다.”

제갈량은 유선에게 자신이 출정을 나간 뒤 내정은 곽유지, 비위, 동윤의 말을 따르고 군사에 관한 일은 향총의 뜻을 따르라고 명확하게 일러줬다.

이들의 능력이 탁월해 선제 유비조차 칭찬한 바 있다면 그들을 쓰는 것이 당연했다. 그리하여 곽유지, 비위, 동윤은 시중의 신분으로 궁중의 일을 총괄하게 되었다. 향총은 대장군에 임명돼 어림군을 총지휘하게 되었다.

제갈량은 조조와 같은 야심도 없었고 유선을 대신할 생각도 없었다(물론 감히 그렇게 하지 못했다). 그러나 극단적인 지배욕만은 어떤 통치자보다도 강했다.

이렇게 모든 일은 잘 안배한 뒤 제갈량은 마음 편히 출정에 나섰다. 이때까지 자신의 북벌에 반대하는 사람이 있을 줄은 꿈에도 몰랐다.

고상은 고상한 '척'하는 사람의 통행증이다. 스스로 품위가 있고 수준이 높다고 생각하는 사람에게 대적할 방법은 없다. 자기 무지를 인정하지 않기 때문이다. 참으로 어리석은 사람이며 자신이 바보라고 공개하는 일이다. 고상의 늪에서 허우적거리는 것만큼 꼴볼견도 없다.

권위에 제압당하면
이길 방법이 없다

유선은 제갈량의 북벌에 감히 반대하지 못했다. 그렇다면 누가 감히 제갈량의 의견에 반대한 것일까? 바로 태사 초주였다.

이 사람은 주변의 비난에 아랑곳하지 않고 유장에게 투항을 권했던 인물이다. 제갈량이 자기 계획대로 모든 것을 안배해 먼 곳에서도 촉나라를 쥐락펴락할 수 있게 되었는데 여기에 어깃장을 놓은 것도 바로 그였다. 초주가 내건 이유는 놀랍게도 '하늘의 뜻'이었다.

"신이 밤에 하늘을 살펴보니 북방의 왕성한 기운이 여전하고 별의 밝기도 전의 곱절이나 되었습니다. 아직은 도모할 때가 아닙니다. 승상께서는 천문에 밝으시면서 왜 억지로 안 되는 일을 하려하십니까?"

천문을 읽는 데 있어서는 제갈량을 따를 자가 없었다. 방통이 유비를 따라 서천에 갔을 때도 그는 태백성의 흉조를 알아차리고 방통에게 주의를 주었지만 말을 듣지 않아 결국 액운을 당했다. 초주가 읽을 수 있는 천문이라면 당연히 제갈량도 읽을 수 있을 터였다. 그러나 제갈량은 오히려 이렇게 반격했다.

"천도란 그 변화가 무상한 것이거늘 어찌 천문에만 얽매여 있겠소?"

지금의 제갈량은 남만을 평정했을 때의 제갈량과는 다른 사람이었다. 그가 마원의 사당 앞에서 독샘의 독을 치료하기 위해 제사를 지냈던 일과 아무리 땅을 파도 물이 나오지 않자 애타는 심정으로 하늘에 기도를 올렸던 일을 기억하는가? 똑같은 '하늘'이지만 그때의 제갈량과 지금의 제갈량에게는 전혀 다른 존재였다.

그 까닭이 무엇일까?

맹획을 굴복시킬 수 있었던 것은 어느 정도 운이 작용한 덕이 크다. 만약 운이 따라주지 않았다면 불가능에 가까운 험난한 여정이 되었을 것이다. 물론 그렇지 않더라도 제갈량은 이번 원정에서 처음으로 극도의 무력감을 느꼈다. 그러나 사람은 항상 결과만 기억하고 과정은 쉽게 잊는다. 자신의 바람대로 남만을 '지혜'와 '덕'으로 굴복시킨 제갈량은 그 과정에서 얼마나 자신이 무력했는지는 잊었다. 오히려 자신이 운명을 지배할 수 있다는 자신감을 느꼈다.

'불가능에 가까운 일이었지만 하늘의 도움으로 맹획을 복종시키는 일도 성공을 거두었다. 그런데 위와 오를 토벌하지 못할 까닭이 무엇이냐?'

제갈량은 다시 '사람이 하늘을 이긴다'라는 길을 택했다. 제갈량은 초주의 반대에도 조운을 선봉으로 세워 군사를 이끌고 북벌에 나섰다.

조예는 이 소식을 듣고 여러 신하에게 적을 막을 방법을 물었다. 이에 하후연의 아들 하후무夏侯楙(사실상 하후돈의 아들이다)가 원수를 갚을 기회를 달라며 자신이 나가 싸우겠다고 했다.

이를 알고 위연은 제갈량에게 계책을 바쳤다.

"하후무는 철부지에 불과해 겁이 많고 유약하며 무능합니다. 제게 정예병 5천만 주시면 자오곡子午谷으로 나아가 열흘 안에 장안을 이를 수 있습니다. 하후무는 제 군사가 당도했다는 말을 들으면 틀림없이 겁에 질려 성을 버리고 도망칠 것입니다. 그때 승상께서 대군을 이끌고 오셔서 사곡斜谷에서 나오십시오. 이렇게 양쪽 길에서 협공하면 함양咸陽 서쪽의 모든 땅을 일거에 차지할 수 있습니다."

제갈량은 말하는 사람이 위연임을 알고 기분이 썩 좋지 않았다. 제갈량은 오래 전부터 위연에 대한 편견을 가지고 있었다. 그러니 어찌 그의 계책을 받아들이겠는가? 제갈량이 고개를 가로저으며 말했다.

"그것이 어찌 좋은 계책이란 말인가? 위나라에는 인물이 없는 줄 아는가? 만약 그들이 자오곡에 복병을 숨겨둔다면 그대가 데리고 간 군사 5천은 모두 목숨을 잃게 될 것이네. 이 계책은 결코 쓸 수 없으니 다시는 거론하지 말게."

그래도 위연이 물러나지 않고 몇 마디 더 하자 제갈량은 더욱 불쾌해졌다. 사실 위연이 낸 계책은 '위험을 무릅쓴' 계책이었다. 정말로 위험할지 아니면 위험을 무릅쓴 행동이 성공할지는 상대에 따라 다르다. 만약 상대가 사마의라면 이런 위험은 무릅쓰지 않는 쪽이 이롭다. 그러나 상대가 하후무같이 무능한 무리라면 위험을 무릅쓰는 것도 나쁘지 않다. 훗날 다시 중용된 사마의도 이 문제를 거론한 적이 있다. 그의 생각은 위연과 똑같았다.

"만약 내가 군사를 부렸다면 일찌감치 자오곡을 거쳐 바로 장안으로 치달았을 것이다. 그러나 제갈량은 지나치게 신중해 결코 위험을 무릅쓰지 않는 사람이라 사곡으로 나아갈 수밖에 없었다."

제갈량은 대군을 지휘해 사곡을 거쳐 앞으로 나아갔다. 선봉에 선 조운은 노장이었지만 일당백의 무예를 자랑하며 길을 막는 장수를 모조리 베어 넘겼다. 하후무는 싸움에 대패하고 남안군南安郡으로 도망쳤다. 남안군은 서쪽으로는 천수군天水郡과 잇닿아 있고 북쪽으로는 안정군安定郡과 맞닿아 있었다.

제갈량이 남쪽 언덕을 둘러싼 채 '성을 불태우려는' 척하면서 남안군에서 도움을 요청하러 온 것처럼 천수군과 안정군을 속였다. 안정군 태수 최양崔諒은 제갈량의 꾀에 속아 대군을 이끌고 남안군을 도우러 갔다가 위연에게 안정군을 빼앗기고 말았다. 최량은 급히 천수군으로 도망쳤으나 가는 길에 한 떼의 병사들에게 가로막혔다. 맨 앞에서 깃털 부채를 들고 윤건을 쓰고 학창의를 입은 채 사륜거에 단정히 앉아 있는 사람은 바로 제갈량이었다.

최양은 어쩔 수 없이 투항했다. 제갈량은 그에게 남안군 태수 양릉楊陵에게 항복을 권하라고 했다. 그리하여 최양은 양릉을 설득할 작정으로 성에 들어갔다. 그러나 양릉은 위나라에서 입은 깊은 은혜를 저버릴 수 없다며 오히려 최양을 설득해 제갈량을 성으로 유인해 사로잡자고 했다.

최양은 양릉과 모의를 한 뒤 돌아가 제갈량을 만났다. 제갈량은 관흥과 장포와 함께 성에 들어가면 자신이 밖에서 호응해 밀고 들어가겠다고 했다. 최양은 제갈량이 의심할까 두려워 망설이지 않고 그러기로 했다. 그러나 안타깝게도 제갈량은 눈치가 100단이었다. 최양이 이렇게 시원스럽게 대답하는 것은 정상적인 반응이 아니었다. 관흥과 장포 두 사람은 외모의 특징이 매우 분명했다(관우와 장비 두 사람의 외모를 떠올리면 된다). 이 두 사람과 함께 성에 들어간다면 금방 다른 사람의 의심을 살 터였다. 하지만 최양은 일말의 망설임도 없이 제갈량의 말에 따르겠다고 했다. 즉, 도둑이 제 발 저린 셈이다.

이에 제갈량은 최양이 거짓 투항한 사실을 알아차렸다. 관흥과 장포 두 사람은 마음의 준비를 하고 있던 터라 곧 양릉과 최양을 죽이고 남안군을 차지했다. 그리고 위군의 수장인 하후무를 사로잡았다.

제갈량은 말로 상대를 속이는 데 달인이었지만 사람을 써서 상대를 속이는 데도 일가견이 있었다. 그러나 그가 천수군으로 보낸 사람은 강유姜維(자는 백약伯約이다)에게 거짓말을 간파당하고 말았다. 이 때문에 조운이 천수군을 손에 넣는 데 실패했다.

강유가 거짓말을 눈치챈 방법도 제갈량과 같았다. 첫째, 남안군은 개미 새끼 한 마리 빠져나오지 못할 만큼 겹겹이 포위당한 상태였으므로 성을 빠져나오는 것 자체가 불가능했다. 둘째, 제갈량이 보낸 사람은 배서裴緖라고 하는 무명의 장수로(삼군에서 유명한 사람이라면 서로 어느 정도 친분이 있으므로 거짓으로 가장할 수 없다) 물샐틈없는 포위를 뚫고 나올 만큼 무예가 출중해 보이지 않았다. 셋째, 배서는 도움을 구하는 공문을 가지고 있지 않았다는 점이 가장 중요했다. 이 세 가지는 모두 상식적으로 납득이 안 되는 일이었다.

제갈량은 사람을 속이는 데 단 한 번도 실패한 적이 없었다. 그런데 강유는 처음으로 그의 속임수에 넘어가지 않은 사람이었다. 강유와 조운은 큰 싸움을 벌였으나 승부를 가리지 못했다. 이에 제갈량은 강유라는 인재를 놓치기가 아까워 어떻게든 자기 사람으로 만들고 싶었다.

강유의 약점은 그의 어머니였다. 그는 천수에 살았지만 그의 어머니는 기현冀縣에 살고 있었다. 아무리 지혜로운 사람이라도 실수는 하는 법이다. 그 옛날 서서도 어머니의 안위 문제를 제대로 처리하지 않아 조조에게 발목을 잡히는 신세가 되었다. 이제 강유도 그의 어머니 때문에 제갈량에게 꼼짝 못하는 신세가 될 터였다.

제갈량은 곧 군사를 이끌고 기현을 공격했다. 강유는 어머니를 구하기 위해 급히 기현으로 향했고, 제갈량은 그 틈을 타 일부러 하후무를 놓아준 뒤 강유가 반란을 일으키려는 것으로 꾸며 같은 편끼리 서로 싸우도록 만들었다. 그러고는 야밤을 틈 타 천수군을 공격했다.

제갈량의 계략에 빠진 강유는 말에서 내려 투항할 수밖에 없었다. 이에 제갈량은 몸소 수레에서 내려 그를 맞이하며 말했다.

"내가 초가에서 나온 이래로 내 평생의 학문을 물려줄 사람을 찾지 못했소. 오늘 이렇게 백약을 만났으니 이제 그 사람을 찾은 셈이오."

제갈량이 평생 이토록 높이 평가한 사람은 강유가 유일했다. 이로 보아 제갈량도 사실은 첫인상(초두효과)의 영향과 제약을 받는 보통 사람이었음을 알 수 있다. 강유는 매우 운이 좋았던 것이고 위연은 그 반대였던 셈이다.

강유가 항복한 이상 천수군을 차지하기란 누워서 떡 먹기였다. 제갈량은 천수군, 남안군, 안정군, 기현 등의 지역을 단번에 차지하며 천하에 위명을 떨쳤다.

조예는 다시 조진을 대도독에 임명해 제갈량에 맞서게 했다. 사도 왕랑은 자신이 조진을 도와 출정하겠다고 나섰다. 조진은 또 곽회郭淮를 부장으로 삼아 함께 진격했다. 마침내 양군이 마주했다. 철저한 준비를 하고 온 왕랑은 자신만만했다.

"내가 나가 몇 마디 말로 제갈량을 항복하게 만들 수 있소."

왕랑이 제갈량에게 말했다.

"하늘이 정한 운수는 변하게 마련이고, 천자의 자리도 바뀌기 쉬워 덕 있는 사람에게 돌아가게 마련이오. 이는 자연의 이치라 할 수 있습니다. 환제, 영제 이래 황건적이 크게 일면서 천하는 어지럽게 다투는 형국이 되었소. 초평初平 건안建安 연간에는 동탁이 역적질을 했고, 뒤를 이어 다시 이각李催과 곽사郭汜가 못된 짓을 했으며, 원술은 수춘壽春에서 천자를 자칭하고 원소는 업상鄴上에서 그 기세를 자랑했소. 유표는 형주를 차지했으며 여포는 범처럼 서주를 삼켰소. 사방에서 도둑이 벌떼처럼 일고 간웅이 활개 쳐 사직은 누란지위累卵之危에 놓여 백성들의 목숨은 거꾸로 매달린 것과 같이 급박한 지경이었소. 우리 태조 무황제께서는 이들을 깨끗이 쳐 없애고 천하를 하나로 합쳐, 만백성의 마음이 그분께로 기울고 온 나라가 그분의 덕을 우러러보게 되었소. 우리 태조께서 제위로 나가신 것은 실로 권세로 차지한 것이 아니라 하늘의 뜻이 그분께로 돌아간 것이오. 세조 문제께서는 문무에 통달하시어 대통을 이으셨으며, 하늘의 뜻에 따르고 사람의 마음에 합치어 순임금이 요임금에게서 왕위를 물려받듯 한의 제위를 물려받으셨소. 그리하여 중국中國에 계시면서 온 세상을 다스리게 되셨으니 이 어찌 하늘과 사람의 뜻에 따른 것이 아니겠소?"

왕랑은 사전에 철저하게 준비를 한 듯하다. 그는 동한 말년에 군웅이 잇달아 제위에 앉은 사실을 가지고 하늘의 뜻이 이미 유씨를 버리고 조씨를 택했음을 설명했다.

'하늘의 뜻을 따르는 자는 흥하고 하늘을 거스르는 자는 망한다고 했다. 제갈량 네가 평소에 너 자신을 관중과 악의에 비유했다면 하늘의 뜻과 이치를 아는 사람일 터, 그런데도 이렇듯 간단한 문제의 본질조차 깨닫지 못하느냐? 만약 네가 속히 투항한다면 네 재능으로 보아 위나라에게 크게 쓰일 터, 군사를 일으켜 모반을 하는 것보다 훨씬 낫지 않겠느냐?'

제갈량은 또 다른 '설종'이 제 죽을 곳을 찾아왔음을 알아차렸다. 지난날 제갈량이 처음 강동을 찾아 여러 학자와 설전을 벌일 때, 설종은 왕랑과 똑같은 이유를 대며 제갈량을 제압하려 했다가 오히려 부끄러움을 못 이기고 물러났던 일이 있다.

왕랑은 제갈량이 한마디 대꾸도 못 하고 결국 투항하게 될 것이라고 생각했다. 하지만 이를 어쩌나, 제대로 걸려든 사람은 바로 왕랑 자신이었다. 제갈량은 한 치의 망설임도 없이 '도덕'이라는 도끼를 들어 왕랑의 발등을 찍었다.

"나는 그대가 한조의 오랜 중신이라 틀림없이 들을 만한 소리를 할 줄 알았는데 어찌 그런 더러운 소리를 하는가? 내가 한마디 할 터이니 제군은 가만히 듣거라. 지난날 환제, 영제 시절에 한의 왕통이 뒤바뀌고 환관들이 화를 빚어 나라는 어지럽고 세월은 흉흉했으며 사방이 시끄러웠다. 황건적이 난리를 일으킨 뒤 동탁, 이각, 곽사 등이 잇달아 일어나 한의 황제를 억누르고 백성들의 목숨을 함부로 앗아갔다. 신하들은 모두 꼭두각시들이 도맡았고 궁궐 안에서는 금수가 녹을 받아먹고 있었다. 늑대의 심보에 개 같은 행실을 하는 무리가 떼 지어 조정을 차지했으며, 종놈 같은 낯짝에다 종년 같이 무릎을 꿇을 줄밖에 모르는 무리가 정사를 한다고 설쳐 종묘사직은 폐허가 되고 백성은 도탄에 빠졌다. 나는 그대가 한 행실을 다 알고 있다. 그대는 동해東海의 물가에서 태어나 처음에 효렴孝廉에 뽑혀 벼슬길에 올랐다. 그랬으면 마땅히 임금을 돕고 나랏일을 잘 보살펴 한실을 평안하게 하고, 유씨를 일으켜 세워야 하거늘 오히려 역적을 도와 제위를 훔칠 줄 누가 알았겠는가? 그 죄가 너무 커 하늘과 땅이 모두 그대를 용서치 않을 것이고 천하 사람들이 모두 그대의 살을 씹으려 할 것이다. 그대는 원래 힘 있는 자들에게 빌붙어 지내는 자로서 몸을 낮추고 고개를 숙여 입고 먹는 것이나 구차하게 챙기는 것이 마땅하다. 그런데 어찌 감히 군사들 앞에 나와 하늘의 운세를 떠들어대는가? 이 머리터럭 흰 하찮은 놈아, 수염 푸른 늙은 역적아! 너는 오늘이라도 죽어 구천에 들게 되면 스물네 분의 천자를 무슨 낯으로 뵙겠느냐? 늙은 역적은 어서 물러가거라! 천자를 몰아낸 역적이나 불러내 나와 승부를 결판 짓게 해라!"

왕랑은 자신이 부인할 수 없는 사실을 말했다. 다만 웅변은 결코 사실을 이길 수 없고 아무리 사실이라도 반드시 '도덕적'이어야만 그 위력을 떨칠 수 있음을 미처 깨닫지 못했다. 또한 이 말은 아무런 상관이 없는 제삼자가 나서서 해야만 비난을 피할 수 있다. 왕랑은 원래 한나라의 중신으로 한실과 떼려야 뗄 수 없는 관계가 있었다. 그런 그가 과거 자신에게 큰 은혜를 베푼 한나라를 헌신짝 버리듯 저버리고 위나라를 위해 목소리를 높이다니, 사람 된 도리로 어찌 그럴 수 있단 말인가? 이미 '도덕적이지 못한 사람'으로 낙인찍힌 왕랑은 그저 제갈량이 휘두르는 도덕의 칼날에 속수무책으로 당할 수밖에 없었다.

왕랑은 제갈량을 설득할 수 있으리라 기대했다. 그러지 않았다면 시키지도 않는데 제 발로 나서서 조예, 조진 앞에서 큰 소리 칠 리 없다. 그러나 기대가 크면 실망도 큰 법이다. 설종은 얼굴을 붉히고 물러나는 것으로 끝났지만 나이가 지긋했던 왕랑은 제갈량의 반격에 분함과 부끄러움을 참지 못해 말에서 떨어져 죽고 말았다.

제갈량은 그 여세를 몰아 조진의 대군을 격파했다. 그러나 제갈량은 이 승리가 훗날 자신을 곤란하게 만들 줄은 꿈에도 생각지 못했다.

◈ 심리학으로 들여다보기

권위를 정복하는 유일한 방법은 권위를 무너뜨리는 것이다. 권위만 내세우는 사람은 그것이 무너지는 순간 삶의 의지를 잃는다. 권위를 지키기 위해 고군분투하겠지만 허상을 잡고 아등바등하는 꼴이니 우스워진다. 그러므로 권위를 내려놓자. 자기 역할에 충실할 때 지지자가 생긴다.

하인의 눈에는
위인이 보이지 않는다

제갈량의 거듭된 승리가 사마의를 도왔다. 제갈량이 거침없이 이길수록 더 크게 사마의를 돕는 셈이었다. 이게 다 제갈량이 지나치게 자신만만했던 탓이다. 사마의가 당대의 영웅이 될 재목임을 알아봤다면 마땅히 그를 완전히 재기불능 상태로 만든 다음에 북벌을 추진했어야 옳았다.

잇단 참패에 조예는 속이 새까맣게 타들어 갔다. 그나마 다행인 것은 사마의를 죽이지 않고 살려두었다는 점이다. 그때 태부太傅 종요鍾繇가 가족의 목숨을 담보로 사마의의 복권을 요청하자 조예는 기다렸다는 듯 그 말에 따랐다. 조예는 사마의의 관직을 회복시키고 그에 더해 평서도독에 봉했다. 그렇게 사마의의 천하가 막이 올랐다.

이것은 제갈량에게 절대적으로 나쁜 소식이었지만, 다행히도 좋은 소식도 하나 들려왔다.

맹달은 원래 촉의 장수였으나 유비가 관우를 구하지 않은 죄를 물어 죽일까 봐 촉을 버리고 위로 귀순했다. 조비는 맹달의 재주를 아껴 후하게 대했으나 조예가 즉위하면서 맹달은 찬밥신세가 되고 말았다. 이에 맹달은 제갈량에게 사람을 보내 촉나라로 귀순하고 싶다는 뜻을 전했다. 그 소식으로 제갈량이 무척 기뻐하고 있을 때 사마의가 다시 기용되었다는 소식이 들려온 것이다. 제갈량은 어찌할 바를 몰랐다. 맹달이 위를 배신하고 촉으로 돌아오는 좋은 소식을 무위로 돌려버릴 만큼 끔찍하게 나쁜 소식이었다.

마속은 제갈량이 당황하는 모습을 본 적이 없었다. 남만을 평정하러 갔다가 곤경에 처했을 때 무력한 모습을 보이기는 했지만 이 정도까지는 아니었다. 마속이 당황하는 까닭을 묻자 제갈량이 답했다.

"내 평생 걱정하는 이는 오직 사마의 한 사람뿐이다. 이제 맹달이 위나라를 등지고 나와 호응하니 원래대로라면 큰 승리를 거뒀을 것이다. 그러나 사마의가 나타났으니 이 일은 틀림없이 실패할 것이다. 맹달은 결코 사마의의 적수가 못 된다. 틀림없이 사로잡힐 것이고 사마의에게 죽임을 당하면 중원을 얻기가 쉽지 않을 것이다."

이전의 제갈량은 상대가 아무리 강해도 느긋하게 맞섰다. 그런 그가 이토록 당황한 것은 그의 평생 처음 있는 일이었다. 제갈량은 맹달에게 편지를 보내 경거망동하지 말라고 경고했다. 그러나 사마의를 안중에도 두지 않은 맹달은 제갈량의 경고를 무시하고 군사를 일으켰다. 사마의가 자신의 거병 소식을 듣더라도 먼저 조예에게 보고한 뒤 평정하러 올 것이고, 공문이 오가는 데만도 한 달이라는 시간이 필요하다고 생각했다. 이 정도 시간이면 대사를 이루고도 남았다. 그러나 사마의는 먼저 반란을 평정한 다음 표문을 올리기로 했다. 사마의는 맹달이 준비가 안 되었을 때 들이쳐 신속하게 반란을 평정했다.

제갈량은 맹달이 죽었다는 소식에 사마의가 곧장 가정을 공격해 올 것이라 판단했다. 제갈량이 장수들을 향해 물었다.

"누가 가정을 지킬 것이냐?"

참군 마속이 말했다.

"제가 가겠습니다!"

"가정이 비록 작은 땅이나 길목으로서는 매우 중요한 곳이다. 일단 그곳을 잃으면 전군이 위태롭다. 그대가 비록 꾀와 슬기가 뛰어나다고는 하나 이곳에는 성곽도 없는 데다 땅도 험하지 않아 지키기가 쉽지 않을 것이다."

이에 마속이 말했다.

"저는 어려서부터 병서를 많이 읽어서 병법을 모르지 않습니다. 그런데 가정 한 곳쯤 지켜내지 못하겠습니까?"

제갈량이 말했다.

"가정은 매우 중요한 길목이고 사마의 또한 평범한 인물이 아니다. 또한 그 선봉인 장합은 용맹무쌍한 장수다. 나는 그대가 당해내지 못할까 걱정스럽구나."

제갈량이 '격장법'을 즐겨 쓰기는 하나 이 말은 결코 마속을 격분시키려고 한 말이 아니었다. 제갈량은 마속을 무척 아껴 자기 아들을 대하듯 했다. 이 말은 마음에서 우러나온 진심이었다. 그러나 평소 제갈량이 격장법을 즐겨 써왔던 터라 부하들은 이번에도 제갈량이 마속을 격분시키려고 하는 말인 줄로만 알았다. 무시를 당했다고 생각한 마속은 체면을 깎이기 싫어 고집을 부렸다.

"사마의나 장합은 말할 것도 없고 조예가 직접 온다고 해도 두려워할 게 뭐 있겠습니까? 이 자리에서 당장 군령장을 쓰겠습니다. 만일 제가 조금이라도 실수가 있다면 저희 집안 모두를 목 베십시오!"

마속의 단호한 태도에 제갈량도 더는 말리지 못했다. 어쩔 수 없이 마속을 가정으로 보냈다. 마속은 참군의 신분으로 단 한 번도 직접 전투를 지휘해본 적이 없었다. 이에 제갈량은 처음부터 마속이 사마의의 적수가 아니라고 생각했다. 그런데 왜 마속에게 가정을 맡긴 것일까? 그 원인은 '초두효과'에 있다. 마속의 첫인상은 완벽 그 자체였다.

제갈량이 남만을 정벌하러 갔을 때 마속은 '마음을 공략하라'라는 계책으로 맹획을 복종시키는 데 공을 세웠다. 비록 그 과정에서 많은 어려움을 겪었지만 결국에는 맹획을 '칠종칠금七縱七擒'함으로써 '제갈량'이라는 이름을 드높였다. 또 이번 북벌에 나서기 전 이간계를 올려 사마의를 낙향시키는 데 공을 세웠다. 그 결과 촉군은 사마의가 없는 위군과의 전투에서 번번이 승리를 거뒀다.

이런 일들이 시너지효과를 내면서 제갈량은 마속이 뛰어난 인재라고 확신했다. 마속이 실전경험이 없긴 하지만 제갈량 자신도 경험이 없었음에도 연전연승하지 않았던가? 이렇게 생각한 제갈량은 지혜롭고 꾀가 많은 마속이 기적과 같은 놀라운 공을 세울 수 있다고 여겼다.

제갈량은 마속의 청을 받아들였다. 그리고 이왕 가정으로 마속을 보낸 김에 반드시 공을 세울 수 있도록 도와주고 싶었다. 사실 제갈량은 마속을 자신의 후계자로 생각하고 각별히 아꼈다. 강유는 군사 분야의 후계자로 점찍고 자신이 배우고 익힌 모든 지식을 넘겨주려고 했다. 마찬가지로 정치 분야의 후계자로는 마속을 염두에 두고 온갖 지식을 전수해줬다. 만약 마속이 가정을 지켜내고 공을 세운다면 훗날 명실상부한 제갈량의 후계자가 될 발판을 마련하는 셈이었다.

제갈량은 노련하고 기지가 뛰어난 대장군 왕평을 부장으로 삼아 마속과 함께 가정을 지키게 했다. 왕평이 떠나기 전 제갈량은 신신당부했다.

"나는 그대가 매사에 신중하다는 것을 알고 가정에 보내는 것이니 부디 삼가고 또 조심하라. 거기서는 반드시 요긴한 길목에 진채를 세워 적병이 쉽게 지나지 못하도록 하라."

그러고도 안심이 안 되는지 몇 마디 말을 덧붙였다.

"진채를 다 세운 뒤에 그곳 지도를 그려 내게 보내라. 만약 가정을 잘 지켜낸다면 장안을 빼앗은 으뜸가는 공은 그대의 것이다. 그러므로 부디 내 말을 마음 깊이 새겨라!"

그렇게 마속과 왕평이 제갈량에게 절하고 가정으로 떠났다. 제갈량은 아무리 생각해도 안심이 되지 않아 대장군 고상高翔을 불러 말했다.

"가정 동북쪽에 열류성列柳城이 있다. 너에게 군사 1만을 줄 터이니 그곳에 머물고 있다가 가정이 위태로워지면 즉시 구하러 가라!"

고상이 명을 받고 열류성으로 떠났다. 제갈량은 그래도 마음이 놓이지 않았다. 왕평과 고상은 결코 장합의 적수가 못 되었다. 그래서 대장군 위연을 불러 군사를 데리고 가정 뒤편에 숨어있다가 사태가 위급해지면 도우라고 했다. 이에 위연은 불쾌하다며 곧 따져 물었다.

"저는 선봉대장입니다. 따라서 마땅히 어려운 임무를 맡겼다면 만

번 죽더라도 마다하지 않았을 겁니다. 그런데 어째서 한가로운 곳에 앉아 다른 사람을 엄호하라는 겁니까?"

제갈량의 행동은 확실히 마속 편애가 드러났다. 위연의 말에 대꾸할 적당한 명분이 없었던 제갈량은 좋은 말로 달랠 수밖에 없었다.

"내가 장군께 가정을 도와 달라 한 것은 그곳이 우리 군에는 목구멍 과도 같은 군사적 요충지이기 때문입니다. 이것은 대도독만이 감당할 수 있는 일이거늘 어찌 한가로운 곳에 보낸다하십니까? 앞장서서 적 을 쳐부수는 것은 편장이나 비장 같은 낮은 장수들이나 하는 일입니 다. 장군께서는 결코 이 일을 등한시 마시고 맡은 임무를 다하시오. 그 곳에 가시면 장군이 내 대신입니다."

제갈량은 언제나 이런 식이다. 자부심이 강해 길들이기 어려운 사람 을 만나면 일단 격장법으로 그 기세를 꺾어본다. 그 방법이 통하지 않 으면 온갖 좋은 말로 치켜세워준다. 과거 관우에게도 그랬고 이번에는 위연에게 같은 방법을 쓰고 있다. 칭찬은 고래도 춤추게 한다지 않는 가! 불만으로 따지고 들던 위연은 자신을 한껏 띄워주자 기분이 좋아 져 시키는 대로 따랐다.

위연을 보낸 다음에야 제갈량은 마음이 놓였다. 이중 삼중으로 보 호막을 쳐두었으니 가정을 지키기가 어렵지 않을 것이다. 마속이 공을 세우는 것도 당연지사였다. 그밖에도 제갈량은 조운과 등지에게 각각 군사를 이끌고 기곡箕谷으로 나가 위병을 만나면 더러는 싸우고, 더러 는 도망쳐 적을 속이라고 지시했다. 또 강유를 선봉으로 세우고 곧장 미성郿城으로 향했다.

마속과 왕평은 가정에 도착했다. 마속은 지세를 살펴본 뒤 웃으며

186

말했다.

"승상께서는 걱정이 많으십니다. 이렇게 외진 곳에 사마의가 뭣 하러 오겠습니까?"

왕평이 말했다.

"그가 오든 오지 않든 여기 다섯 갈래 길이 모두 모이는 입구에 진채를 세우도록 합시다."

마속은 이에 반대했다.

"길옆에다 어떻게 진채를 세운답니까? 저 옆에 산이 있는데 지형이 매우 험난하더이다. 그 산 위에 군사를 머무르게 하는 것이 좋겠습니다."

그 말에 실전경험이 풍부한 왕평이 말했다.

"그 말은 참군께서 틀리신 듯싶습니다. 길 곁에 군사를 머무르게 하여 성벽을 쌓고 목책을 두른다면 설령 적군 10만이 온다 해도 쉽게 지나갈 수 없을 것입니다. 만약 이렇게 요긴한 길목을 버리고 산 위에 진을 쳤다가 위병이 사방에서 에워싸면 어떻게 합니까?"

마속은 자기 말이 틀렸다고 지적당하자 기분이 나빴다. 처음 주장^注^注이 되어 군사를 부리게 된 마속이 부하가 자기 체면을 깎는 꼴을 두고 보겠는가? 마속은 큰 소리로 웃으며 반격했다.

"공은 참으로 아녀자 같은 소견을 지녔구려. 병법에 이르기를 '높은 곳에서 낮은 곳을 내려다보면 대나무를 쪼개는 기세와 같다'라고 했소. 만약 위병이 온다면 나는 저들이 갑옷 한 조각 갖고 돌아가지 못하게 할 것이오!"

왕평은 마속을 설득할 수 없어 제갈량의 권위를 빌리기로 했다. 왕평이 말했다.

"나는 여러 번 승상을 따라다녔는데, 승상께서는 가는 곳마다 그곳에 진채를 세우는 까닭을 말씀해주셨습니다. 내가 보기에 저 산은 이른바 절지絶地에 속합니다. 위병이 물을 길어오는 길만 끊어버려도 우리 군사는 절로 어지러워질 것입니다."

하인의 눈에는 위인이 없다고 했던가? 마속은 제갈량을 오래 따라다니면서 제갈량의 진짜 모습을 자주 보았다(특히 사마의가 복권되었다는 소식을 듣고 당황해 어쩔 줄 모르는 모습을 목격한 사람도 마속이었다). 그래서 제갈량을 에워싼 '후광'이 유독 마속의 눈에는 보이지 않았다. 게다가 복권됐다는 사실만으로도 제갈량을 불안하게 만든 사마의는 자신이 꾸민 이간계로 온 가족이 몰살당할 뻔한 사람이다. 이런 이유로 기고만장해진 마속은 사마의를 얕보았을 뿐만 아니라 제갈량에게도 불손한 마음을 품었다. 마속이 호되게 꾸짖었다.

"그대는 어지러운 소리를 하지 마시오! 손자가 말하길 죽을 곳에 선 후에야 살길이 생긴다고 했소이다. 만약 위병이 우리 물길을 끊는다면 촉병이 어찌 죽기로 싸우지 않겠소? 그렇게 되면 촉병 한 사람 한 사람이 모두 100명의 적을 당해낼 것이오. 나는 일찍부터 병서를 많이 읽어 승상께서도 무슨 일이 생기면 나에게 묻곤 하셨소. 그런데 그대가 누구라고 감히 나를 막으려한단 말이오!"

군대에서는 상사의 말에 무조건 복종해야 한다. 왕평은 부장이었으므로 마속의 말을 따를 수밖에 없었다. 그러나 제갈량이 신신당부한 일을 생각하면 자기 책임을 쉽게 포기할 수 없었다. 왕평이 말했다.

"참군께서 꼭 산 위에다 진채를 세우시겠다면 저에게도 군사 5천을 주시어 산 아래 작은 진채를 세울 수 있게 해주십시오. 그렇게 서로 의

지하는 형세를 이루면 위병이 와도 서로 도울 수 있습니다."

마속은 왕평 때문에 자존심이 상한 터라 그 말도 들어주지 않았다. 왕평은 하는 수없이 작별 인사를 고하고 떠나려고 했다. 그때 마속이 못마땅한 말투로 말했다.

"그대가 기어코 내 명령을 따르지 않을 생각이라면 그대에게 군사 5천을 나눠주겠소. 그러나 내가 위병을 쳐부순 다음에 공을 나눠가질 생각일랑 마시오!"

왕평은 답답한 마음으로 물러난 뒤, 사람을 시켜 진채를 친 곳의 지도를 그리게 하고 그날 밤 공명에게 보냈다.

한편 사마의는 군사를 이끌고 가정으로 향했다. 아들 사마소에게 먼저 가서 살펴보고 만약 촉군이 가정을 지키고 있으면 싸우지 말고 기다리라고 했다. 정탐을 마치고 돌아온 사마소는 이미 촉군이 가정에 진을 치고 있다고 보고했다. 사마의는 길게 탄식하며 내심 제갈량의 헤아림에 감탄했다. 영웅은 영웅을 알아보는 법이다. 이 두 사람은 모두 군사적 요충지로서 가정의 중요성을 알아보았지만 제갈량이 한발 빨랐다.

사마소는 아버지 사마의가 낙담한 기색을 보이자 웃으며 말했다.

"가정을 지키는 군사가 있는 것은 사실이나 하나도 없는 것과 같습니다."

그러면서 촉군이 산 위에 진채를 세운 정황을 자세히 설명했다. 사마의는 크게 기뻐하며 말했다.

"정말로 촉병이 산 위에 진채를 세웠다면 이는 하늘이 나로 하여금 공을 세우도록 도우심이다!"

그러면서도 군사 부리는 재주가 귀신같은 제갈량이 왜 이런 실수를 했는지 믿기지 않았다. 속임수가 분명하다고 생각한 사마의는 얼른 보통 병사처럼 옷을 갈아입고 직접 촉군의 진채를 살피러 갔다. 이것은 사마의의 비범함을 보여주는 부분이다.

사마의는 자기 눈으로 직접 상황을 살펴본 다음, 곧 장합에게 군사를 이끌고 가 왕평을 막으라고 영을 내렸다. 또 신탐申眈, 신의申儀에게 각기 한 갈래 군사를 주고 산을 둘러싸고 물 나르는 길을 끊으라고 했다. 마속은 군사들에게 산을 내려가 위군을 공격하라고 명령했다. 하지만 촉군은 위군의 질서정연한 진용과 드높은 기세를 보고 감히 산을 내려가지 못했다. 이는 마속이 홀로 군사를 부려본 경험이 없기에 군사들이 그를 믿을 수 없었던 탓이 크다. 또한 마속과 왕평이 말다툼한 사실을 모두 알고 있었다. 전쟁터를 숱하게 따라다닌 그들의 경험으로 볼 때 마속이 산 위에 진채를 세운 것은 멍청한 짓거리가 분명했다. 이렇게 권위 없는 지휘관 마속이 내리는 명령에 물불 안 가리고 적진으로 뛰어들 군사가 있을 턱이 없었다. 당연히 이 전투는 마속의 완패였다.

이리하여 목구멍이나 다름없는 군사적 요충지 가정은 사마의의 손에 들어가게 된다.

◈ **심리학으로 들여다보기**

하나를 보면 열을 아는 법이다. 한 가지 일을 잘하면 사람들은 다른 일도 모두 잘할 것이라고 착각한다. 실제로 그런 사람이 있기는 하지만 매우 드물다. 솔직히 자기 한계를 인정하고 도움을 구하는 편이 현명한 처사이다.

적과 같은 배를 탔다면
한눈팔지 마라

위연과 고상은 가정을 빼앗겼다는 소식에 패퇴한 왕평과 합세해 되찾으려 했다. 그때 사마의와 장합이 큰 공을 세웠다는 소식을 들은 조진과 곽회가 자신들도 공을 세우기 위해 서둘러 달려왔다. 위연의 군사와 맞닥뜨린 그들은 한 차례 살육전을 벌인 끝에 촉군을 크게 물리쳤다.

의기양양해진 사마의는 장합에게 서성西城을 치라고 영을 내렸다. 서성은 외진 곳에 있는 작은 고을이었지만 촉군의 군량미를 저장해둔 곳이었다. 사마의는 서성만 빼앗으면 남안·천수·안정 이 세 개 군을 되찾을 수 있다고 생각했다.

한편 제갈량은 왕평이 보내온 지도를 펼치자마자 소리쳤다.

"마속, 이 어리석은 놈이 내 군사를 모두 구덩이로 몰아넣었구나!"

제갈량은 마속을 불러들이고 다른 사람을 보내야겠다고 마음먹었다. 곁에 있던 장사長史 양의楊儀는 제갈량이 대경실색하는 모습을 보고, 지난날 자신만만하게 적들을 섬멸하던 모습이 사라졌다는 생각에 그 까닭을 물었다. 제갈량이 연유를 설명하자 양의는 마속 대신 가겠다고 자청했다. 제갈량은 진채를 어떻게 세워야 하는지 자세히 일러준 다음 양의를 가정으로 보냈다.

마속 대신 양의를 보낸 행동만 보더라도 제갈량이 얼마나 당황했는지 알 수 있다. 양의는 참모에 불과하며 홀로 대군을 맞아 싸워본 경험도 없었고 지략도 마속보다 못했다. 아무리 제갈량이 진채의 배치도를 그려주었다 할지라도 전선의 상황은 끊임없이 변한다. 일단 변수가 생기면 제갈량이 그려준 지도는 한낱 휴지 조각이나 마찬가지일 것이다. 양의가 시시각각 변하는 상황에 어떻게 대처할 수 있겠는가? 사실 제갈량은 마속 대신 다른 사람을 보낼 필요가 없었다. 그저 전령을 보내 마속을 지금의 자리에서 해임하고 왕평을 세우면 될 터였다. 제갈량은 왕평의 능력을 잘 알고 있으면서도 그를 마속의 부장으로 삼았다. 이것부터 뼈아픈 인사 실책이었다.

양의가 막 떠나려고 할 때 기마 정찰병이 달려와 이미 가정을 빼앗겼다고 보고했다. 제갈량은 발을 구르며 길게 탄식했다.

"대세가 이미 기울었구나! 모두 나의 잘못이다!"

요행을 바라며 마속에게 가정을 지키는 중임을 맡겼던 것이 화를 부르고 말았다. 그래도 한 가지 본받을 만한 점은 제갈량은 결코 자신의 책임을 남에게 미루지 않고 이 모두가 자신의 잘못임을 인정했다는 사실이다.

제갈량은 곧 정신을 차리고 각 장수에게 영을 내려 퇴각할 준비를 했다. 각자에게 임무를 맡긴 제갈량은 자신도 군사 5천을 이끌고 서성으로 갔다. 그곳에 둔 군량과 건초를 안전한 곳으로 옮기기 위해서였다. 그때 사마의의 15만 대군이 서성으로 달려오고 있다는 소식이 전해졌다. 모든 장수는 각각 임무를 맡아 떠난 뒤였고 제갈량 곁에는 문관들뿐이었다. 게다가 군사 5천 중 절반은 군량을 싣고 성을 떠나 남은 군사라고는 2천500명이 전부였다.

사람들의 낯빛이 하얗게 변했다. 제갈량이 성벽에 올라 보니 뿌연 흙먼지가 이쪽을 향해 일고 있었다. 벌써부터 조짐이 심상치 않았다.

그런데 이런 상황에서 제갈량은 담담히 웃었다. 목숨을 잃을지도 모르는 위기에 직면하자 갑자기 모든 잡념이 사라지고 본연의 자신감·차분함·온화함이 다시 찾아왔다. 제갈량은 침착하게 명령을 내렸다.

"모든 깃발은 눕히거나 감추고, 군사들은 성안의 길목을 지키되 함부로 나다니지 말고, 목소리를 높여 떠들지도 마라. 동서남북 성문을 활짝 열고, 문마다 군사 스무 명씩 백성들로 꾸며 물 뿌리고 비질하게 하라. 위병이 가까이 이르더라도 결코 함부로 움직이거나 놀라서는 아니 된다."

제갈량은 흰 학창의를 입고 윤건을 쓴 채 동자 둘만 데리고 성벽 위로 올라갔다. 그중 하나는 거문고를 안고 있었다. 제갈량은 성 밖에서 눈에 잘 띄는 적루의 누각 난간에 기대앉더니 향을 사르게 하고 거문고를 탔다. 오래잖아 사마의의 전군이 성 밑에 이르렀다. 그러나 이 기이한 광경에 깜짝 놀라 얼른 사마의에게 알렸다.

사마의도 처음에는 믿지 않았지만 아무래도 미심쩍은 마음이 들어

삼군을 세워두고 자기 혼자 성벽 가까이 말을 달려갔다. 멀리서 바라보니 정말로 제갈량이 성벽 위 누각에 홀로 앉아 웃음 띤 얼굴로 거문고를 뜯고 있었다. 왼쪽에는 한 동자가 보검을 들고 서 있고, 오른쪽에는 다른 동자가 먼지떨이를 들고 서 있었다. 향 연기가 피어오르고 거문고 소리가 은은하게 울려 퍼졌다. 열린 성문에는 스무 명 남짓한 백성이 물을 뿌리며 길을 쓸고 있는데, 대군이 밀려와도 아무 일도 없다는 듯 제 일만 하고 있었다. 모든 걸 살핀 사마의는 추호도 망설이지 않고 군사를 물렸다. 이를 본 사마소가 사마의에게 물었다.

"혹시 제갈량이 거느린 군사가 없어 저렇게 꾸민 게 아닐까요? 아버님께서는 왜 이토록 서둘러 군사를 물리려 하십니까?"

사마의가 크게 꾸짖었다.

"네가 무얼 안다고 떠드느냐. 제갈량은 평생 삼가고 조심해왔다. 이제껏 한 번도 위험을 무릅쓰고 일을 꾸민 적이 없다. 그런데 지금 그가 하는 양은 평소와 너무 다르다. 크게 성문을 열어둔 것은 반드시 매복이 있다는 뜻이다. 만약 우리가 들어가면 그 계책에 빠지고 만다!"

제갈량은 사마의가 멀리 물러가는 것을 보고 회심의 미소를 지었다. 이를 보고 있던 사람들은 모두 놀라 입을 다물지 못하고 우르르 몰려가 물었다.

"사마의는 위의 이름난 장수로 병법에 밝은 자입니다. 이제 15만 대군을 이끌고 여기까지 와놓고 승상께서 거문고를 타는 모습을 보자마자 즉각 물러간 것은 무슨 까닭입니까?"

제갈량이 담담히 웃으며 말했다.

"그 사람은 내가 평생 삼가고 조심하는 사람이라 위험을 무릅쓰지 않을 거라고 생각했다. 그래서 내가 하는 양을 보고 반드시 복병이 있을 것이라 여겨 물러난 것이다."

그 말에 모두 감탄해 마지않으며 한목소리로 제갈량을 칭송했다.

"승상의 깊은 헤아림은 귀신도 짐작하기 어려울 것입니다. 저희 소견대로라면 틀림없이 성을 버리고 달아났을 것입니다."

그 말에 제갈량은 뽐내는 기색 없이 말했다.

"내가 거느린 군사는 2천500뿐인데 사마의의 15만 대군과 어찌 싸울 수 있겠느냐? 성을 버리고 달아났다 해도 멀리 가지 못하고 틀림없이 사마의에게 사로잡혔을 것이다. 그러므로 이런 속임수를 쓰는 수밖에 달리 방도가 없었다."

제갈량의 말과 사마의의 말은 두 개의 톱니바퀴처럼 서로에게 딱 들어맞는다. 그러나 사마의의 아들 사마소와 제갈량의 수하들은 모두 이두 사람의 꾐에 속았다. 이것은 제갈량이 사마의를 '공성계空城計'로 속인 것이 아니라 제갈량과 사마의가 함께 '공성희空城戲'를 연기한 것이다.

생각해보라. 사마의는 용병술의 대가다. 사마소조차 적은 병력을 보내 살펴보면 속임수 여부를 알 수 있다고 하는데, 어찌 사마의가 생각지 못했겠는가? 사마의가 군사를 물린 까닭은 제갈량이 한 '말'귀에 경 읽기를 알아들었기 때문이다.

소귀에 대고 아무리 경을 읽어봐야 소가 알아들을 리 없다. 그러나 '말'귀에 경 읽기는 다르다. 사마馬의는 '정치적 지능지수'가 매우 높은 '말'이었기 때문이다.

사실 음악은 말로는 형용할 수 없는 미묘한 것을 표현한다. 거문고 소리는 숱한 악기 소리 중에서도 독보적인 아름다움을 자랑한다. 거문고 소리는 마음의 소리다. 정확하고 적절하게 연주자의 미묘한 심리를 전달하는 것으로는 거문고 소리만 한 게 없다.

사마상여司馬相如가 첫눈에 반한 탁문군卓文君의 마음을 얻기 위해 쓴 도구도 바로 거문고였다. 탁문군은 거문고 소리에 실린 사마상여의 마음을 받아들여 그와 함께 야반도주를 감행했다. 거문고 소리가 두 사람의 사랑을 이어준 것이다.

적벽 전투 당시, 장간이 찾아왔을 때 주유는 이런 말을 했다.

"내 비록 사광師曠처럼 음률에 밝지는 않으나 거문고 소리를 듣고 그 가락과 멋은 안다네!"

주유가 말한 사광은 춘추시대 진나라 출신 음악의 대가였다. 사광은 거문고 연주의 달인으로 거문고 소리의 미묘한 차이를 구분해낼 수 있었다.

제갈량이 탄 곡은 오월吳越의 옛 음악이었다. 전국시대 때 오나라와 월나라는 서로 치열하게 싸웠다. 월왕 구천句踐은 오왕 부차夫差에게 크게 패해 포로로 잡혀갔다. 훗날, 범려范蠡와 문종文種은 구천이 힘을 기를 수 있게 도왔다. 그중에서도 문종은 오나라를 평정할 아홉 가지 계책을 올렸다. 그러나 세 가지 계책만으로도 월나라는 오나라를 무너뜨렸다. 그때 범려는 구천이 어려움을 함께할 수는 있지만 부귀를 함께 할 사람은 못됨을 알고 문종에게 함께 은거하자고 권했다. 그러나 문종은 어렵사리 손에 쥔 부귀를 차마 포기하지 못하다가 결국 구천에게 반역을 의심받아 자결하게 된다.

"새를 다 잡고 나면 좋은 활도 감추어지고 토끼가 죽으면 사냥개는 잡혀서 삶아진다鳥盡藏弓, 兎死拘烹."

역사상 이러한 예는 셀 수 없이 많다.

사마의는 누가 자신의 복권을 도와주었는지를 퍼뜩 깨달았다. 그것은 종요도, 조예도 아닌 제갈량이었다. 만약 제갈량이 연승을 거두지 않았다면 사마는 비참하고 쓸쓸한 노년을 보내야 했을 것이다.

확실히 이번은 제갈량을 사로잡을 절호의 기회였다. 제갈량은 촉나라를 떠받치는 대들보나 다름없었다. 따라서 제갈량을 사로잡고 남쪽으로 밀고 내려가면 단숨에 촉나라를 무너뜨릴 수 있었다. 이렇게만 되면 그야말로 큰 공을 세우는 셈이 될 터였다. 그러나 그 이후는 어떨까? 여기까지 생각이 미치자 사마의는 문득 두려움에 휩싸였다.

과거 그는 나라에 대한 충성심에 서량을 지키러 가겠다고 나섰다가 모반의 누명을 쓰고 목숨을 잃을 뻔했다. 이번이라고 다를 리 없었다. 일단 자신이 큰 공을 세우면 '토사구팽' 당할 것이 분명했다. 지금 사마의는 충분한 세력을 확보하지 못했고 태조 조조는 그에게 불리한 평을 남긴 바 있다. 그뿐만이 아니다. 동료들도 그를 꺾을 기회만 호시탐탐 노리고 있다. 그가 가정을 빼앗자마자 조진과 곽회가 공을 다투기 위해 달려오지 않았던가. 만약 사마의가 정말로 제갈량을 사로잡고 촉나라를 멸망시킨다면 다음에 죽을 사람은 바로 자신을 비롯한 집안사람들이 될 게 뻔했다. 그렇다면 차라리 이번에 제갈량을 살려주고 자신의 세력이 커졌을 때 제거하는 것이 나았다.

제갈량은 만면에 미소를 띤 채 거문고 소리로 이 뜻을 사마의에게 전했다. 사마의는 절대로 망설이지 말고 곧바로 철군해야 한다는 사실을 알았다. 만약 공명심 강한 부하 하나가 충동을 억누르지 못하고 성 안으로 뛰어들면 제갈량의 '호의'를 저버리는 셈이 된다. 그래서 사마의는 지체 않고 철군을 명령한 것이다.

그러나 이것만으로는 부족했다. 사마의는 자신이 제갈량의 공성계에 걸려든 척해야 했다. 계략에 말려들었다는 것만큼 설득력 있는 변명은 없다. 그렇지 않으면 제갈량을 눈앞에 두고도 놓친 이유를 조예에게 설명할 길이 없다. 사마의가 걱정하는 '새를 다 잡고 나면 좋은 활도 감추어지고 토끼가 죽으면 사냥개는 잡혀서 삶아진다'라는 의미를 절대로 다른 사람이 알아서는 안 되었다. 사마의에게 합리적 변명을 마련해주기 위해 제갈량도 사소한 부분까지 세심하게 신경 썼다.

이렇게 절정의 고수 두 사람은 모두를 속였다. '말로는 전할 수 없고 느낌으로만 알 수 있는' 두 사람만의 협주를 펼쳤다. 사마의는 결코 이 사실을 밖으로 흘리지 못할 것이다. 사실이 새나가면 멸문지화를 당할 것이기 때문이다. 제갈량 역시 흘릴 생각이 없었다. 만약 그가 사실을 밝힌다면 그 순간 자기 재주를 자랑하는 것에 그칠 뿐이다. 비밀을 지켜 자신을 둘러싼 후광의 밝기를 키우는 것만 못 하다. 그렇게 '공성계'는 제갈량의 새로운 전설이 되었다.

물론 제갈량이 이 '공성계'를 실시하기가 결코 쉽지 않았다. 만약 그가 평생 '신'과 다름없는 이미지를 쌓지 않았다면 시도조차 못 했을 것이다. 생각해보라. 백성으로 분장한 자들이 원래는 병사들이라고 하더라도 15만 대군을 눈앞에 두고 떨지 않을 수 있었겠는가? 두 동자도 마찬가지다. 만약 제갈량에 대한 확고한 믿음이 없었다면 어떻게 천군만마가 달려오는 모습을 태연하게 바라볼 수 있었겠는가?

제갈량은 사마의가 자신에게 준 시간이 그리 많지 않음을 알고 곧바로 군사를 물렸다. 사마의도 적당한 때에 제갈량의 계책에 속았음을

'깨닫는다'. 계책에 속은 것은 비웃음을 살 일이지만 그래도 목숨을 잃는 것보다는 나았다. 뿐만 아니라 제갈량이 군사를 물리면 천수·남안·안정 세 개 군을 되찾게 되는 것이므로 그것만으로도 이미 큰 공을 세운 셈이었다.

◈ 심리학으로 들여다보기

음악은 사회생활의 중요한 도구다. 선율이나 리듬은 삶을 이야기한다. 길흉화복이나 우여곡절로 점철된 일상에 희망과 사랑을 전하며 용기를 심어주는 것도 음악이다. 위안과 힘이 되는 노래를 들으며 마음을 달래는 순간은 평화로워지지 않던가.

같은 말이라도 누가 했느냐에 따라
효과가 달라진다

제갈량은 한중으로 돌아온 뒤 군마를 점검했다. 조운과 등지가 보이지 않자 곧 그들을 구하기 위해 군사를 모았다. 그때 마침 조운과 등지가 무사히 돌아왔다는 소식을 듣게 되었다. 제갈량은 크게 기뻐하며 직접 그들을 맞이하러 나갔다. 조운이 말했다.

"싸움에서 지고 온 장수를 어찌 승상께서 직접 나와 맞으십니까?"

조운은 겸손한 마음으로 한 말이었으나 제갈량의 민감한 신경을 건드렸다. '싸움에서 지고 온 장수'로 치면 제갈량이야말로 가장 큰 '패장'이었다. 초반에는 순조롭게 풀리던 북벌이 제갈량의 인사 실패로 결국 형세가 역전되었기 때문이다. 제갈량은 부끄러워하며 말했다.

"내가 사람의 어리석음과 밝음을 알아보지 못해 이 지경에 이른 것이오."

그때 마속, 왕평, 위연, 고상이 돌아왔다는 보고가 들어왔다. 제갈량은 마속이 아닌 왕평을 먼저 불러 호되게 꾸짖었다.

"내 너에게 마속과 함께 가정을 지키라고 분명히 말했거늘 어째서 그를 말리지 않았느냐?"

왕평이 변명했다.

"저는 참군에게 길에다가 토성을 쌓고 진채를 세워 지키자고 거듭 말씀드렸습니다. 그러나 참군께서 몹시 성을 내시며 제 무례를 꾸짖으셨습니다. 그래서 저는 하는 수없이 군사 5천을 데리고 산 밑에 진채를 세웠습니다. 승상께서 못 믿으시겠다면 다른 장수들을 불러 물어보십시오."

왕평이 맡은 바 책임을 다하지 않았다면 마속의 죄는 가벼워졌을 것이다. 그러나 왕평이 책임을 다했다면 모든 책임은 마속에게 있다. 이러나저러나 이렇게 큰 패배를 당했으니 누군가는 나서서 책임을 져야 했다.

마속은 자신이 독단적으로 결정해 불러온 결과가 속죄하기에는 너무 엄청난 것임을 잘 알았다. 그래서 스스로 몸을 묶고 장막 앞에 무릎을 꿇었다. 제갈량은 낯빛을 바꾸며 마속을 질책했다.

"너는 어려서부터 많은 병서를 읽어 전법戰法을 익히 알고 있었다. 게다가 내가 너에게 가정이 우리 군의 바탕이 되는 곳임을 거듭 일러주며 잘 경계하라 신신당부했다. 그러자 너는 네 가족의 목숨을 걸고 이 무거운 책임을 떠맡았다. 이제 다른 할 말이 있느냐?"

사람은 물에 빠지면 지푸라기라도 잡고 싶은 법이다. 마속은 힘없이 대답했다.

"위병이 강한 탓에 막을 수가 없어서 가정을 잃고 말았습니다."

이 말의 속뜻은 내 태도의 문제가 아니라 내 능력의 문제라는 뜻이다. 능력 부족은 어쩔 수 없는 일이다. 재미있는 사실은 지난날 화용도에서 조조를 놓아주고 돌아온 관우가 제갈량에게 보고할 때도 똑같이 말한 바 있다. 그러나 마속의 운은 관우만큼 좋지 않았다. 제갈량이 큰소리로 꾸짖었다.

"헛소리 마라! 네가 진즉에 왕평의 말을 듣기만 했어도 이처럼 참담하게 패배했겠느냐! 이제 우리 전군의 병사가 상하고 장수가 꺾인 것은 모두 네 허물이다. 이때 군율을 밝히지 않는다면 군법이 바로 서지 않을 터! 내 오늘 너를 죽이더라도 나를 원망하지 말아라. 네가 죽은 뒤에도 네 가족에게는 달마다 봉록을 내릴 터이니 그 점은 걱정할 필요 없다."

솔직히 제갈량은 마속을 아끼는 마음에 이런 결정을 내렸다. 마속은 온 가족의 목숨을 걸고 군령장을 썼다. 따라서 엄밀히 말하면 가정을 잃었으니 마속의 가족은 남녀노소를 가리지 않고 모두 참수해야 옳다. 그런데 제갈량은 그의 가족을 살려주었을 뿐만 아니라 마속이 죽은 뒤에도 매달 그의 가족에게 봉록을 그대로 내리겠다고 했다. 이는 분명히 법을 벗어나 은혜를 베푼 것이다. 마속은 대성통곡하며 말했다.

"승상께서는 저를 아들처럼 여기셨고 저 또한 승상을 아버지로 여겼습니다. 저도 제 죄가 무거워 씻을 수 없음을 잘 압니다. 다만 승상께서 제 아들을 잘 돌봐주시기를 부탁드립니다."

제갈량은 마속과 관계를 '부자'로 끌어올리고 싶지 않았다. 두 사람의 관계가 가까울수록 사사로운 감정으로 마속을 기용했다는 사실이

드러나기 때문이다. 그래서 제갈량은 이렇게 말했다.

"너와 나의 정리는 형제와 같다. 그러므로 네 아들이 곧 내 아들이니 걱정하지 마라. 어서 군법에 따라 형을 집행하라!"

제갈량이 서둘러 마속을 죽이려고 한 까닭은 이번 참패의 책임 귀속 문제를 빨리 마무리해 군사들이 원망을 품지 않게 하려는 의도였다. 군사들이 막 마속을 목 베려 할 때 성도에서 급히 달려온 참군 장완蔣琬이 외쳤다.

"칼을 멈춰라!"

장완은 얼른 달려가 마속을 살려달라고 사정했다. 하지만 제갈량은 끝내 뜻을 굽히지 않았다. 잠시 뒤, 군사들이 마속의 목을 가지고 오자 큰소리로 통곡하며 비통해했다. 그 모습을 본 장완이 물었다.

"이제 마속은 지은 죄를 받고 군법이 바로 섰습니다. 그런데 어찌하여 승상께서는 그토록 슬피 우시는 것입니까?"

제갈량이 눈물을 흘리며 말했다.

"나는 마속을 위해서 우는 것이 아니오. 나는 선제께서 살아계실 때 백제성에서 하신 말씀을 생각하며 울고 있소. 선제께서는 임종의 자리에서 내게 당부하시기를 마속은 말이 그 실제보다 지나친 사람이니 크게 써서는 아니 된다 하셨소. 그런데 이제 그 말씀대로 되고 말았으니 스스로 밝지 못함이 실로 한스럽고, 아울러 선제의 밝으심이 새삼 우러러 보이는구려. 나는 그 때문에 통곡하고 있는 것이오!"

유비는 매우 권위 있는 인물이었다. 게다가 숨이 끊어지기 직전, 귀중한 시간을 할애해 마속을 쓸 때는 신중하라고 당부했다. 그런데 왜 제갈량은 마속을 쓸 때 유비의 당부를 까맣게 잊은 것일까?

이를 심리학적 용어로 '수면자효과'라고 한다. 말하는 사람의 권위는 곧 그가 말하는 내용의 권위로 이어진다. 다시 말해 같은 말이라도 어떤 사람의 입을 통해 나오느냐에 따라 그 효과는 달라진다. 하지만 시간이 흐름에 따라 말하는 사람의 권위가 말에 미치는 영향은 극과 극으로 나뉜다.

첫째, 매우 권위 있는 인물의 말일 경우 시간이 흐름에 따라 그 영향력이 줄어든다. 둘째, 아무 권위도 없는 사람의 말은 처음에는 인정받지 못하지만 시간이 흐름에 따라 오히려 그 영향력이 갈수록 커진다. 이런 경향이 나타나는 까닭은 사람들이 소통의 출처(전달자)를 잊는 속도보다 소통의 내용을 잊는 속도가 더 빠르기 때문이다.

제갈량의 경우는 첫 번째 경우에 해당한다. 유비는 매우 권위 있는 인물로 그가 한 말 역시 그 영향력이 상당하다. 따라서 당시 제갈량은 유비의 말을 마음 깊이 새겼었다. 그러나 세월이 흐르면서 유비의 권위에 힘입어 한껏 커졌던 설득력이 대폭 줄어들었다. 그래서 제갈량은 유비가 임종 전에 한 당부를 완전히 잊어버리고 말았다.

제갈량은 마속까지 죽인 이번 참패로 엄청난 죄책감을 떠안았다. 유선을 만나러 성도에 돌아가기 싫을 정도로 괴로웠다. 제갈량은 표문을 써서 장완에게 주며 성도에 있는 유선에게 올리게 했다. 그 내용인즉슨, 이번 참패에 책임을 지고 자기 벼슬을 3등급 깎겠다는 것이었다. 이는 제갈량이 전투에 패한 주제에 아직도 유선을 안중에 두고 있지 않다는 것을 잘 보여준다. 패장 주제에 성도로 돌아가 죄를 청하지 않고 제멋대로 한중에 눌러앉아 죄를 청하는 표문만 올렸기 때문이다.

유선은 제갈량의 표문을 받고서도 감히 그를 처벌하지 못했다.

"이기고 지는 것은 병가에서 흔히 있는 일이다. 그러니 승상은 자책할 필요 없다."

그러면서 한중으로 사자를 보내 제갈량의 관직을 원래대로 유지하라고 말하려 했다. 그때 곁에 있던 시중 비위가 나섰다.

"신이 듣기로 나라를 다스리는 이는 반드시 법을 받들기를 무겁게 여겨야 한다고 했습니다. 승상께서 싸움에 진 죄를 스스로 물어 벼슬을 깎아달라고 하신 것은 법에 따른 행동으로 매우 옳은 일입니다. 만약 관직을 원래대로 돌려준다면 어찌 군신들에게 모범을 보이실 수 있겠습니까?"

가만히 생각하던 유선은 비위의 뜻을 따르기로 했다. 제갈량을 우장군으로 강등시키되, 승상 일은 그대로 보게 하고 군마를 도맡아 이전처럼 거느리도록 했다.

비위가 그런 뜻이 담긴 유선의 조서를 받들고 한중으로 갔다. 비위는 제갈량이 유선의 조서를 받들고 부끄러워할까 봐 좋은 부분을 찾아 기분을 풀어주려고 했다. 비위가 말했다.

"촉의 백성들은 승상께서 서성의 백성들을 모두 데리고 오신 것을 알고 매우 기뻐하고 있습니다."

전시에 가장 중요한 자원은 사람이다. 사람이 없으면 농사를 짓거나 전쟁을 치를 수도 없다. 그런데 제갈량이 서성의 백성을 모두 데리고 오는 바람에 사마의는 빈 성만 얻었을 뿐이었다. 비위의 말을 들은 제갈량은 낯빛을 바꾸며 꾸짖었다.

"그 무슨 소리요? 천하의 백성은 모두 한나라의 백성이오. 내 나라의 힘이 부족하여 백성들을 이리의 아가리로 몰아넣었소. 그중 단 한 사람이라도 죽는다면 그것은 모두 내 책임이오. 그대가 그런 말을 한 것은 대놓고 나를 욕하는 것이 아니오?"

머쓱해진 비위는 또 다른 축하할 만한 거리를 찾아냈다.

"듣자 하니 승상께서는 강유란 인재를 얻으셨다더군요. 천자께서도 매우 기뻐하고 계십니다."

그러자 이번에도 제갈량은 버럭 화를 냈다.

"군사는 싸움에 져서 물러나고, 땅은 한 치도 얻은 게 없으니 그 모두가 나의 큰 죄요. 강유 같은 인재를 하나 얻었기로 그 일이 위에 무슨 큰 손실이 되겠소? 서성의 백성들을 옮겨온 것으로 가정을 잃은 손실을 어찌 메울 수 있겠소? 그대의 말은 나를 칭찬하는 것이 아니라 그저 아첨하는 것이 아니오!"

비위는 깜짝 놀라 황망히 물러났다. 왜 비위의 아첨이 통하지 않은 것일까?

제갈량의 죄책감 때문이다. 사람은 죄책감을 느낄 만한 일을 한 다음에는 그 죄책감을 덜기 위해 보상하는 행동을 하게 마련이다. 보상하는 방식에는 두 가지가 있다. 하나는 다른 사람을 돕는 것이다. 설령 그 사람이 자신의 죄책감과 아무 상관이 없는 사람이라도 죄책감을 더는 데 도움이 된다. 또 다른 방식은 적당한 처벌을 받는 것이다.

제갈량이 이번 참패의 책임을 마속에게 물어 목을 베었다. 하지만 사람을 알아보지 못하고 쓰지 말아야 할 사람을 쓴 것이야말로 이번 참패의 진짜 원인이었다. 제갈량은 자신의 책임을 회피하는 사람이 아니었다. 설령 마속이 그 책임을 지고 죽었다고 하더라도 말이다. 그래서 제갈량은 사람들 앞에서 자신이 선제의 경고를 잊었다고 자책하며 벼슬을 깎아달라는 표문을 올린 것이다. 이렇게 자신에게 불리한 문책성, 징벌적인 조치를 취해야만 그 자신의 인지부조화가 해소되는 것이다. 일종의 '합리화조치'였다.

비위가 이번 참패에서 어떻게든 칭찬할 거리를 찾아 제갈량을 미화한 것은 '지나친 합리화'였다. 마땅히 문책받고 처벌을 받아야 할 행위를 도리어 칭찬을 하면 상대는 몹시 불편함을 느낀다. 칭찬하지 말아야 할 때 칭찬하고 위로하지 말아야 할 때 위로하는 것은 매우 어리석은 행동이다. 비위는 제갈량과의 관계를 우호적으로 유지하고자 지나치게 애쓴 탓에 이런 잘못을 저지른 것이다.

차라리 제갈량을 엄하게 처벌하는 것이 오히려 그의 고통을 덜어주는 길이었다. 만약 비위가 심리학에 일가견이 있었다면 마땅히 제갈량을 대놓고 욕했어야 옳다.

◈ 심리학으로 들여다보기

시간은 권위의 가장 큰 적이다. 죽음 앞에 초연해질 수 있는 사람은 없다. 득세하던 권위도 죽음의 순간 사라지게 된다. 이를 지켜보는 사람들은 인생의 허무함을 느낀다. 허상에 집착하지 말자. 그보다 덕을 베풀어 널리 이롭게 하는 일이 의미 있지 않은가.

수레바퀴는 사마귀를
짓뭉갤 수 없다

　한편, 육손은 석정石亭에서 위나라 대도독 조휴를 크게 무찔렀다. 전투에서 패한 조휴는 수치심에 병을 얻어 죽고 말았다. 제갈량은 지금이야말로 위나라를 토벌할 좋은 기회라고 생각해 다시금 북벌을 결심한다.

　북벌 준비가 한창일 때 조운이 죽었다는 소식이 전해지자 제갈량은 대성통곡했다. 오호대장군 중 관우·장비·마초·황충이 죽었을 때도 이처럼 비통해하지는 않았다. 이처럼 슬퍼한 까닭은 이제 대군을 이끌고 다시 북벌에 나서야 하건만 촉한에 인재가 없다는 사실을 절실히 느꼈기 때문이다. 몇 년 사이 양군陽群, 마옥馬玉, 염지閻芝, 정립丁立, 백수白壽, 유합劉郃, 등동鄧銅 등 숱한 장수가 잇달아 세상을 떴다. 이제 제갈량의 수하 중에 크게 쓰일 만한 맹장은 몇 명 남아 있지 않았다.

이때의 제갈량은 눈에 띄게 성정이 변해가고 있었다. 느긋하게 미소를 지으며 적을 물리치던 대범함이 사라지고 사소한 좌절과 타격에도 극렬하게 반응했다.

제갈량은 군사 배치를 마친 뒤 출사하기 전에 또 한 번 '출사표'를 올려야겠다고 결심했다. 그리하여 한중에서 표문을 지어 참군 장의를 보내 성도에 있는 유선에게 올리게 했다.

이번에 제갈량은 먼저 군사를 출정시킨 다음에 표문을 올렸다. 유선은 촉한의 명의상 일인자였지만 제갈량은 사전에 아무런 보고도 하지 않았다. 일을 벌인 뒤에야 장의를 보내 '출사표'만 덜렁 올린 것이다. 이는 이성적으로나 감정적으로나 도저히 말이 안 되는 일이었다. 이는 제갈량이 단지 형식적으로 존중을 표하는 것조차 개의치 않을 만큼 기분이 좋지 않았다는 사실을 여실히 보여준다. 사람은 기분이 나쁠 때 자신에 대한 요구치를 한껏 낮춘다. 그것이 형식상의 요구라 하더라도 말이다.

지난번 북벌에 나설 때에 비해 제갈량은 자신감이 많이 떨어져 있었다. 지난번엔 초주가 '하늘의 뜻'을 운운하며 만류하는 것도 물리치고 자신만만하게 출정했다. 그러나 이번 출사표에는 '신은 다만 몸을 굽혀 모든 힘을 다하며 죽은 후에야 그만둘 뿐 그 이루고 이루지 못함이나 이롭고 해로움에 대해서는 미리 내다보는 데 밝지 못합니다'라고 썼다. 이 말인즉슨, '나는 최선을 다할 것이나 성공 여부는 예측할 수 없다'라는 뜻이다. 이런 제갈량의 말은 혼자 앞서나간 면이 없지 않다. '몸을 굽혀 모든 힘을 다하며 죽은 후에야 그만둔다'라고 했지만 정작 촉한의 왕인 유선은 북벌에 나설 생각이 전혀 없었기 때문이다.

아무튼 촉의 대군은 진창陳倉으로 향했다. 진창을 지키는 위나라 장수의 이름은 학소郝昭였다. 그는 깊은 도랑을 파고 높은 성벽을 쌓은 뒤 성 주변에 녹각鹿角(군사상의 방어설비로 녹각 형태임)을 늘여놓고 촉군을 맞을 준비를 단단히 했다.

제갈량은 위연을 보내 공격했지만 며칠이 지나도 성을 빼앗지 못했다. 이에 제갈량은 몹시 성을 내며 위연을 끌어내 목을 베려고 했다. 그러나 위연을 제외하고는 다른 맹장이 없다는 사실에 살려줬다. 제갈량은 학소의 동향 사람인 근상靳詳을 보내 투항을 권했으나 학소는 단호히 거절했다. 제갈량은 크게 노해 외쳤다.

"그 하찮은 것이 너무도 무례하구나. 내 어찌 그 따위 성 하나 깰 기구를 가져오지 않았겠느냐? 내 이미 모든 것을 마련해 군중에 두었다. 내가 직접 가서 깨뜨릴 것이다."

제갈량은 그 지역 사람을 불러다 묻고 나서야 진창성 안에 인마가 겨우 3천뿐이라는 사실을 알아냈다. 제갈량이 데려온 군사는 그 백배인 30만 명이었다. 제갈량은 저도 모르게 웃음이 나왔다.

"설령 그 작은 성에 사람이 가득하더라도 어찌 나의 대군을 상대할 수 있겠느냐?"

제갈량은 곧 구름사다리를 이용해 성을 공격하라고 영을 내렸다. 그 모습을 본 학소는 3천 군사에게 구름사다리를 향해 불화살을 날리라고 했다. 구름사다리에 불이 붙는 바람에 셀 수 없이 많은 병사가 불타 죽어 촉군은 물러날 수밖에 없었다. 제갈량은 더욱 화를 냈다.

"좋다. 네가 나의 구름사다리를 불태웠으니 이번에는 '충차衝車'를 써주마!"

학소는 부하들에게 큰 돌에 구멍을 뚫고 칡으로 만든 끈으로 꿰어 촉군을 향해 날리게 했다. 그 바람에 촉군의 충차는 모조리 부서지고 말았다. 그러자 제갈량은 요화에게 성 아래로 땅굴을 파게 했다. 하지만 학소가 성안에 도랑을 깊게 파는 바람에 그것도 실패하고 말았다.

제갈량은 절대 우세한 병력으로 20일 넘도록 진창성을 공격하고도 아무런 성과를 거두지 못했다. 이는 제갈량이 군사를 부리기 시작한 이래 처음 있는 일이었다. 이 작은 진창성 하나가 제갈량의 발길을 붙들고 무명의 학소가 제갈량을 진퇴양난의 상황에 빠뜨린 것이다. 지난날 실패한 계략이 없고 이기지 못한 전투가 없었던 제갈량은 어디로 갔단 말인가?

제갈량의 군사적 능력이 하룻밤 사이에 무너진 것은 아니다. 주요한 원인은 그의 성정이 변한 데 있었다. 제갈량은 과거와 달리 지나치게 조급해졌다. 한번 생각해보라. 진창성을 공략하는 과정에서 그가 몇 번이나 화를 냈던가? 자기감정조차 조절하지 못하는 장수가 어떻게 패배하지 않을 수 있겠는가?

얼마 지나지 않아 위나라의 지원병이 도착했다. 그때 촉군의 군량은 이미 바닥을 드러냈다. 이 상황에서 더는 대치할 수 없어 제갈량은 분을 삭이며 퇴각을 결정했다. 그리하여 두 번째 출정도 실패로 막을 내렸다.

한편, 동오의 손권이 황제에 오르면서 성도에 사자를 보내 촉한과 동맹을 맺어 함께 위나라를 치자고 제안해왔다. 유선이 군신들과 이 일을 상의할 때 장완이 제갈량과 의논해서 결정하자고 했다. 그러나 승상인 제갈량은 계속 한중에 머무르며 성도로 돌아오지 않고 있었다.

유선은 혼자 결정을 내릴 수가 없어 진진陳震을 한중으로 보내 제갈량의 뜻을 물어오게 했다. 제갈량이 손권의 제안을 받아들이면서 두 나라 간 동맹 조약이 체결되었다.

제갈량은 또 북벌 준비에 나섰다. 이것으로 벌써 세 번째 출정이었다. 이번에는 '출사표'조차 올리고 싶지 않았다. 어느 누가 제갈량의 결정에 감 놔라 배 놔라 할 수 있겠는가? 게다가 아무리 그럴듯한 이유도 자주 내세우면 짜증나는 법이었다. 제갈량은 여전히 진창을 지키고 있는 학소가 신경 쓰였다. 지난날의 실패를 반복해 체면이 깎일까 염려스러웠던 것이다.

제갈량은 먼저 사람을 보내 진창의 상황을 살피게 했다. 정탐꾼이 돌아와 학소가 중병에 걸렸음을 알리자 크게 기뻐하며 외쳤다.

"이제 대사를 이룰 수 있겠구나!"

그러면서 곧바로 위연과 강유를 불렀다.

"그대들은 군사 5천을 이끌고 밤낮을 가리지 말고 진창성으로 달려가시오. 가서 불길이 이는 게 보이거든 힘을 다해 성을 공격하시오."

진창은 제갈량이 직접 30만 대군을 이끌고 갔는 데도 빼앗지 못한 곳이었다. 그런데 두 사람에게 겨우 군사 5천을 주며 성을 공격하라고 하니 위연과 강유는 몹시 당황스러웠다. 두 사람은 내키지 않은 말투로 물었다.

"언제까지 떠나야 합니까?"

제갈량이 말했다.

"사흘 안에 준비를 마치고 바로 출발하시오. 채비를 마쳤으면 나를 찾아올 것도 없이 바로 떠나시오."

위연과 강유는 반신반의하며 떠났다.

제갈량은 또 관흥과 장포를 불러 귓속말로 무언가를 일러주었다.

한편 학소는 병이 깊어 급히 이 사실을 장합에게 알렸다. 구원병이 도착하기 전에 촉병이 먼저 도착했다는 말이 들리자 학소는 놀라움에 그만 숨이 끊어지고 말았다. 덕분에 촉군은 손쉽게 진창성을 차지했다.

한편 위연과 강유는 밤낮으로 달려 진창성에 닿아 성 아래서 살피니 뭔가 이상했다. 성 위에는 깃발 하나 없고 사람 하나 보이지 않았다. 두 사람은 놀랍고 의심이 들어 감히 성을 공격하지 못했다. 그때 성 위에서 포성이 울리더니 성벽 사면에서 일제히 깃발이 올랐다. 곧이어 깃털 부채를 들고 윤건을 쓰고 학창의를 입은 제갈량이 큰소리로 외쳤다.

"그대 두 사람이 어찌 이리 늦었소!"

위연과 강유는 황망히 말에서 내려 땅바닥에 엎드렸다.

"승상의 계책은 참으로 신묘합니다!"

제갈량은 크게 웃었다. 그제야 마음속에 응어리졌던 것이 풀리는 듯했다. 지난번 30만 대군을 이끌고 왔다가 진창 하나를 빼앗지 못하고 그냥 물러난 일로 체면이 땅에 떨어진 것은 둘째 치고 마음속에 응어리가 남았던 터였다. 이에 제갈량은 반드시 진창을 단번에 빼앗아 지난번의 치욕을 씻겠다고 다짐했다. 그렇게 한중으로 물러난 제갈량은 곧 진창성에 세작을 심어두었다. 그리고 이번에 학소가 병이 위중하다는 소식을 듣고 위연과 강유에게 사흘 안에 진격할 준비를 하라고 했다. 이는 적의 주의를 끌기 위한 허장성세 전략이었다. 그러는 한편 제갈량 자신은 병사로 변장해 관흥, 장포를 데리고 위연과 강유가 출발하기 전에 먼저 진창에 도착했다(위연과 강유에게 출발하기 전에 다시 자신을 찾아올 필요가 없다고 말한 것도 이 때문이다).

성안에 심어둔 세작들이 불을 질렀고 학소는 놀라움에 숨이 끊어지고 말았다. 그 덕분에 제갈량은 쉽게 진창을 빼앗을 수 있었다. 그리고 위연과 강유가 진창에 도착할 때에 맞춰 자신이 공들여 계획한 일의 성과를 보여준 것은 자신의 '후광'에 사람들을 무릎 꿇리기 위해서였다.

제갈량은 위연과 강유에게 이 여세를 몰아 곧장 산관散關을 공격하라고 했다. 제갈량이 순조롭게 승리를 거두는 한편, 동오의 육손은 무창에서 군사를 훈련시키며 출정할 날을 기다리고 있었다. 촉과 오가 양쪽에서 압박해오자 조예는 좌불안석이었고 대도독 조진은 병석에 누워있었다. 조예는 사마의를 대도독에 임명하고 농서隴西의 모든 군마를 맡겼다.

조예는 조진의 부중으로 사람을 보내 도독의 대장인大將印을 가져오게 했다. 그러자 사마의가 급히 나섰다.

"제가 가서 가져오겠습니다."

이것은 정말이지 이상하기 짝이 없는 일이었다. 도독의 직위를 빼앗긴 조진은 불만이 있었다. 그렇다고 조예에게 불만을 가질 수는 없는 노릇이라 자기 대신 도독에 오른 사마의가 밉게 보였다. 그렇다면 일부러 조진을 피해도 모자란 마당에 왜 사마의는 제 발로 조진을 찾아가 도독의 대권을 상징하는 대장인을 가져오겠다고 한 것일까?

자라 보고 놀란 가슴 솥뚜껑 보고 놀란다고 했다. 사마의는 중상모략에 호되게 데인 적이 있다. 그는 자신이 조진 대신 도독의 자리에 오른 뒤에 조씨와 하후씨, 그리고 다른 원로대신들의 질투를 불러일으킬까 봐 두려웠다. 게다가 아직 확고한 세력 기반을 다지지 못한 터라 조그마한 실수로도 벼랑 끝으로 추락할 수 있었다. 그래서 다른 사람을 보냈다가 조진의 불만을 사느니 차라리 자신이 직접 찾아가 공손한 태도로 대장인을 넘기게 하는 게 나았다.

그리하여 사마의는 직접 조진의 부중을 찾아갔다. 인사를 올린 뒤 사마의는 불쑥 물었다.

"동오와 서촉이 힘을 합쳐 군사를 이끌고 쳐들어왔습니다. 지금 제 갈량은 기산까지 나와 진채를 벌이고 있는데 공께서는 이 사실을 아십니까?"

조진은 크게 놀랐다.

"내 병이 심하다고 아무도 알려주지 않은 모양이오. 나라가 이토록 위급한 지경에 처했으니 황상께서는 마땅히 그대를 대도독으로 삼아 촉병을 물리치셔야 할 것이오."

사마의의 목적은 대장인을 받으려는 것이었다. 그런데도 그런 사실을 숨기고 연거푸 사양했다.

"저는 재주가 없고 배운 것이 얕아 그런 중임을 맡을 수 없습니다."

조진은 자신의 병이 깊어 이미 도독의 책임을 다할 수 없음을 알았다. 좌우를 시켜 대장인을 가져다 주었지만 사마의는 거듭 사양하며 받지 않았다. 조진이 분연히 일어나며 말했다.

"만약 그대가 이 자리를 맡아주지 않으면 나라는 위기에 처하고 말 것이오. 내가 병든 몸을 이끌고 황상을 찾아가 그대를 도독으로 추천하겠소!"

그제야 사마의가 토로했다.

"실은 이미 천자께서 성지를 내리셔서 저에게 도독직을 맡기셨습니다. 다만 제가 감히 받지 못하고 있을 따름입니다."

사마의의 이 말은 반은 사실이고 반은 거짓이었다. 허와 실이 섞인 이 말을 한 목적은 단 하나, 바로 조진의 대장인을 받으면서도 자신에게 불만을 품지 않도록 하기 위함이다.

조진은 사마의가 자신을 매우 존중하며 황제가 이미 성지를 내렸다고 하니 마땅히 대장인을 사마의에게 넘겨주어야 한다고 생각했다. 사마의도 분위기가 얼추 무르익었다고 생각돼 조진이 건네는 대장인을 '냉큼' 받아 넣었다.

◈ 심리학으로 들여다보기

화를 내는 것은 자신의 능력이 부족한 데 대한 일종의 보상이다. 지나치게 분개하거나 강압적인 방식으로 상대를 억누르려고 하는 것도 마찬가지다. 자신이 어떤 방법으로도 그것을 만회할 수 없다는 것을 알기에 분노로 이를 가리려는 심산이다. 그러므로 화를 내는 것 자체는 '나는 바보'라고 광고하는 것이다.

의심받는 신화 속 인물은
영웅이 될 수 없다

　사마의가 군사를 이끌고 왔을 때, 음평陰平과 무도武道는 이미 제갈량이 보낸 왕평과 강유에게 점령당한 뒤였다. 제갈량은 또 군사를 부려 곽회郭淮와 손예孫禮를 물리쳤다. 그러나 장포는 적군을 추격하다가 산골짜기로 굴러떨어지는 바람에 머리를 심하게 다쳤다. 사마의는 몸소 전투에 나섰으나 제갈량에게 잇달아 패하자 굳게 지키기만 할 뿐 더 이상 싸우지 않았다. 이때 비위가 유선의 조서를 가지고 와 제갈량을 다시 승상의 자리에 올린다고 했다. 제갈량은 한 차례 사양했다가 결국에는 받아들였다. 예로부터 중국인의 사회활동에서 '사양'은 빠져서는 안 될 필수 덕목이었다.

　제갈량은 위군을 쳐부술 계책으로 군사를 60리 뒤로 물렸다. 사마의는 제갈량이 자신의 군사를 유인하려고 꾀를 낸 것을 간파했다. 그러나 선봉대장 장합이 기어코 촉군을 추격하겠다고 우겼다. 사마의는 하는 수 없이 장합에게 먼저 촉군을 추격하라고 이르고, 나머지 군사로 진채를 지키게 한 뒤 자신은 정예병 5천만 이끌고 뒤를 따랐다.

제갈량은 적군의 상황을 살핀 뒤 대장군을 매복시키려고 했다. 제갈량은 이번에도 군사를 부릴 때 자신의 주특기인 '격장법'을 사용했다. 제갈량이 말했다.

"지금 위병이 우리를 쫓아오고 있다. 틀림없이 죽기를 각오하고 싸우려 들 것이다. 나는 군사를 매복시켜 적이 돌아갈 길을 끊겠다. 이 일은 슬기와 용맹을 아울러 갖춘 장수라야 해낼 수 있을 터인데 누가 가겠느냐?"

제갈량은 말을 마치며 위연을 흘낏 쳐다보았다. 위연에게 이 일을 맡게 할 심산이었다. 그런데 위연은 고개를 숙인 채 아무 말도 하지 않았다. 위연은 성격이 외향적이고 쉽게 흥분하는 편이었다. 그런데 이날따라 평소와 다른 모습을 보이며 입을 꼭 다물고 있었다.

제갈량은 격장법이 전장의 '만병통치약'이라도 되는 줄 알고 있었다. 그러나 위연 같은 노장은 제갈량의 그 수법이 지겨워진 지 오래였다. 똑같은 형식, 똑같은 용량의 외부 자극을 반복해서 사용하면 그 효과가 점점 사라진다는 것도 심리학상의 규칙 중 하나다. 게다가 수차례 기산 출정에 나섰으나 매번 아무 수확도 없이 패퇴한 일로 제갈량의 위신은 큰 타격을 받은 상태였다. 더구나 위연은 제갈량이 자신의 '자오곡 방안'을 받아들이지 않을 일로 불만을 품고 있었다.

위연이 제 발로 나설 줄 알았던 제갈량은 평소와 다른 모습에 적잖이 당황했다. 그때 왕평이 나섰다.

"제가 이 일을 맡겠습니다!"

다행히 누군가가 자원하자 제갈량은 안심하면서도 물었다.

"만약 실패하면 어떻게 하겠느냐?"

왕평이 큰소리로 말했다.

"제 몸을 바쳐 나라의 은혜에 보답하고자 할 뿐입니다. 만약 실패한다면 제 목을 바치겠습니다!"

제갈량이 탄성을 내뱉으며 말했다.

"왕평은 참으로 충신이구나. 나는 두 곳에 군사를 매복시키려고 한다. 그런데 왕평이 비록 지혜와 용기를 두루 갖추었다고는 하지만 그 몸을 둘로 쪼갤 수는 없는 노릇이다. 하여 장수 하나가 더 필요한데 안타깝게도 군중에 목숨에 연연하지 않는 장수가 없어 내 계책을 이루지 못할 것 같구나."

이번에도 제갈량은 위연이 나서주기를 바랐다. 그러나 위연은 이미 목숨을 돌보지 않고 용맹하게 나서던 불같은 투지가 식은 지 오래였다. 위연은 또 모른 척했다. 그러나 격장법에 넘어갈 사람이 어디 위연뿐이겠는가? 바로 장익이 나섰다. 제갈량은 누군가가 미끼를 물었으니 낚싯줄을 당길 수밖에 없었다.

"장합은 위나라의 명장으로 지혜와 용맹을 두루 갖춰 당해낼 자가 없다. 너는 그의 적수가 못 된다!"

제 발로 나섰는데 이대로 물러서면 체면만 구기는 일이어서 장익이 외쳤다.

"만약 실패한다면 저 또한 제 목을 바치겠습니다!"

제갈량은 목숨을 걸고 나서야만 '격장법'이 통한다고 믿었다. 이에 제갈량은 왕평과 장익에게 각기 군사를 이끌고 가 매복하게 했다.

제갈량은 비단 주머니 몇 개를 꺼냈다. 그리고 강유, 요화, 오반吳班, 오의吳懿 장수들에게 각각 계책을 일러주었다. 이는 제갈량의 두 번째 주특기인 '후광효과'를 구성하는 중요한 도구였다. 이를 위해서는 깃털 부채와 윤건, 학창의, 보검, 5현 거문고, 사륜거 등 여러 가지 도구가 필요했다. 이 사륜거에 대해서는 별로 거론한 적이 없지만 일단 필요할 때가 되면 제갈량은 반드시 제대로 활용했다. 그 위력은 처음 사용할 때와 비교도 할 수 없을 정도였다.

한편 군사를 이끌고 쫓아오던 장합은 제갈량이 장수들에게 나눠준 비단 주머니 속 계책에 의해 대패했다. 다행히 사마의는 사전에 준비하고 있던 터라 전군이 몰살당하지는 않았다.

제갈량은 이번 전투로 큰 승리를 거두었다. 셀 수 없이 많은 투항병과 위군이 버리고 간 병기와 군마를 얻었다. 제갈량은 매우 기뻐 여세를 몰아 위군을 추격하려 했다. 이때 급보가 날아들었다. 장포가 말에서 떨어져 머리가 깨지는 바람에 파상풍으로 죽었다는 소식이었다. 제갈량은 피를 토하며 울다가 정신을 잃고 말았다. 장포의 죽음이 이토록 제갈량에게 큰 충격을 준 까닭은 무엇일까?

사실 장포의 죽음은 하나의 동기에 불과했다. 제갈량은 군사를 부리는 데 있어 항상 능수능란하고 자유자재였다. 그러나 사마의가 두각을 나타내면서부터 제갈량은 시시때때로 무력감을 느꼈다. 상황이 자신에게 유리할 때조차 생각지도 못한 곳에서 문제가 생겼다. 심지어 절대적으로 우세한 병력으로도 진창을 빼앗지 못했다. 이런 일들을 겪고 나니 문득 하늘의 뜻이 자신을 떠났다고 느껴졌다. 이때의 제갈량 심리는 지난날 주유가 느꼈던 것과 비슷했다. 아무리 발버둥 치고 대항하려 해도 상대를 꺾을 수가 없었다. 제갈량은 이미 오래전부터 이런 까닭에 괴로웠는데 장포의 비보를 듣는 순간 폭발해버린 것이다.

제갈량은 정신이 든 이후에도 병석에서 일어나지 못했다. 그렇게 열흘이 지나도록 병석에 누워있으면서 단시일 내에 회복할 수 없음을 알고 철군을 결정했다. 이리하여 세 번째 출정도 아무 수확 없이 끝나고 말았다.

한중으로 돌아간 제갈량은 요양을 위해 성도로 돌아갔다. 매우 오랜만에 병든 몸으로 성도로 돌아왔다. 이에 문무백관이 모두 성 밖까지 나와 제갈량을 맞이했다. 유선도 직접 승상부로 문병을 왔다.

제갈량은 병이 났는데 조진의 병은 말끔히 나았다. 사람은 병이 들면 공명과 이익 같은 일체의 잡념을 내려놓게 마련이다. 그러나 일단 병이 나으면 다시 이것들의 중요성을 깨닫는다. 조진은 빼앗긴 도독의 대인장을 되찾고 싶었다.

조진은 곧 조예를 찾아가 군사를 이끌고 가 촉한을 정벌하겠다고 밝혔다. 조진은 조씨가문의 어른이자 위나라의 원로대신인데 조예가 어찌 그의 요청을 거절할 수 있겠는가? 그리하여 조예는 조진을 대사마大司馬 정서대도독征西大都督에 임명하고, 사마의를 대장군大將軍, 정서부도독征西副都督에 임명했다. 정리하자면 조진이 일인자요, 사마의는 그의 조수일 뿐이었다.

사마의는 눈치가 매우 빠른 사람이었다(눈치가 없을 수 없었고, 또 감히 눈치 없게 굴 수 없었다). 그는 원망 한마디 하지 않고 조예의 명에 따랐다. 두 사람은 40만 대군을 이끌고 검각劍閣으로 출발했다.

이때 제갈량의 병은 차츰 호전되고 있었다. 그는 조진과 사마의가 쳐들어온다는 소식을 듣고 곧 장의와 왕평 두 사람을 불러 군사 1천 명을 데리고 가 진창 옛길을 지키게 했다. 겨우 1천 군사로 위나라의 40만 대군을 막으라는 말에 장의와 왕평은 귀를 의심했다. 두 사람은 제갈량이 아직 병이 다 낫지 않아 헛소리하는 줄로만 알았다.

물론 장의와 왕평은 죽음을 두려워하는 인물들이 아니었다. 하지만 겨우 1천 군사를 데리고 갔다가 허무하게 죽고 싶지는 않았다. 그래서 제갈량의 존엄에 도전하려는 의도는 아니었지만 따져 물었다.

"승상, 대사를 그르쳐서는 안 됩니다. 사람들이 말하길 위병은 40만 대군이 아니라 80만 대군이라고 합니다. 조진과 사마의가 직접 군사를 이끌고 오는데 어찌 저희 두 사람에게 겨우 1천 군사를 데리고 가 버티라는 것입니까?"

장의와 왕평이 이렇게 따지는 것은 제갈량의 위신이 지난날에 비해 현저히 떨어진 것과 관련이 컸다. 지난날 제갈량이 공성계로 사마의의 30만 대군을 물리친 일을 생각해보라. 그 당시 제갈량이 데리고 있던 군사는 2천500명에 불과했다. 하지만 두 동자는 물론이거니와 백성으로 분장한 채 아무렇지도 않게 길을 쓸고 있던 병사들 모두 내면의 두려움을 내색하지 않았다. 그때까지만 하더라도 제갈량은 백전백승의 대명사였다. 모든 병사가 '제갈량이라면 틀림이 이긴다'라고 믿었다. 그런데 뒤이어 연달아 대패한 데다 제갈량 스스로 감정을 다스리지 못한 탓에 그도 결국 '사람'임이 드러났다. 이제는 좀 더 냉정하게 사태를 파악할 수 있게 된 장의와 왕평은 목숨을 걸고 불가능한 모험을 하고 싶지는 않았다. 그러나 제갈량은 얼굴색 하나 바꾸지 않고 말했다.

"나는 많이 주고 싶으나 병사들이 너무 고생할까 염려돼 그렇게 못하겠다."

장의와 왕평은 서로를 흘낏거릴 뿐 감히 나서지도 거절하지도 못했다. 제갈량이 말했다.

"너희는 그냥 가면 된다. 만약 실수가 있더라도 너희들의 죄를 묻지 않을 것이다. 그러니 여러 말 할 것 없이 어서 가거라!"

그 말에 장의와 왕평은 더욱 발걸음이 떨어지지 않았다. 제갈량은 대수롭지 않은 일인 것처럼 말했지만 이대로 나섰다가는 곧바로 황천길로 접어들 것만 같았다. 그렇게 되면 두 사람의 죄를 추궁하고 싶어도 책임질 사람이 없어지는 셈이다. 죄를 물으나 묻지 않으나 그들의 혼은 구천을 떠돌 터였다. 이에 두 사람은 곧 바닥에 꿇어앉아 애걸했다.

"승상! 만약 우리 두 사람을 죽이고자 하신다면 차라리 이 자리에서 죽이십시오. 저희는 그곳에서 목숨을 잃고 싶지는 않습니다."

제갈량은 마음이 착잡해졌다.

"그 무슨 어리석은 소리냐! 내가 너희들에게 1천 군사만 데리고 가라고 한 데는 다 생각이 있어서다. 어젯밤 천문을 보니 필성畢星이 태음太陰 안에 있어 이달 안으로 반드시 큰 비가 올 것이다. 그렇게 되면 40만 위군은 쉽게 공격할 수 없다. 그래서 너희에게 군사를 많이 데리고 가지 말라고 한 것이다. 너희들이 해를 입는 일도 결코 없을 것이다. 나는 대군을 거느리고 한중에서 편히 쉬면서 위군이 물러나기를 기다리겠다. 그랬다가 그들이 물러갈 때 한꺼번에 들이치면 우리 군은 쉬면서 힘을 비축했다가 지친 적을 상대하는 것이니 쉽게 승리를 거둘 수 있을 것이다."

제갈량이 천문에 도통한 것은 사실이나 그렇다고 모든 천문 현상을 믿는 것은 아니었다. 그는 유리한 것만 선택적으로 믿고 불리한 것은 믿지 않았다. 그러나 천문에 문외한인 보통 사람들은 제갈량의 말이라면 무조건 믿었다. 장의와 왕평은 그제야 안심하며 1천 군사를 데리고 위나라의 40만 대군을 막으러 떠났다.

한편 조진의 대군은 제갈량의 말처럼 비가 계속 내리는 바람에 진퇴양난에 빠졌다. 사람이 먹을 군량은 물론이고 말이 먹을 건초도 부족해 사상자가 속출했다. 이 사실을 안 조예는 어쩔 수 없이 퇴각 명령을 내렸다.

제갈량은 그 기회를 놓치지 않고 위연, 장의, 두경杜瓊, 진식陳式에게 기곡箕谷으로 나아가게 했다. 더불어 마대, 왕평, 장익, 마충은 사곡으로 나가라고 영을 내렸다. 제갈량 자신은 대군을 이끌고 관흥, 요화를 선봉으로 세워 곧바로 기산으로 향했다.

퇴각을 앞두고 조진과 사마의는 대책을 논의했다. 조진은 촉군이 쫓아오지 않을 것으로 생각했지만 사마의는 제갈량이 반드시 기곡과 사곡을 통해 쫓아온다고 판단했다. 조진이 자신의 말을 믿지 않자 사마의가 말했다.

"만약 제 말을 믿지 못하시겠다면 내기를 해도 좋습니다. 열흘을 기한으로 촉군이 쫓아오지 않는다면 저는 얼굴에 붉은 분을 바르고 아녀자의 옷을 걸친 뒤 도독의 영채로 찾아가 죄를 빌겠습니다."

이 말에 자극받은 조진은 충동적으로 말했다.

"만약 촉군이 정말로 쫓아오면 나는 천자께서 하사하신 옥대 한 벌과 말 한 필을 그대에게 주겠소."

두 사람은 군사를 둘로 나눠 조진은 기산 서쪽에 있는 사곡 입구를 지키고 사마의는 기산 동쪽에 있는 기곡 입구를 지켰다.

사마의가 조진과 내기를 한 까닭은 도독의 대장인 때문이었다. 조진은 사마의가 권력을 장악하는 데 가장 큰 장애물이었다. 조진은 도량이 좁은 데다 체면에 목매는 사람이었다. 조진은 병석에서 일어나자마자 몸이 완쾌되지 않았는데도 서둘러 권력을 되찾으려 했다. 또 서둘러 촉한 정벌에 나서려고 했다. 그래서 사마의는 이 기회를 이용해 조진의 자존심을 무너뜨려 다시금 그를 병석에 눕히고 빼앗긴 권력을 되찾을 심산이었다.

◈ 심리학으로 들여다보기

미신의 힘은 우리의 상상을 뛰어넘는다. 의지가 약해질수록 초월적 힘을 찾는다. 그러나 1분 1초 뒤의 일을 모르듯 눈에 보이지 않는 어떤 신이 당신의 고민을 해결해줄 리 없다. 일시적으로 심적 안정을 줄 수는 있으나 근본적인 문제해결은 어렵다. 결국, 자신의 문제를 해결할 사람은 바로 자신뿐이다.

가장 강력한 적은
내면의 두려움이다

사마의와 조진은 각각 기곡과 사곡 입구를 지켰다. 사마의는 조금도 태만하지 않고 굳게 지켰지만 조진은 정반대였다. 내기로도 그 투지를 일깨울 수 없다면 아무짝에도 쓸모없는 산송장과 무엇이 다르겠는가?

한편 위연과 진식 등 네 장수는 2만 군사를 이끌고 기곡으로 향했다. 그런데 가는 길에 제갈량이 보낸 참모 등지가 위연에게 위군의 매복에 대비해 가벼이 나아가지 말라는 제갈량의 뜻을 전했다. 네 장수는 제갈량의 뜻을 이해할 수 없었다. 진식이 먼저 물었다.

"승상께서는 군사를 부리는데 어찌 이리도 의심이 많으시오? 우리는 지금 더 빨리 나아가야 조진과 사마의를 사로잡을 수 있을 것이오. 위군은 잇단 큰 비 때문에 갑옷이 모두 헐어 서둘러 돌아가고자 할 텐데 싸울 마음이 남아 있겠소? 승상께서는 우리를 보내 놓고 또 전령을 보내 나아가지 말라고 하니 도대체 어느 장단에 춤을 춰야 한단 말이오?"

진식이 이렇게 불평하는 것도 당연했다. 제갈량은 명령을 내릴 때 단 한 번도 그 까닭을 설명한 적이 없다. 따라서 부하들은 결과만 알 뿐 어떻게 그런 결과가 나왔는지를 알지 못하다가 승리를 거둔 다음 제갈량이 앞뒤를 설명할 때야 비로소 그 까닭을 알 수 있었다. 등지가 말했다.

"이제껏 승상의 헤아림은 들어맞지 않은 것이 없었고 그 꾀는 이루어지지 않은 것이 없었소. 그런데 어찌 감히 그리 말할 수 있소?"

진식이 웃으며 말했다.

"승상께서 그토록 지략이 뛰어나다면 어찌하여 가정을 잃은 것이오?"

위연도 진식을 거들었다.

"승상께서 그때 내 말을 듣고 자오곡으로 진격했다면 장안은 말할 것도 없고 낙양도 우리 손에 떨어졌을 것이오!"

진식과 위연이 죽이 맞아 따지자 등지도 대꾸할 말이 없었다. 진식은 입이 풀린 모양인지 더 간 크게 말했다.

"내가 군사 5천을 이끌고 기곡으로 가 먼저 기산을 빼앗겠소. 그때 가서 승상이 부끄러워하는지 봅시다!"

이로 볼 때 제갈량의 위신은 확실히 바닥까지 떨어지기 직전이었다. 등지는 급히 진식을 말렸다. 하지만 옆에 있던 위연이 불난 데 부채질까지 하는데 무슨 재간으로 그를 막을 수 있었겠는가? 진식은 기어이 군사 5천을 데리고 출발했다. 등지는 하는 수없이 제갈량에게 돌아가

이 사실을 보고했다.

제갈량은 등지의 말을 듣고 몹시 불쾌했다. 화를 참지 못한 그는 순간적으로 마음속에 있는 말을 꺼냈다.

"위연은 원래 반역의 상이 있고 평소에도 내게 불만이 많은 줄 진즉에 알고 있었다. 다만 그의 용맹이 아까워 곁에 두고 썼을 뿐이다. 그 옛날 선제께 위연이 훗날 화를 불러올 것이라고 말씀드린 바 있다. 이제 그가 드디어 본색을 드러냈으니 죽일 수밖에 없겠구나!"

그 말에 등지는 감히 아무 말도 하지 못했다.

제갈량은 원래부터 위연에게 편견이 있었다. 게다가 가정을 잃은 일은 제갈량에게 크나큰 상처였다. 그런데 위연과 진식이 감히 공개적으로 그의 권위를 의심하자 문득 살심이 든 것이다.

한편 5천 군사를 이끌고 기곡으로 향하던 진식은 사마의와 정면으로 부딪혀 대패했다. 겨우 500여 명만이 살아남았다. 다행히 위연이 구하러 온 덕분에 진식은 목숨을 구할 수 있었다.

이 사실을 안 제갈량은 곧 등지를 기곡으로 보내 진식을 위로했다. 제갈량이 이렇게 행동한 까닭은 투명성 착각Illusion of transparency 때문이다. 그는 이미 진식을 죽이기로 마음먹었다. 하지만 투명성 착각으로 진식이 이미 자기 생각을 알고 있을 것으로 생각해 위로를 전한 것이다.

한편 마대, 왕평, 장익, 마충은 사곡으로 향해 아무 방비도 없는 조진을 격파했다. 사마의는 사전에 준비하고 있던 터라 서둘러 군사를 이끌고 조진을 구했다. 내기에 이긴 사마의는 대범한 모습을 보였다.

"도독께서는 결코 지난번에 내기한 일을 입 밖에 내지 마십시오. 지금은 우리 두 사람이 힘을 합쳐 나라의 은혜에 보답해야 할 때입니다."

조진은 부끄러우면서도 화가 났다. 결국, 병이 도져 병석에 눕고 말 았다.

제갈량은 군사를 이끌고 다시 기산에 나타나 장수들을 불러 모았다. 위연, 진식 등이 들어오자 제갈량은 싸늘한 표정으로 말했다.

"누구의 잘못으로 군사를 잃었는가?"

위연은 상황이 심상치 않음을 느끼고 잽싸게 말했다.

"진식이 영을 어기고 제멋대로 공격했다가 이처럼 대패했습니다."

진식은 위연이 제 잘못은 쏙 빼고 모든 책임을 자신에게 미루자 서 둘러 말했다.

"이 일은 위연이 내게 시킨 것이나 다름없습니다!"

제갈량이 차갑게 말했다.

"그는 너를 구해주었는데 너는 어찌 그를 걸고넘어지느냐? 너는 이 미 장령을 어겼으니 더 말할 것도 없다!"

제갈량은 당장 진식의 목을 베게 했다. 본래는 위연까지 같이 죽일 생각이었다. 그러나 아무리 생각해도 장합을 상대할 만한 마땅한 장수 가 위연뿐이어서 꾹 참을 수밖에 없었다.

한편 정찰병이 와서 이르기를 조진이 사마의와의 내기에서 져 분을 참지 못하고 병석에 눕게 되었다고 했다. 제갈량은 크게 기뻐하며 지 금이야말로 조진을 죽일 절호의 시기라고 생각했다.

제갈량은 사람을 화나게 만드는 데 일가견이 있었다. 주유가 젊은 나이에 세상을 뜬 것도 다 제갈량이 그를 세 번이나 격분시켰기 때문 이다. 얼마 전 왕랑을 호되게 꾸짖어 부끄러움과 분을 참지 못하고 말에서 떨어져 죽게 만든 이도 제갈량이었다. 게다가 조진은 겨우 내기에서 져 병이 날 정도니 그 속이 얼마나 좁은지 능히 짐작하고도 남았다. 그리하여 제갈량은 곧 글 한 통을 써서 조진에게 보냈다.

도둑이란 자는 심장이 부서지고 간이 쪼개진 듯 놀라고 장수란 자들은 쥐새끼처럼 황망히 달아나는구나! 무슨 낯으로 관중의 어른들을 뵐 것이며 무슨 낯으로 고향 집의 대청에 오르랴! 사관들은 붓을 들어 적을 것이고 백성들은 입을 모아 떠들 것이다. 중달은 싸움 소리만 들어도 떨고 자단은 바람만 만나도 두려움에 질린다고 말이다! 우리 군사는 굳세고 말들은 튼튼하며 장수들은 모두 성난 범 같고 내닫는 용 같다. 진천 땅을 쓸어 평지로 바꾸고 위나라를 쳐서 쓸쓸한 언덕으로 만들리라!

편지를 본 조진은 정말로 분을 참지 못했다. 그날 밤 군중에서 죽고 말았다.

조진의 죽음은 사마의와 제갈량의 합작품이었다. 사마의가 그를 격동시켜 죽인 것은 권력을 되찾기 위해서였지만, 제갈량이 조진을 격동시켜 죽인 것은 지극히 어리석은 행동이었다. 조진처럼 무능한 사람이 권력과 병권을 쥐고 있어야만 제갈량이 승리할 수 있기 때문이다. 이제 위나라의 병권을 쥘 사람은 사마의뿐이었다. 제갈량은 가장 강한 상대인 사마의에게 재기의 발판을 마련해주었을 뿐만 아니라 그가 권력을 독점할 수 있도록 돕기까지 했다.

조진이 죽자 조예는 사마의에게 병권을 맡기며 제갈량을 공격하게 했다. 제갈량은 팔괘진을 펼쳐 사마의를 크게 이겼다. 승기를 잡은 제갈량은 여세를 몰아 추격하려고 했다. 그때 영안永安에 있던 이엄이 도위都尉 구안苟安을 보내 군량을 운송하도록 했다. 그런데 술이라면 사족을 못 쓰는 구안이 오는 도중 술독에 빠져 있느라 열흘이나 늦고 말았다. 구안은 변명을 늘어놓았으나 제갈량은 그의 변명을 듣지 않고 몹시 노해 외쳤다.

"군량을 제 때에 대는 것은 군중에서 큰일 중의 큰일이다. 사흘이 늦으면 옥살이를 해야 할 터이고 닷새가 늦으면 목이 베일 터인데 너는 열흘이나 늦고도 무슨 할 말이 있느냐?"

그러면서 당장 끌어내 목을 베라고 했다. 이에 장사 양의가 나서서 말렸다.

"구안은 이엄이 쓰는 사람입니다. 우리는 전방에서 싸우고 있고 돈과 군량은 모두 후방에 있는 이엄이 대고 있습니다. 만약 그를 죽인다면 앞으로 누가 감히 군량을 운반하려 하겠습니까?"

양의의 말은 참으로 짧은 식견에서 나온 말이다. 그런데 놀랍게도 제갈량은 그의 말을 듣고 구안을 참수하는 대신 매 80대를 때려 돌려보냈다. 왜 양의가 이엄을 거론하자마자 제갈량은 태도를 바꾼 것일까? 유비는 살아 있을 때 이엄을 매우 아꼈다. 그래서 죽기 전에 제갈량과 이엄을 함께 불러 후사를 부탁했다. 다시 말해 이엄 또한 '탁고'의 중임을 맡은 인물이었다. 그러나 유비가 죽은 뒤 제갈량이 홀로 대권을 손에 쥐면서 이엄은 점차 존재감을 잃어갔다. 이에 대해 이엄은 불만이 많았다. 하지만 제갈량의 힘이 워낙 막강해 드러내놓고 표현하지 못했다. 제갈량도 내심 자신의 대군이 출정을 나온 틈에 이엄이 후방에서 자신에게 불리한 일을 꾸밀까 봐 걱정되었다. 그런 까닭에 장의의 말을 듣고 구안을 살려준 것이다.

그러나 이는 확실히 어리석은 행동이었다. 이전에 진식이 명령을 어겼을 때는 조금도 봐주지 않고 목을 벤 제갈량이다. 그런데 이번에는 구안이 큰 잘못을 저질렀는데도 살려주었다. 군법을 집행하는 사람이 이중 잣대를 들이댄다면 어느 부하가 그를 따르겠는가? 군사를 부림에 있어 불공정은 결코 범해서는 안 되는 금기다.

그런데 문제는 지금부터였다. 매를 맞은 데 앙심을 품은 구안이 그날 밤 사마의에게 투항해 버렸다. 팔괘진을 깨지 못해 골머리를 앓던 사마의는 구안이 투항했다는 말을 듣고 날 듯이 기뻤다. 그를 이용해 제갈량 스스로 물러나게 만들 묘책이 떠올랐기 때문이다.

사마의는 구안에게 성도로 돌아가 제갈량이 역심을 품고 조만간 유선 대신 제위에 오를 속셈이라는 소문을 퍼뜨리게 했다. 이에 구안은 몰래 성도로 돌아가 사마의가 시킨 대로 헛소문을 퍼뜨렸다. 얼마 지나지 않아 이 소문은 환관들의 귀에까지 들어갔다. 깜짝 놀란 환관들은 곧바로 유선에게 이 사실을 보고했다. 유선은 매우 놀랐다. 언제나 제갈량을 두려워하던 유선이었기에 환관들에게 대책을 물었다. 환관들이 입을 모아 대답했다.

"제갈량을 성도로 돌아오게 한 다음 그가 역모를 꾀할 수 없도록 병권을 빼앗아야 합니다."

유선은 원래 유약했던 탓에 진상을 알아보지도 않았다. 떠도는 헛소문을 믿고 정말로 제갈량이 역심을 품었다고 생각해 그와 같은 조서를 내렸다. 제갈량은 이미 여러 차례 자신의 진심을 밝힌 바 있는데 어째서 유선은 헛소문을 믿은 것일까?

사실 그 화근은 제갈량이 스스로 심었다고 볼 수 있다.

제갈량은 병이 난 척하며 유선이 즉위하자마자 직접 승상부를 찾아오게 만들었다. 또한, 처음으로 북벌에 나설 때 '출사표'를 바치며 전후방의 모든 일을 지시한 바 있다. 출정에 실패한 후에는 성도에도 돌아오지 않고 한중에 머무르며 군사를 훈련시켰다. 그야말로 '한중왕'이나 다름없었다. 두 번째 북벌에 나설 때는 미리 '출사표'를 바치지도 않고 일단 출정한 다음에 장의를 통해 성도로 보냈다. 그 후에는 온다 간다 말도 없이 연달아 출정했다.

이런 행동은 좋게 말하면 사소한 것에 얽매이지 않고 대사를 행한 것이지만 사실상 군신의 법도를 어긴 것이다. 유선은 유약하기는 하나 어리석지는 않았다. 제갈량이 자신을 주인으로 섬기지 않는다는 것쯤은 잘 알고 있었다. 다른 사람들도 대권을 손에 쥔 사람이 황제가 아닌 제갈량으로 알고 있었다. 다만 제갈량이 신과 같은 사람이었던지라 누구도 감히 '역모'와 연관 짓지 못했을 뿐이다. 그러나 누군가 나서서 이 문제를 제기하자 대다수가 그 말에 동조하게 되었다.

구안이 대충 만들어낸 헛소문이 이토록 큰 힘을 발휘한 원인이다. 제갈량은 처음 출정하기 전에 사마의가 모반을 일으키려 한다는 헛소문을 퍼뜨려 하마터면 사마의가 불귀의 객이 될 뻔했다. 눈에는 눈 이에는 이다. 사마의는 받은 대로 돌려주기로 마음먹고 제갈량이 역모를 꾸민다는 헛소문을 퍼뜨려, 상승세를 타던 제갈량을 성도로 불러들이게 하는데 성공했다.

제갈량은 성도로 돌아오라는 조서를 받고 하늘을 우러러 길게 탄식했다. 만약 조서에 따르지 않는다면 헛소문이 진실이 될 터였다. 일단

'역모'의 죄를 뒤집어쓰면 결백을 증명하기가 쉽지 않다. 제갈량이 대권을 독점하고자 한 것은 사실이나 결코 왕좌를 노린 적은 없다. 그는 지금이 위나라를 정벌할 절호의 시기임을 알았지만 결백을 증명하기 위해 철군할 수밖에 없었다.

제갈량은 군사를 다섯 길로 나눠 물리면서 날마다 아궁이 수를 늘렸다. 사마의는 제갈량이 철군한다는 소식을 듣고 자신의 계획이 성공했음을 깨달았다. 이에 돌아가는 촉군의 뒤를 치려고 추격하던 사마의는 날마다 아궁이 수가 늘어나는 것을 보고 문득 의심이 들었다. 아궁이 수가 늘어난다는 것은 병력이 늘어난다는 뜻이기 때문이었다.

'제갈량은 물러나는 척하면서 병력을 집중해 한 번에 우리 군을 섬멸하려는 것인가?'

사마의는 두려움에 감히 더 쫓지 못했다. 그리하여 촉군은 한 사람도 상하지 않고 무사히 한중으로 돌아갈 수 있었다. 사마의는 나중에 이 사실을 알고 제갈량의 지혜에 감탄해 마지않았다.

◈ 심리학으로 들여다보기

큰일을 행함에 있어 사소한 부분을 조심하지 않으면 반드시 큰일을 망치게 된다. 실금이 간 항아리에는 결코 물을 채울 수 없다. 아주 작은 실수가 성공의 문턱에서 당신의 발목을 잡는다. 목표를 향해 나아가고 있다면 어떤 순간도 간과하지 말자.

9부

제갈량, 살아 숨 쉬는 영웅이 되다

세계와 역사를 통틀어 불세출의 영웅은 많다.
그중 지혜 하나로 난세를 이끈 사람은 제갈량이 독보적이다.
그의 집념과 현명함은 수세기를 지난 우리에게도
필요한 자산이 아닌가 싶다. 그의 심리를 따라가며
자세히 알아보아야 하는 이유이기도 하다.

하찮은 재주가
미래를 바꿀 수 있다

성도로 돌아온 제갈량은 유선을 만나 단도직입적으로 물었다.

"이 늙은 신하는 기산으로 나아가 장안을 막 빼앗으려는 찰나에 폐하의 부르심을 받고 돌아왔습니다. 무슨 큰일로 신을 부르셨는지 실로 궁금합니다."

제갈량의 말에는 전형적인 '사후가정사고Counterfactual thinking'가 드러낸다. 사후가정사고란 이미 일어난 사건을 사후에 그에 반대되는 판단 또는 결정으로 내리는 것을 뜻한다. 다시 말해 일단 이미 발생한 일을 부정한 다음, 발생할 가능성은 있었으나 현실에서는 발생하지 않은 일을 상상하는 심리 활동이다. 예를 들어 올림픽 동메달리스트는 은메달리스트보다 훨씬 행복하다고 느낀다. 은메달리스트는 자신이 조금만 더 노력했거나 조금만 더 운이 따랐다면 금메달을 딸 수도 있었을 거라는 생각에 아쉬움을 느낀다. 그러나 동메달리스트는 자신이 조금만 긴장을 풀거나 조금만 운이 없었더라도 동메달을 따지 못했을 거라는 생각에 안도감을 느낀다. 은메달리스트와 동메달리스트가 보여주는 것이 바로 서로 다른 방향의 사후가정사고다. 이는 사람들이 후회하거나 행복해하는 근원이기도 하다.

제갈량은 유선에게 자신이 기산으로 나아가 장안을 막 빼앗으려는 찰나였다고 했다. 즉 곧 장안을 빼앗을 수 있었다는 뜻이다. 그 승부는 아무도 알 수 없는 일이다. 그런데도 제갈량은 사후가정사고로 큰 성과를 거뒀을 출정이 유선의 조서에 발목 잡혀 망쳐버렸다는 의미였다.

유선은 제갈량이 자신을 질책하고 있음을 알고 감히 사실을 따져 묻지 못하고 궁색한 변명을 늘어놨다.

"짐이 오래 승상의 얼굴을 보지 못한 탓에 몹시 그리워 이렇게 부른 것이지 다른 일은 없소."

제갈량은 곧바로 그의 말을 반박했다.

"이는 분명히 폐하의 본심이 아닐 것입니다. 틀림없이 간신이 제가 역심을 품었다고 아뢰어 폐하의 의심을 일으켰을 것입니다."

유선은 제갈량이 서슴없이 진실을 까발리자 두려워 감히 대꾸하지 못했다. 그런데도 제갈량은 고삐를 늦추지 않고 힐책했다.

"조정안에 간신이 있으면 제가 어찌 안심하고 밖에 나가 역적을 토벌할 수 있겠습니까?"

유선은 더 버티지 못하고 내막을 털어놓았다.

"환관들이 그대를 불러오라 하였소이다. 지금에서야 내가 잘못했음을 깨달았으나 후회해도 이미 늦은 것을 어찌 하겠소."

유선이 잘못을 시인했다. 하지만 제갈량은 유선에게 헛소문을 일러바친 환관들을 하나하나 잡아들여 심문한 끝에 구안이 벌인 짓임을 알아냈다. 제갈량이 급히 영을 내려 구안을 잡아들이게 했다. 그렇지만 구안은 이미 오래전 위나라로 도망친 뒤였다. 하는 수 없이 제갈량은 유선에게 계책을 올린 환관을 죽이고 이 일과 관련된 다른 환관들은 모두 궁 밖으로 내쫓았다. 이에 대해 유선은 한 마디도 따질 수 없었다. 제갈량은 다시 장완과 비위 등을 불러 엄히 꾸짖었다.

"간신들이 폐하 앞에서 나를 모함할 때 그대들은 왜 나를 위해 진언을 올리지 않았는가?"

그 말인즉슨 '내가 그대들을 중용하고 성도에 남겨둔 것은 후방을 잘 지키라는 뜻이었는데 어찌하여 이런 사단이 일어날 때까지 가만히 있었는가?'라는 뜻이었다. 장완과 비위는 자신들은 이 사실을 몰라 승상의 신임을 저버렸다고 거듭 죄를 청했다.

사실 제갈량이 돌아와서 한 행동들은 지나친 감이 없지 않다. 이는 제갈량이 촉한의 진정한 일인자임을 보여줄 뿐이었다. 이로 볼 때 유비가 전혀 근거 없이 걱정한 것은 아니었음을 알 수 있다. 그럼에도 혹자는 제갈량이 이토록 대놓고 황제를 꾸짖을 수 있었던 까닭은 그가 하늘을 우러러 한 점 부끄러움이 없었기 때문이라고 할 것이다. 그러나 과거 사마의도 모반을 일으키려 한다는 헛소문에 휘말렸을 때, 그 역시 하늘을 우러러 한 점 부끄러움이 없었지만 감히 조예 앞에 나서서 따지지 못했다.

제갈량은 궁정 안의 일을 속전속결로 해결한 다음, 다시 한중으로 돌아가 다음 출정을 준비했다. 이때부터 군사들은 제갈량의 잇단 출병에 불만을 나타내기 시작했다. 양의가 건의했다.

"20만 대군을 둘로 나눠 3개월에 한 번씩 교대로 출정하는 것이 어떻겠습니까?"

양의는 참으로 현명했다. 현대 기업관리제도 중의 교대 근무제가 처음 실시된 때는 영국의 산업혁명 시기였다. 그런데 양의의 건의는 그보다 1300년이나 앞선 것이다.

사마의는 제갈량이 공격해온다는 소식을 듣고 농서 지방의 보리를 군량으로 쓸 것이라 예상하고 미리 그에 대비했다. 이에 제갈량은 자신이 타던 사륜거와 똑같은 모양의 사륜거 세 대를 더 준비했다. 그리고 검은 옷에 머리를 풀어헤치고, 맨발에 칼을 든 장사 스물네 명이 각각의 수레를 밀게 했다. 그들 중 맨 앞에선 사람은 한 손에 칠성七星을 수놓은 검은색 깃발을 높이 들고 있었다. 제갈량은 강유, 위연, 마대 세 사람에게 수레를 호위할 군사 1천과 북을 칠 군사 500명을 주어 세 갈래 길로 나누어 가도록 했다. 제갈량 자신도 사륜거에 앉아 다른 세 대의 수레와 똑같이 갖추었다. 그리고 관흥을 천봉원수天蓬元帥 모습으로 분장시키고 손에 칠성이 수놓아진 검은 깃발을 든 채 자신이 탄 수레 앞에 서도록 했다.

이는 제갈량이 잘 쓰는 '후광효과'로 갖가지 도구는 이 세상의 것이 아닌 양 기이했다. 사마의가 보낸 정찰병은 그들이 귀신인지 사람인지 몰라 덜덜 떨며 얼른 사마의에게 달려가 알렸다. 어리둥절해하던 사마의는 직접 나가 살폈다. 흰 학창의에 관을 반듯이 쓴 제갈량이 깃털 부채를 흔들며 수레 위에 단정히 앉아 있는 것이 보였다. 좌우에는 장사 스물네 명이 머리를 풀어헤친 채 칼을 짚고 서 있고, 맨 앞에 선 사람은 검은색 깃발을 들고 서 있었다. 그 모습은 마치 이 세상 사람이 아니라 하늘에서 내려온 천신 같았다.

사마의는 제갈량이 괴이한 수작을 벌이는 것을 알고 군사 2천을 급히 보내 제갈량을 사로잡게 했다. 위병이 급히 뒤를 쫓자 제갈량은 수레를 돌려 천천히 움직이기 시작하더니 이내 모습을 감췄다. 위병이 추격을 멈추자 제갈량은 다시 되돌아왔다. 그러기를 몇 차례, 위병은 더욱 의심이 들었다. 또 강유, 위연, 마대는 각기 다른 수레 세 대를 호위해 제갈량인 척 꾸미고 각기 다른 방향에서 나타나 위병의 간담을 서늘하게 만들었다.

당시 사람들은 귀신이 존재한다고 믿었다. 전장에서 이런 괴이한 일이 일어나자 사마의조차도 이것이 제갈량의 기문둔갑술이라고 생각했다. 위병은 급히 돌아가 굳게 지킬 뿐 나오지 않았고 제갈량의 3만 군사는 그 틈을 타 농서의 보리를 모두 수확해 충분한 군량을 확보했다.

진상을 안 사마의는 제갈량의 귀신같은 용병술에 혀를 내둘렀다. 이후 전투에서 연거푸 패배를 당한 뒤, 사마의는 어쩔 수 없이 대장 손예孫禮에게 옹주와 양주의 20만 대군을 이끌고 도우러 오라고 했다.

한편 제갈량 측은 병사를 교대해야 할 시기가 되었다. 그런데 양의가 다급히 보고했다.

"위병의 몰려오는 기세가 매우 거셉니다. 잠시 교대를 미루고 그 군사를 먼저 남겨 적을 물리치는 것이 좋겠습니다. 새 군사가 여기 이르기를 기다려 그들을 교대시키도록 하십시오."

제갈량은 한참 생각하더니 말했다.

"아니다. 나는 군사를 부리는 데 있어서 믿음을 근본으로 삼는다. 그렇지 않다면 설령 승리를 거둔다 해도 조금도 영예롭지 않을 것이다. 교대해야 할 병사들을 먼저 돌려보내도록 하라."

제갈량은 왜 양의의 의견을 받아들이지 않았을까?

교대제를 실시하기 전, 제갈량은 군사들이 원망을 품지 않도록 처음부터 엄하게 영을 내렸다. 그 내용인즉슨, 교대에 사흘 늦은 사람은 장 오십 대를 때리고 닷새 늦은 사람은 장 백 대를 때리며 열흘 늦은 사람은 참수에 처한다는 것이었다. 이것은 제갈량이 병사들에게 내건 요구 사항이었다. 책임과 의무는 상호관계에 있다. 만약 병사들이 제갈량이 내건 의무를 이행했다면 제갈량도 반드시 맡은 바 책임을 모두 이행한 병사를 집으로 돌려보내야 했다. 만약 이 둘의 관계가 상호 대등하지 않다면 원망이 생길 게 분명했다. 제갈량도 병사들이 오랜 전쟁으로 지쳤고 언제나 고생만 할 뿐 공을 얻지 못한다는 것을 잘 알고 있었다. 누가 가족들과 오순도순 행복한 나날을 보내고 싶지 않겠는가? 유장이 마지막 순간 유비와 더 싸우지 않기로 한 까닭이 무엇이던가? 서천의 백성들이 전쟁에 상하지 않고 편안한 삶을 누리길 바라서가 아니던가? 이제 촉군은 제갈량이 쉬지 않고 출정을 계속한 탓에 몹시 지쳐 있었다. 만약 제갈량이 계속해서 병사들을 혹사시키고 신용을 지키지 않는다면 군심은 이반할 것이요, 전투에 나서면 반드시 패할 것이었다.

그래서 제갈량은 울며 겨자 먹기로 그들을 돌려보내기로 했다. 병사들은 제갈량의 은혜에 깊이 감사했다. 그래서 '호혜의 원칙'에 따라 돌아가지 않고 남아서 제갈량을 위해 싸우겠다고 스스로 간청했다. 그리고 모두 죽기를 각오하고 싸운 끝에 손예군을 크게 물리쳤다.

제갈량이 승리에 들떠 있을 때 영안에 있는 이엄으로부터 급한 편지가 날아들었다.

요사이 듣자니 동오가 낙양으로 사람을 보내 위와 화친을 맺고자 한다고 합니다. 이에 위는 동오에게 촉을 치라고 했으나 다행히 동오는 아직 군사를 일으키지 않았습니다. 저는 그 같은 소식을 듣고 승상께 알려드리니 좋은 계책을 내어주기를 엎드려 빕니다.

제갈량은 깜짝 놀랐다. 만약 동오가 군사를 이끌고 와 자신의 퇴로를 어지럽힌다면 그 결과는 끔찍할 게 분명했다. 이에 제갈량은 상승세를 타고도 또 퇴각할 수밖에 없었다.

사마의는 선봉대장 장합을 보내 쫓았으나 오히려 목문도木門道에서 제갈량에게 죽임을 당하고 말았다. 제갈량은 한중으로 돌아왔고 다섯 번째 기산 출정도 그렇게 성과 없이 끝나고 말았다. 그런데 이때 이엄은 유선을 찾아가 거짓말을 했다.

"신이 군량을 모두 마련해 막 승상께로 보내려고 할 때, 승상께서 갑자기 회군하시니 그 까닭을 모르겠습니다."

이엄의 말뜻은 제갈량이 위나라 편에 섰거나 역심을 품었다는 뜻이었다.

이엄이 제갈량을 모함하는 것에는 다 이유가 있었다. 이엄과 제갈량은 둘 다 탁고대신이었다. 그런데 제갈량 홀로 군사와 정치 대권을 장악했다. 이엄은 점점 권력의 중심에서 밀려나 마음이 몹시 불편했다. 후방에서 군량을 조달하는 책임을 맡았는데 제때 임무를 완성하지 못하고 말았다. 이 일을 빌미로 제갈량이 자신을 더 억누를까 봐 걱정이 되었다. 지난번 그의 부하 구안이 제갈량의 계획을 엉망으로 만들어 놓은 일이 있는데, 이번 군량 조달에 문제가 생긴 것을 아는 날에는 제갈량이 결코 아량을 베풀 리 없었다. 이엄은 대책을 생각하다가 문득 구안이 퍼뜨렸던 유언비어가 떠올랐다. 그때 유약하기 그지없던 유선이 과감하게 조서를 내려 제갈량을 성도로 불렀다. 이엄은 여기에서 제갈량을 쓰러뜨릴 희망을 보았다. 유선이 아무리 유약하더라도 누군가가 자신의 자리를 위협한다면 틀림없이 물불을 가리지 않고 반격한다고 생각했다. 그래서 이엄은 제갈량과 유선, 두 사람에게 각기 다른 거짓말을 했다. 유선이 이 일을 빌미로 제갈량을 제거한다면 자신은 군량 문제로 처벌받지 않을 것이다. 나아가 기회를 봐서 다시 권력의 중앙으로 진출할 계획이었다. 그러나 이엄은 유선을 과대평가하고 제갈량을 과소평가했다.

유선은 반신반의하면서도 감히 단호하게 행동하지 못했다. 그래서 비위를 한중으로 보내 사실을 확인하게 했다. 그 결과 이엄의 비열한 거짓말이 백일하에 드러났다.

제갈량은 크게 노해 진상을 조사하게 한 뒤 이엄의 참수를 결정했다. 그러나 비위가 나서서 이엄 또한 탁고대신이므로 그를 죽이면 여론이 좋지 않을 것이라고 일깨워줬다. 제갈량은 비위의 말을 들어 이엄을 죽이지 않고 서인으로 신분을 낮췄다.

제갈량은 걸핏하면 내부인의 중상모략과 음해의 대상이 되었다. 그러나 제갈량은 왜 자신에게 이런 일이 끊이지 않는지, 어째서 비범한 지략을 갖춘 '신인神人'이 이처럼 곤란한 지경에 빠졌는지 진지하게 생각해보아야 했다.

제갈량은 도대체 무슨 짓을 했고 무슨 잘못을 저지른 것일까?

◈ 심리학으로 들여다보기

억지로 구하면 얻을 수 없고 구하지 않으면 오히려 반드시 얻는 법이다. 순리를 거스르는 운명은 없다는 말이다. 자기 욕심대로 성과를 내거나 성취되는 일은 없다. 제아무리 원한다고 해도 일순간 얻어지는 것도 없다. 그 어떤 결과도 노력으로 얻어지고 이루어짐을 명심하자.

투자의 함정은
이성적 사고를 갉아먹는다

제갈량은 한중에서 삼 년 동안 군사를 훈련시켰다. 군량미를 비축하고 말 먹일 풀을 쌓는 한편 싸움에 필요한 기구들을 빠짐없이 갖춰갔다. 출정할 시기가 무르익었다고 생각한 제갈량은 성도로 가 유선에게 표문을 올렸다.

"신이 군사를 모으고 돌본 지도 벌써 삼 년이 되었습니다. 군량과 마초는 넉넉하고 싸움에 필요한 기구도 다 갖춰졌으며, 사람과 말이 모두 씩씩하고 튼튼하니 이제 위를 토벌할 수 있겠습니다. 만약 이번에도 간사한 무리를 쳐부수고 중원을 회복하지 못한다면 맹세코 다시 돌아와 폐하를 뵙는 일은 없을 것입니다!"

이것으로 제갈량은 위를 토벌하기 위해 여섯 번째 기산으로 나아가는 셈이었다. 그래서 이번에도 성공하지 못하면 다시는 유선의 얼굴을 보지 않겠다고 맹세한 것이다.

그런데 뜻밖에도 유선이 제갈량을 말렸다.

"지금 천하는 세발솥 같은 형세를 이루고 오와 위도 쳐들어오지 않는데 승상께서는 어째서 평안히 이 태평함을 누리려 하지 않으십니까?"

유선의 말뜻은 '승상, 그대는 공연히 일을 만드는구려. 이제 삼국이 세발솥의 형세를 이루고 서로 침범하지 않으니 이 아니 좋소이까? 그대도 나이가 들만큼 들었는데 어째서 자꾸만 고생길로 나아가는 것이오?'라는 의미였다.

그렇다면 왜 제갈량은 자꾸만 고생길로 나아간 것일까? 도대체 무엇 때문에 그토록 북벌에 집착한 것일까? 선제 유비의 당부를 이루기 위해서였을까? 아니면 자신이 강자나 장량보다 낫다는 것을 증명하기 위해서였을까?

물론 예전에는 정말로 그랬던 적도 있다. 그러나 이것만으로 북벌에 편집증적으로 매달리는 이유를 설명하기에는 부족하다. 촉나라가 가진 땅은 형주와 익주뿐이라 삼국 중에서 가장 세력이 약했다. 그런데도 국력을 소모하는 전략인 '공격'을 고집했다는 사실을 유념해야 한다. 유선의 생각도 근거가 없는 것은 아니다. 서천은 지키기는 쉬우나 빼앗기는 어려운 땅이다. 따라서 촉한이 방어에 치중하고 지금의 형세를 유지하기 위해 힘을 쏟는 것이 가장 합리적인 전략이었다.

제갈량의 지력과 안목으로 이 점을 몰랐을 리 없다. 그러나 그는 이미 '투자의 함정'에 깊이 빠졌다. 지난날 유비가 삼고초려를 마다 않고 제갈량에게 출사를 청하였을 때, 유비도 이 '투자의 함정'에 빠졌었다.

'투자의 함정'이란 이전에 투자한 것에 계속해서 투자하면서도 추가적으로 투자한 행위가 현명했는지는 이성적으로 판단하지 못하는 것을 말한다. 사실상 빼지도 박지도 못하는 악순환에 빠진 것이다. 그런데 제갈량은 유비가 빠졌던 것보다 더 큰 '투자의 함정'에 빠지고 말았다.

마틴 슈빅이 1971년에 실시한 '1달러 경매' 게임을 설명한 바 있다. 이 게임이 말하고자 하는 바가 바로 이 '투자의 함정'이다. 이번에는 마틴 슈빅의 실험보다 더 업그레이드된 실험 사례를 살펴보자.

하버드 MBA의 맥스 베이저맨^{Max Bazerman} 교수는 최고가를 20달러로 정해 하버드대학 학부생과 대학원생 및 일부 기업 관리자를 대상으로 여러 차례 이 실험한 끝에 전혀 다른 결과를 얻었다.

경매는 2달러부터 시작되었다. 처음에 사람들은 앞다퉈 가격을 제시했다. 그리하여 가격이 12~16달러가 되었을 때 다른 사람들은 모두 경매에서 빠지고 가장 높은 가격을 제시한 두 사람만 남았다. 이 두 사람은 이때 진퇴양난에 빠져 있었다. 한 사람이 16달러를 제시하자 다른 사람이 곧바로 17달러를 제시했다. 만약 더 높은 가격을 제시하지 않으면 아무것도 얻지 못한 채 제시한 돈만 잃게 되는 것이다. 일단 자신이 제시한 가격이 상대보다 높으면 적어도 경매 물품인 '20달러'를 얻을 수 있었다. 이리하여 두 사람이 제시한 가격은 20달러를 넘어섰다. 이쯤 되자 구경꾼들은 모두 박장대소를 터뜨렸지만 두 사람은 그러거나 말거나 계속해서 경매가를 올렸다.

이것은 당연히 비이성적인 행동이다. 그러나 경매 참가자들은 이미 이성을 잃은 상태였다. 그들은 자신의 이해득실은 따지지 않고 경매를 위한 경매에 참여하고 있었다. 실험 결과, 낙찰가는 20~70달러 사이였다. 베이저맨 교수가 주관한 경매게임의 최고 낙찰가는 200달러를 넘겼고, 그 외에 100달러를 넘은 경우도 15차례나 됐다. 이 모든 것이 겨우 20달러를 얻기 위한 행동이었다.

베이저맨 교수는 20년 동안 이 실험을 여러 차례 실시했다. 그 결과 3만 달러가 넘는 돈을 벌었다. 나중에 베이저맨 교수가 이 액수를 100달러로 높였을 때도 경매 결과는 처음과 별반 다르지 않았다. 사람들은 자신이 기존에 투자한 것보다 더 많은 돈을 투자하고자 했다.

제갈량이 이러했다. 그는 지난 다섯 번의 북벌에 거의 모든 자원을 쏟아부었다. 여기서 말하는 자원이란 온 나라의 인력, 물자, 재력을 비롯해 투지와 지략을 포함한 것이었다. 또 매번 북벌을 감행할 때마다 그 전보다 더 많은 자원을 투자했다. 그 결과 제갈량이 투자한 양은 눈덩이처럼 불어났다. 만약 그가 추가적으로 자원을 투입해서 '간사한 무리를 쳐부수고 중원을 회복한다'라는 궁극의 목표를 실현하지 못한다면 이전에 투자한 모든 자원은 의미 없이 버려지는 셈이다. 따라서 일이 이 지경에 이른 이상 노름꾼이 그러하듯 본전이라도 건지려면 '올인'을 해야만 했다.

유선은 제갈량보다 이성적으로 사고할 수 있었지만 안타깝게도 결정권을 쥔 사람은 그가 아니었다. 제갈량이 출정하겠다고 고집을 부리는데 유선이 동의하는 것 외에 다른 선택을 할 수 없었다. 유선은 감히 반대하지 못했지만 그래도 반대하는 사람은 있었다. 그 사람은 오직 천문만 따르는 객관주의자 '초주'였다. 초주가 말했다.

"신은 어제 사천대司天臺를 맡아보았으니 화와 복에 관한 일이 있으면 아뢰지 않을 수 없습니다. 요사이 수만을 헤아리는 새 떼가 남쪽에서 날아와 한수漢水에 빠져 죽는데 이것은 상서로운 조짐이 아닙니다. 또 신이 천문을 보니 규성奎星이 태백성 어름에 걸쳐 있고 성한 기운이 북쪽에 서려 있어 위를 치는 게 이롭지 못합니다. 요사이 성도 백성들은 모두 밤에 잣나무가 우는 소리를 들었다고 합니다. 이런 여러 가지 이변이 있을 때는 삼가서 지키고 경거망동해서는 안 됩니다.”

초주는 정말이지 상황 파악을 못 하는 사람이다. 유선조차 감히 대놓고 제갈량을 막지 못하는데, 초주는 제갈량의 눈치를 살피지도 않고 자신이 관찰한 결과에 따라 과감하게 반대하고 나선 것이다. 이런 그였기에 지난날 유장에게 투항을 권유했던 것처럼 훗날 위나라의 대군이 밀어닥치는 상황에서 냉정을 유지하며 유선에게 투항을 권했다. 이런 사람은 바람이 부는 대로 흔들리지 않고 다른 사람의 말에 부화뇌동하지 않는다. 명철보신明哲保身하지도 않는다. 이런 사람을 좋아할 사람은 아무도 없을 테지만 그의 올곧은 태도만은 존경받아 마땅하다.

그런데 천문에 밝은 제갈량을 천문으로 설득한다는 것은 어불성설이었다. 이미 ‘투자의 함정’에 깊이 빠져 허우적대는 불세출의 기재는 도저히 자신의 실패를 받아들일 수가 없었다. 제갈량이 초주를 꾸짖듯 말했다.

“나는 선제로부터 탁고의 중임을 받은 몸으로 마땅히 힘을 다해 역적을 토벌해야 한다. 그런데 어찌 그런 허망한 조짐만 믿고 나라의 대사를 제쳐놓을 수 있겠느냐?”

제갈량은 끝내 고집을 꺾지 않았다. 제갈량은 이번 출정에 나서기 전 유비의 묘당에 가 제사를 지내며 자신을 도와달라고 빌었다. 이 장면은 지난날 제갈량이 남만 평정에 나섰다가 곤경에 처했을 때 마원의 묘당에 제사를 지냈던 일을 떠올리게 했다. 이는 제갈량의 마음에 무력감이 생겨나고 있다는 반증이다. 사람은 무력감에 빠질 때면 외부의 도움을 구하게 마련이다. 그런데 제갈량이 계획한 '대사'는 사람이 도울 수 있는 일이 아니었다. 그래서 제갈량은 이미 죽고 없는 선제 유비의 혼령에게 도움을 구할 수밖에 없었다.

제갈량은 제사를 지내고 난 뒤 한중으로 돌아갔다. 그런데 대군이 출정을 앞두고 있을 때 비보가 날아들었다. 병으로 쓰러진 관흥이 끝내 일어나지 못하고 죽었다는 소식이었다. 제갈량은 목 놓아 울다가 그대로 정신을 잃었다. 여러 장수가 제갈량을 급히 안으로 옮겼다. 제갈량은 반나절이 지나서야 정신을 차렸다.

"참으로 가련하구나. 그 충의로운 사람에게 하늘이 긴 수명을 주지 않다니! 내가 군사를 내기도 전에 또 하나의 장수를 잃었으니 이것이 정녕 하늘의 뜻이란 말인가?"

관흥의 죽음은 이미 나약해질 대로 나약해진 제갈량의 영혼에 큰 타격을 입혔다. 이러한 정신상태로 출정을 나가는데 전투에 제대로 임할 수 있겠는가? 그러나 제갈량은 여전히 강했다. 그는 억지로 마음을 추슬렀다. 그렇게 제갈량의 대군은 예정된 날에 출정했다.

조예는 제갈량의 대군이 밀려온다는 소식을 듣고 급히 사마의를 불렀다.

"한 3년 우리 국경을 넘지 않더니 제갈량이 또 기산으로 나왔다고 하오. 이 일을 어찌하면 좋겠소?"

사마의는 자신만만했다. 그 또한 천문을 보고 초주와 똑같은 결론을 얻었기 때문이다.

"신이 간밤에 천문을 보니 중원의 기운이 한창 성했고 규성이 태백성을 범하니 이는 서천에 이롭지 못한 조짐입니다. 이제 제갈량이 제 재주만 믿고 하늘의 뜻을 거슬러 움직이고 있으니, 이는 곧 스스로 패망의 길로 들어서는 격입니다. 신은 폐하께 내려진 크신 복에 기대 마땅히 달려가 그를 쳐부수겠습니다."

초주와 사마의가 모두 똑같은 징조를 읽었는데 제갈량은 기어코 하늘의 뜻을 거슬러 행했다. 그러나 안 되는 일인 줄 분명히 알면서도 어쩔 수 없이 감행하는 그 슬픔이 오죽했겠는가? 천년의 세월이 흐른 지금, 당시 제갈량의 슬픔을 생각하니 절로 탄식이 나올 따름이다.

◈ **심리학으로 들여다보기**

기를 쓰고 노력하는 것보다 차라리 포기하는 것이 당신의 운명을 결정지을 것이다. 안 되는 것을 되게 하는 것이 능력이라고 여기지만 타고난 재능을 무시할 수는 없다. 못 오를 나무는 쳐다보지도 말라는 속담에 담긴 지혜를 다시 생각해보자.

이길 확률이 낮을수록
기대치는 높아진다

제갈량은 여섯 번째 기산에서 치룬 첫 전투에서 크게 패하고 군사 1만여 명을 잃었다. 이 때문에 제갈량이 울적한 마음을 가눌 길이 없었다. 고통에 잠겨 있을 때 양의가 와서 위연이 제갈량에 대한 불평과 원망을 늘어놓는다고 고자질을 했다. 이런 경우 자칫 고자질을 한 사람이 지도자의 분풀이 대상이 된다. 아니나 다를까, 제갈량이 양의를 호되게 꾸짖었다.

"내가 다 생각이 있으니 그대는 내 앞에서 참언을 올리지 말라!"

양의는 두려워 물러났다.

양군이 대치하고 있을 때 제갈량은 수레를 타고 기산 앞 위수 양안에 나가 지리를 살폈다. 한 골짜기에 이르니 호로병처럼 생긴 지형으로 1천여 명이 들어갈 수 있지만, 앞뒤의 출구는 사람 하나 말 한 필만 겨우 지나갈 수 있는 곳을 발견했다. 그곳은 바로 상방곡上方谷이었다. 제갈량은 크게 기뻐하며 마대를 불러 군사 500명으로 상방곡 입구를 지키라고 했다. 또 골짜기 안에 장인 1천 명을 데려와 비밀리에 목우木牛와 유마流馬를 만들게 했다. 그리고 비밀이 새어나가는 것을 막기 위해 이들을 밖에 내보내지도 바깥사람을 안으로 들이지도 못하게 했다. 제갈량은 열흘이 넘도록 친히 골짜기 안에서 그들이 일하는 걸 지시하고 살폈다. 그러던 어느 날 양의가 와서 보고했다.

"지금 우리 편 군량과 말 먹일 풀은 모두 검각에 있어 운반하는 일꾼과 마소가 옮겨오기에 여간 힘든 것이 아닙니다. 이 일을 어찌 합니까?"

제갈량이 종이를 꺼내 목우와 유마를 그렸다.

그로부터 보름도 되지 않아 목우와 유마가 다 만들어져 마치 살아있는 마소처럼 산을 오르고 언덕을 내려가며 군량과 말 먹일 풀을 옮기니 수월하기가 그지없었다.

한편 목우와 유마를 본 위군은 즉시 달려가 사마의에게 이 사실을 보고했다.

"촉군이 목우와 유마란 수레를 써서 군량과 건초를 옮기고 있습니다. 살아있는 마소처럼 풀을 먹지도 않고 사람도 힘들이지 않고 운반하는 것이 참으로 신기합니다."

사마의는 원래 시간을 끌어 제갈량이 군량과 건초가 부족해 물러나게 할 계획이었다. 그러나 목우와 유마가 나타나는 바람에 사마의의 전략은 물거품이 되고 말았다. 사마의는 곧 사람을 보내 목우와 유마를 빼앗아온 다음 그것을 일일이 분해해 똑같은 목우와 유마를 대량으로 만들었다. 군량과 건초를 옮겨보니 과연 날듯이 빨리 움직였다.

제갈량은 이 소식을 듣고 화를 내기는커녕 크게 기뻐했다. 그는 곧 왕평을 보내 위군 진영의 목우와 유마를 빼앗아오게 했다. 잠시 후 위군이 뒤쫓아 오자 촉군은 목우와 유마 입속의 혀를 비틀었다. 그랬더니 아무리 끌어도 목우와 유마는 꼼짝도 하지 않았다. 결국 위군은 목우와 유마를 포기하고 돌아갔다. 이에 촉군이 나타나 다시 혀를 비틀었더니 언제 그랬냐는 듯 날듯이 움직였다. 제갈량이 이런 수고를 감수한 것은 '신비감'을 만들기 위해서였다. 제갈량은 또 대장 장의에게 명했다.

"너에게 군사 500명을 줄 테니 육정육갑六丁六甲의 신장神將처럼 꾸며라. 귀신의 머리에 짐승의 몸을 하고 채색 물감으로 얼굴을 칠한 다음, 한 손에는 수놓은 깃발을 들고 다른 한 손에는 보검을 들게 해라. 그리고 불이 잘 붙는 것을 넣은 호로병을 몸에 차게 한 뒤 산기슭에 매복시켜라. 목우와 유마를 빼앗은 다음에 귀신인 척하며 불을 질러대면 위병은 천신이 촉군을 보호하는 줄로 알 것이다."

자원을 활용하는 데 있어서 제갈량을 따라올 자가 없었다. 이 '귀신놀이'에 쓴 도구와 거동은 과연 효과 만점이었다. 이로 인해 촉군은 적에게서 많은 군량과 건초를 빼앗았다. 또한 위군은 목우와 유마를 신물로 여겨 다시는 감히 넘보지 않았다.

뒤이어 제갈량은 상방곡에서 위군을 칠 준비를 했다. 그는 고상을 불러 상방곡 안으로 군량을 운송하는 척하라고 시킨 뒤 자신도 상방곡 근처에 진채를 세웠다. 위연에게는 거짓으로 계속 지는 척하라는 영을 내렸다. 이것은 모두 사마의를 상방곡으로 끌어들여 일거에 섬멸하기 위함이었다.

사마의는 제갈량의 동정을 살핀 끝에 친히 군사를 이끌고 상방곡으로 가 촉군의 군량을 불태우기로 결정했다. 위연이 계속해서 거짓으로 패한 척하며 마침내 사마의 부자를 비롯한 위군 모두를 상방곡 안으로 끌어들이는 데 성공했다. 그들이 골짜기에 들어서자마자 상방곡 입구를 지키고 있던 촉군의 복병이 골짜기 입구를 막았다. 놀란 위병이 서둘러 달아나려고 했으나 이미 때는 늦고 말았다. 거기다가 산 위에서 불화살이 쏟아져 골짜기 바닥에 묻어둔 지뢰를 터뜨렸다. 삽시간에 불길이 하늘로 치솟으며 곳곳이 폭발했다. 사마의는 두 아들을 얼싸안고 '우리 삼부자가 이곳에서 함께 죽겠구나' 하고 소리치며 통곡했다.

그런데 이게 무슨 하늘의 조화일까? 난데없이 하늘에서 천둥소리가 울리더니 하늘에 구멍이라도 뚫린 듯 큰비가 쏟아졌다. 골짜기를 활활 태우던 불길을 순식간에 꺼졌다. 지뢰도 터지지 않았고 화기도 무용지물이 되었다. 얼마 지나지 않아 골짜기는 물에 잠기고 말았다. 구사일생으로 살아난 사마의는 즉각 부하들을 데리고 죽을힘을 다해 골짜기를 빠져나갔다.

그 사실을 안 제갈량은 길게 탄식했다.

"일을 꾸미는 건 사람이되 이루는 건 하늘이로구나!"

제갈량은 상방곡에서 이번 출정을 마무리 짓고 그를 괴롭히는 두 가지 난제를 해결하려고 했다. 하나는 강력한 적수 사마의 부자를 한꺼번에 죽이는 일이다. 그렇게만 된다면 위나라에서 그를 상대할 사람은 없었다. 사마의가 죽는다면 위나라 토벌은 시간문제였다. 다른 하나는 위연을 제거하는 일이다. 사마의가 죽으면 용감무쌍한 위연도 쓸 일도 없어진다. 따라서 위연과 사마의를 함께 상방곡의 불길에서 타죽도록 해야 했다.

그래서 제갈량은 마대에게 상방곡 입구를 지키라고 하면서 사마의를 골짜기 안으로 유인한 위연을 밖으로 내보내지 말라고 한 것이다. 그러나 제아무리 하늘의 뜻을 잘 읽는 사람이라도 어찌 모든 뜻을 다 헤아릴 수 있겠는가? 제갈량은 한바탕 소낙비가 자신의 계획을 망칠 줄은 꿈에도 몰랐다. 이 소낙비가 꺼뜨린 것은 상방곡의 불길만이 아니라 제갈량의 마지막 자신감과 모든 희망까지 꺾었다.

이번 비는 전형적인 '초저확률 사건'이었다. 제갈량이 가장 잘 사용하는 것도 초저확률 사건이었다. 제갈량은 적벽 전투에서 짙은 안개를 이용해 짚단을 실은 배로 화살을 빌렸고 동풍을 이용해 조조군을 불태운 바 있다. 이 모두가 초저확률 사건이 일어날 가능성을 정확하게 예측하고 교묘하게 이용한 덕분이었다. 그러나 이번에 제갈량은 하늘에서 큰비가 내릴 것이라는 초저확률 사건을 예측하지 못했다. 이것은 하늘의 뜻이 이미 제갈량을 떠나 사마의에게 옮겨갔음을 보여준다. 사마의는 하늘의 보살핌을 받아 삼부자가 구사일생으로 목숨을 건졌다.

그리고 늘 행운과는 거리가 멀었던 위연에게도 똑같은 행운이 찾아왔다. 위연은 요행히 목숨을 건졌지만 화가 나 제갈량을 찾아갔다. 이번 일이 제갈량의 머릿속에서 나온 일임을 모른 채 마대가 꾸민 짓이라고 생각한 것이다. 위연이 제갈량에게 말했다.

"마대는 일찌감치 골짜기 입구를 막아두었습니다. 제가 군사 500명을 데리고 적을 깊이 유인한 뒤 빠져나가려고 보니 저희가 빠져나갈 길도 없었습니다. 만약 그때 큰비가 내리지 않았다면 저희는 영락없이 죽은 목숨이었을 것입니다!"

제갈량은 곧바로 대노한 척하며 마대를 불러 호되게 질책했다.

"문장은 나의 유능한 장수다. 내가 당초 너를 보낼 때 사마의만 불태우라고 했었다. 그런데 어찌하여 문장까지 골짜기 안에 가뒀느냐? 다행히 하늘에서 소낙비가 내려 문장이 목숨을 구할 수 있었으니 이는 우리 조정의 큰 복이다. 만약 문장에게 무슨 일이 생겼다면 또 내 팔이 떨어져 나간 셈이 아니겠느냐?"

제갈량은 입만 열면 문장이라고 친근하게 위연의 '자'를 부르며 몇 마디 말로 자신의 모든 책임을 마대에게 떠넘겼다. 마대는 속으로 생각했다.

'분명히 승상께서 나에게 위연도 같이 불태워 죽이라고 하셨는데 왜 이제 와서 모든 잘못을 나에게 뒤집어씌우는가?'

마대가 시비곡직을 따져야 할지 고민하고 있을 때 제갈량이 영을 내렸다.

"어서 마대를 끌어내 참수하라!"

이 중요한 순간 마대는 예리한 정치적 감각을 나타냈다. 마대는 위연이 정면으로 이 문제를 제기했으니 제갈량은 결코 자신의 책임을 인정하지 못할 것이라고 판단했다. 만약 제갈량 자신이 그렇게 지시한 사실이 들통나면 그 후폭풍을 감당할 수 없기 때문이다. 지금 제갈량에게는 자신을 대신해 이 상황을 책임질 희생양이 필요했다. 마대는 자신이 이 일을 책임질 수밖에 없음을 깨달았다. 그러나 책임을 진다고 해도 거기에는 마지노선이라는 게 있다. 희생양이 되는 것까지는 좋은데 목숨을 내놓으라고 한다면 어느 누가 따르겠는가?

그러나 마대는 묵묵히 참고 있었다. 제갈량이 정말 자신을 죽일 리가 없다고 판단했기 때문이다. 단 한 사람이라도 나서서 자신을 위해 빌어준다면 제갈량은 그 흐름을 타고 자신의 목숨을 살려줄 게 분명했다. 반대로 자신이 진상을 밝히려고 한다면 제갈량은 자신을 죽여 입을 막을 것이 분명했다.

마대가 이렇게 판단한 근거는 제갈량이 시종일관 위연에게 편견을 가지고 있었기 때문이다. 촉군 내의 사람치고 제갈량이 위연을 싫어한다는 사실을 모르는 사람은 없었다. 그러므로 분명히 제갈량의 뜻을 헤아린 누군가가 나서서 마대를 살려달라고 간청할 것이었다. 마대의 판단이 옳았다.

제갈량이 참수령을 내리자마자 장막 아래 있던 사람들이 무릎을 꿇고 마대를 살려달라고 간청했다. 제갈량은 마대의 갑옷을 벗기고 매 사십 대를 치라고 했다. 또한 평북장군平北將軍, 진창후陳倉侯 등의 관직을 박탈하고 산군으로 강등시켰다.

마대는 다친 몸을 끌고 영채로 돌아와 생각했다. 비록 모진 매를 맞고 관직도 잃었지만 어쨌든 목숨은 보전했으니 이것으로 충분했다. 우두머리가 나를 신뢰하고 중시해서 '떳떳하지 못한 일'을 맡기는 것이 아니다. 이는 그저 엄청난 위험을 의미할 뿐이다. 마대가 속으로 탄식하고 있을 때 번건樊建이 제갈량의 밀령을 가지고 왔다.

"승상께서는 그대가 본시 충의롭다는 것을 잘 알고 일부러 이 계책을 쓴 것이라오. 이제 승상께서 또 다른 계책을 말씀해주셨으니 이대로 따라 훗날 공을 이루게 된다면 그대는 으뜸가는 공신이 될 것이오. 오늘의 일은 양의가 시킨 일이었다고 핑계를 대십시오. 그러면 위연도 더 이상 그대를 미워하지 않을 것이오.”

이 말에 마대는 깜짝 놀랐으나 이내 기쁨을 감추지 못했다. 깜짝 놀란 까닭은 제갈량의 광명정대한 이미지가 일시에 무너졌기 때문이었다. 마대는 ‘신’이나 다름없는 제갈량이 이토록 음험하고 악랄한 마음을 가졌을 줄은 짐작하지 못했다. 그럼에도 기쁨을 감추지 못한 까닭은 오늘 일로 제갈량이 자신을 더욱 신임하고 중용할 것이기 때문이었다. 만약 그러지 않고 자신도 위연처럼 제갈량의 눈 밖에 난다면 자신의 말로는 위연보다 더 비참할 터였다.

이튿날 마대는 다친 몸을 이끌고 위연을 찾아갔다. 위연이 노발대발하려는 찰나 마대는 바닥에 엎드리며 통곡했다.

“이는 내 죄가 아니라 모두 양의가 시킨 일입니다.”

양의는 위연이 평생 가장 경멸한 사람이었다. 그런 이유로 양의는 위연의 철천지원수나 다름없었다. 그러니 마대의 말을 듣는 순간 가슴속에 끓어오르던 분노가 모두 양의에게로 향했다. 마대가 그 틈을 놓치지 않고 말을 이었다.

“저는 지금 그저 산군에 지나지 않습니다. 저도 제가 잘못했다는 사실을 잘 알고 있으니 오늘부터 장군을 따라다니며 공을 세워 죄를 씻겠습니다.”

위연은 안쓰러운 마음으로 그 자리에서 마대의 청을 받아들였다. 위연은 부리나케 제갈량을 찾아가 마대를 자신의 부하로 삼게 해달라고 청했다. 제갈량은 고개를 저으며 말했다.

“그는 이번에 장군의 목숨을 해하려 했소. 그런데 그를 장군에게 보낸다면 그를 사지로 내모는 것이 아니겠소?”

위연은 결코 그런 일은 없을 것이라고 약속하며 거듭 간청했다. 제갈량은 '심드렁한 판매자' 책략을 써서 몇 차례 더 거절한 다음, 마지못해 허락하는 모습으로 위연의 청을 받아들였다. 위연은 매우 기뻐했다. 하지만 자신이 데려간 사람이 충복이 아니라 자신의 무덤을 팔 사람일 줄은 꿈에도 몰랐다.

제갈량의 이 행위는 그의 인생 중 최대의 오점이다. 그를 신처럼 떠받드는 그 누구도 제갈량의 이 비열한 행위를 변호할 수 없을 것이다. 위연이 오만방자하기는 하나 촉을 위해 많은 공을 세웠고 충성을 바쳤다. 그런데 제갈량은 첫 만남에서 이미 그를 '반골'로 낙인찍고 언젠가는 모반을 일으킬 것이라고 호언장담했다. 상방곡에서 사마의와 같이 불태워 죽이려고까지 했다. 또한, 위연이 사마의 덕택으로 요행히 살아남은 뒤에는 또 거짓말을 날조해 위연과 양의 간의 갈등을 조장했을 뿐만 아니라 위연 옆에 시한폭탄까지 묻어뒀다.

한마디로 제갈량은 무슨 수를 써서든 반드시 위연을 죽이려고 한 것이다. 도대체 위연이 무슨 죽을죄를 지었기에 이토록 제갈량의 눈 밖에 난 것일까?

◈ **심리학으로 들여다보기**

빛으로 평범함을 가릴 수는 있지만 빛으로 어둠을 가릴 수는 없다. 바꿔 말하면 거짓과 위선을 이기는 것은 진실이라는 의미이다. 자신의 허물을 감추고 덮을수록 그림자는 길게 드리워지고 그로 인해 자신은 침몰한다. 진솔하게 자기 모습을 드러낼 때 남다름으로 환호 받을 수 있다.

불운을 타고난
이름이 있다

제갈량은 위연과 처음 만난 순간부터 그에게 편견을 가졌다. 첫 번째 이유는 위연이 제갈량의 계획을 망쳐놓았기 때문이다. 당시 제갈량은 격장법으로 관우를 격분시켜 그가 자신의 군사 500명만 데리고 장사를 빼앗도록 만들었다. 그런데 위연이 장사태수 한현을 죽이고 장사성을 관우에게 바치는 바람에 관우를 굴복시키려던 제갈량의 계획이 어그러졌다. 이 때문에 제갈량은 몹시 화가 났다. 두 번째 이유는 그가 관우와 닮았기 때문이다. 위연은 얼굴색이 붉고 천성이 오만해 그 생김새나 기질이 관우와 매우 닮았다. 그렇지 않아도 관우 때문에 골치가 아프던 차에 '관우 주니어'가 나타났으니 제갈량의 기분이 좋을 리 없었다.

그런 와중에 조조가 위왕에 오르고 훗날 조비가 위나라를 세우면서 위연의 신세는 더욱 힘들어졌다. 바로 위연의 이름 때문이었다. 위연의 자는 문장文長으로 그의 이름과 자의 의미를 살펴보면 '위魏의 복을 길게 이끌고延 문文의 맥이 길게長 흐른다'라는 뜻이다. 이것은 마치 조씨의 위나라 정권을 위한 송사나 다름없었다. 조씨 부자는 위나라의 지배자였고 뛰어난 문학적 재능으로 천하에 이름을 떨쳐 문학사상 '건안칠자建安七子' 중에서도 손꼽히는 인물이었다. 그런데 위연의 이름은 그런 조씨를 위한 살아있는 광고판이나 다름없으니 제갈량이 얼마나 못마땅했겠는가? 그래서 위연이라는 이름을 거론만 해도, 아니 떠올리기만 해도 제갈량은 몹시 언짢았다.

잘못 지은 이름 탓에 운명이 달라진 경우는 위연만이 아니다. 역사를 되짚어보면 셀 수 없이 많은 사람이 이름 때문에 모진 운명을 겪었다.

남송시대, 조정趙鼎은 나라의 군사와 정사를 관장하는 승상이었다. 어느 날 어떤 사람이 조정에게 비범한 재주를 지녀 중용할 만하다면서 전당휴錢塘休라는 선비를 천거했다. 그런데 그때 마침 조정은 전선에서 보내온 보고서를 읽고 있었다. 그렇지 않아도 적과의 전투에서 송나라 군이 고전하고 있다는 내용 때문에 기분이 좋지 않은 마당에 '전당휴'라는 이름을 듣자 몹시 불쾌해졌다. 이에 조정은 싸늘한 한마디를 내뱉었다.

"전당錢塘(전당은 당시 남송의 황궁이 있던 곳으로 오늘날의 항주를 이른다)이 이제 끝났다는 말이냐?"

불쌍한 전당휴, 이름을 잘못 지은 탓에 벼슬길에 오르지 못하고 그 높은 학식과 재주도 펼치지 못하고 말았다. 사실 선비의 이름은 전당휴錢唐休로 그 가운데 한자 당唐은 당썙과 발음이 같지만 다른 한자였다. 그럼에도 시기적 불운 탓에 등용되지 못한 것이다.

명나라 영락永樂 22년, 정시廷試(중국의 과거 제도에서, 천자가 성시省試 급제자를 궁정에 불러 친히 고시를 보이던 일)의 결과, 장원은 손일공孫日恭이었고 2등은 형관邢寬이었다. 그런데 정식으로 붙여진 방에는 형관이 장원이었고 손일공은 3등이었다. 장원이 뒤바뀐 사실에 시험감독관조차 영문을 몰랐다. 나중에 알고 보니 '이름'이 화근이었다. 그 당시에는 이름을 세로로 썼다. 그런데 황제에게 올리는 방에 글씨를 쓰는 사람이 순간의 실수로 일공日恭, 이 두 글자를 너무 가깝게 쓰는 바람에 마치 '폭暴'자처럼 보였다. 영락제永樂帝는 조카인 건문제建文帝를 잔인하게 끌어내리고 자신이 제위에 올랐으며 건문제에 충성하는 방효유方孝孺는 십족十族을 멸해버렸다. 그래서 영락제는 '폭暴'자를 무척 꺼렸다. 손일공은 바로 이 때문에 장원에서 밀려난 것이다. 그렇다면 누구를 장원으로 삼아야 할까? 영락제는 형관이란 이름을 보고 뜻 모를 미소를 지었다.

"형관이라, 형벌을 내림에 있어서 너그럽다는 뜻이 아니더냐?"

그리하여 형관은 운 좋게 장원이 되었다.

청말, 회시會試에 뽑힌 공사貢士 중에 왕국균王國鈞이라는 사람이 전시殿試(임금이 스스로 고시하는 친시親試)에 응시했다. 이 이름은 상당히 고심해서 지은 것이었다. 백거이白居易의 〈사번저작贈樊著作〉에 나오는 '졸사불인자, 부득중국균卒使不仁者, 不得秉國鈞(아랫사람을 부리는 데 인자하지 못한 사람은 나라의 대권을 쥐어서는 안 된다)'에서 취한 것이기 때문이다. 이름의 뜻이야 나무랄 데 없이 좋았으나 안타깝게도 성姓이 좋지 않았다. 그의 성과 이름을 같이 읽으면 망국군亡國君(나라를 망친 군주)과 발음이 같았기 때문이다. 단순히 실력만 보자면 왕국균은 장원이 되고도 남았다. 그런데 자희태후慈禧太后가 그의 이름을 보고 불쾌한 기색을 감추지 못하며 말했다.

"왕국균王國鈞이라니! 그 발음이 '망국군亡國君'과 같지 않느냐? 이런 이름을 가진 사람을 어찌 벼슬에 올린단 말이냐?"

그리하여 왕국균의 인생은 피지도 못하고 지고 말았다.

이런 여러 사례를 고려해봤을 때 위연이 이름 탓에 제갈량에게 미움을 산 것도 이상할 것이 없다. 원망은 주인을 잘못 찾은 자신을 탓할 수밖에! 만약 그가 조조를 찾아갔다면 이름 덕을 톡톡히 보았을 텐데 말이다.

죽음이 멀지 않았음을 예감한 제갈량은 오랫동안 미뤄둔 일을 처리하고자 했다. 그렇게 위연의 운명은 정해지고 말았다.

한편 구사일생로 목숨을 건진 사마의는 더욱 자신만만해졌다. 그런 상황에서도 살아나왔는데 극복하지 못할 일이 어디 있겠는가? 이것이 사후가정사고로 행복감을 느끼는 사례다. 그러나 제갈량과의 대결에서 하도 많이 당한 탓에 어느덧 사마의도 신중하고 굳건한 성격으로 변했다. 그는 한순간의 행운을 확대해석해 경거망동할 사람이 아니었다. 사마의는 제갈량이 하루빨리 전투를 끝내고 싶어 한다는 걸 잘 알기에 군사를 내지 않고 굳게 지키기만 했다.

사마의가 이렇게 한 데는 두 가지 이유가 있다. 첫째, 현재 위는 강하고 촉은 약하다. 그런데 약한 촉이 오히려 선공을 하고 있다. 공격이 수비보다 더 많은 힘을 소모하는 것은 불문가지다. 그렇다면 위나라는 가만히 들어앉아 지키기만 해도 촉나라의 힘을 약화시킬 수 있다. 둘째, 사마의는 중상모략 때문에 죽음의 문턱까지 간 경험을 통해 생존의 지혜를 깨달았다. 그는 마치 고양이가 쥐를 가지고 놀듯이 제갈량이라는 적수를 살려둬야만 자신이 '토사구팽'당하지 않는다는 것을 잘 알고 있었다. 그래서 사마의는 절대로 제갈량을 서둘러 죽일 생각이 없었다. 제갈량이 기산에 여섯 번이나 출정하면서 매번 승패와 관계없이 전군이 무사히 철군할 수 있었던 것도 제갈량의 비범한 재주도 한 몫 했겠지만 사마의가 전력을 다하지 않은 덕분이기도 했다.

제갈량은 지구전이 촉군에게 매우 불리하다는 것을 알았다. 그래서 어떻게 해서든 지금의 대치 국면을 타개하려고 했다. 결국 이번에 꺼내든 카드도 '격장법'이었다.

사람을 자극하는 요인은 저마다 다르다. 한 사람을 격분시키는 데 매우 효과적인 방법이 누군가에게는 아무 소용이 없을 수도 있다. 그렇다면 사마의의 약점은 무엇일까?

사마의는 매우 남성우월주의적인 사람이었다. 그가 가장 참지 못하는 것은 바로 아녀자 같다는 평가였다. 이전에 사마의가 조진과 내기를 했던 것을 기억하는가? 그 당시 사마의는 '열흘을 기한으로 촉군이 쫓아오지 않는다면 저는 얼굴에 붉은 분을 바르고 아녀자의 옷을 걸친 뒤 도독의 영채로 찾아가 죄를 빌겠습니다'라고 말했었다. 내기에 진 대가로 그 사람이 가장 내놓기 싫은 것, 절대 하고 싶지 않은 행위를 건다는 점을 상기하면 사마의가 얼마나 여성스럽다는 평가에 민감했는지 알 수 있다. 제갈량은 이 일을 떠올리며 사마의에게 여자들이 쓰는 머릿수건과 흰 소복, 그리고 편지 한 통을 보냈다.

중달은 이왕에 대장이 되어 중원의 군사를 이끌고 와 놓고도 어찌하여 힘을 다해 싸워 자웅을 가리려 하지 않는가? 땅굴에 들어앉아 칼과 화살을 피하려고 하니 아낙네와 다를 게 무엇인가? 이제 아낙네들이 쓰는 머릿수건과 소복을 보내니 나와 싸우지 않으려거든 두 번 절하고 기꺼이 받으라. 그러나 남자의 가슴을 지녔다면 어서 이 글에 대한 답으로 날을 받아 전장에 나와 싸우라!

당시 남자와 여자는 서로 다른 집단이었다. 간단히 말해 남자는 귀하고 여자는 비천하다는 것이 통념이 지배적이었다. 남자는 여자라는 외집단에 확고부동한 편견을 가지고 있었는데, 사마의처럼 높은 자리에 있는 남자가 여자에 비유 당하는 것을 어찌 참을 수 있겠는가? 게다가 제갈량은 사마의를 그냥 여자가 아니라 그 당시 가장 멸시받던 과부에 비유했다. 이는 참기 힘든 모욕이었다. 사마의는 치밀어 오르는 화를 애써 참았다.

"제갈량이 나를 한낱 여인네에 빗댄 것이냐?"

그 한마디를 한 뒤 소복을 건네받았다. 순간의 통쾌함을 구하지 않고 참기 어려운 것을 참아내는 사람이야말로 호걸이다. 사마의가 이를 악물고 수모를 참음으로써 제갈량의 격장계는 물거품이 되고 말았다. 사마의는 마음을 가다듬고 제갈량이 보낸 사자를 잘 대접하면서 슬쩍 물었다.

"제갈승상은 요즘 어떻게 먹고 주무시느냐? 공무의 번잡함과 단출함은 어떠하냐?"

사마의는 참으로 교활한 사람이다. 만약 그가 직접 촉군의 상황을 물었다면 이 사자는 경계심을 높이며 결코 사실을 토로하지 않았을 것이다. 그러나 사마의가 그저 제갈량의 안부를 묻듯 자연스럽게 질문을 던지자 사자는 있는 그대로 실토했다.

"승상께서는 밤낮으로 쉴 새 없이 일하십니다. 스무 대 이상 매를 때려야 하는 일이면 모두 승상께서 직접 처리하십니다. 그러나 잡수시는 음식은 매우 적어 하루에 겨우 몇 홉 밖에 드시지 않습니다."

이 사자는 도무지 전략적 시야라고는 없는 사람이었다. 사마의 같은 전략가가 묻는 것은 모두 깊은 의도에서 나온 질문이다. 사마의는 이미 굳게 지키고 싸우지 않기로 결심했다. 그런데 만약 제갈량이 평소와 다름없이 잘 먹고 잘 자고 심신이 건강하다면 사마의는 앞으로 긴 시간 동안 고전을 해야 할 것이었다. 제갈량이 무슨 수를 써서든 위군을 끌어내려 할 것이기 때문이었다. 그러나 지금 제갈량의 상황을 보면 결코 오래 버틸 수가 없었다.

"먹기는 적게 먹고 하는 일은 많으니 어찌 오래 버틸 수 있겠느냐?"

사자에게 이렇게 말한 사마의는 수비에만 전념할 결심을 굳혔다. 만약 사자가 지금 제갈승상은 적벽대전을 치룰 때처럼 기운이 넘치고 느긋하다고 말했다면 사마의는 다른 선택을 했을지도 모른다.

다시 촉군의 진영으로 돌아온 사자는 제갈량에게 다녀온 일에 대해 보고를 했다. 제갈량은 사마의가 '먹기는 적게 먹고 하는 일은 많으니 어찌 오래 버틸 수 있겠느냐?'라고 했다는 말을 전해 듣더니 탄식 섞인 한마디를 내뱉었다.

"사마의가 나를 가장 잘 아는구나!"

사마의의 말은 짧지만 강했다. 제갈량의 정곡을 찔렀다. 제갈량은 자신의 몸이 더 이상 버틸 수 없다는 사실을 누구보다도 잘 알고 있었다. 만약 강한 정신력이 없었다면 지금까지도 버티지 못했을 것이다. 주부主簿 양옹楊顒이 제갈량에게 물었다.

"승상께서는 어찌 이토록 자신을 괴롭히시는 것입니까? 옛말에 이르기를 앉아서 도를 논하는 사람은 삼공三公이고 짓고 행하는 사람은 사대부라 하였습니다. 지금 승상께서는 날마다 모든 일을 친히 처리하시느라 종일 땀을 흘리고 계시니 어찌 고생스럽지 않겠습니까? 도대체 이러시는 까닭이 무엇입니까?"

제갈량이 말했다.

"내 어찌 그러한 이치를 모르겠는가? 그러나 선제의 당부가 워낙 무거운 터라 다른 사람에게 맡길 수가 없구나. 그 사람이 나처럼 온 마음을 다하지 않을까 걱정이 되어서다."

똑똑한 사람은 그 일을 해낼 사람이 세상에 자신밖에 없다고 생각한다. 그러나 한 사람이 모든 일을 다 처리할 수는 없다. 백지장도 맞들면 낫다고 했다. 촉의 벼슬아치들 모두가 제갈량처럼 유능할 수는 없다. 각각이 자신의 능력을 최대한 발휘해야만 한실을 일으켜 세우는 막중한 임무를 완성할 수 있을 터였다. 이 점에서 볼 때 제갈량은 참 사람을 제대로 쓸 줄 몰랐다.

또한, 제갈량의 지나친 통제 욕구가 원흉이었다. 자신의 손을 거치지 않으면 통제할 수 없을 것만 같은 불안감에 시달리므로 안 자고 안 쉬는 한이 있더라도 반드시 모든 일을 자신이 처리해야 했다. 그러나 그 대가로 몸이 버티지 못하고 무너져 내리는 것이었다.

사마의의 말은 용맹한 군사 10만 명보다 훨씬 강력한 힘으로 제갈량을 밀어붙였다. 그렇지 않아도 무너지기 직전인 제갈량의 정신을 끝까지 몰아간 것이다.

사마의는 제갈량이 자신을 과부에 빗댄 수모를 참고 견뎠으나 그의 수하들은 분을 참지 못했다. 그 당시의 사회적 분위기로 보았을 때 사내대장부가 공공연하게 '과부'에 빗대지는 것은 도저히 참을 수 없는 모욕이었기 때문이다. 위의 장수들은 하나같이 분통을 터뜨리며 나가서 싸우자고 외쳤다. 여기서 사마의의 탁월한 정치 능력이 확인된다.

만약 그가 대놓고 그들의 청을 거절한다면 자신의 명성에 금이 가는 것은 물론이거니와 부하들의 피 끓는 마음을 외면하는 것이다. 이에 사마의가 선택한 방법은 '제삼자 거절'이었다. 사마의가 '제삼자'로 선택한 사람은 황제 조예였다. 사마의가 말했다.

"내가 두려움 때문에 모욕을 기꺼이 감수하고 감히 싸우러 나가지 못하는 것이 아니다. 천자께서 특별히 조서를 내리시어 나더러 굳게 지키고 맞서 싸우지 말라 하셨다. 나는 감히 천자의 영을 어길 수 없을 뿐이다."

그래도 장수들의 분노는 가라앉지 않았다. 사마의는 그들의 분노를 잠재우지 않으면 틀림없이 내란의 단초가 되리라 생각했다. 그래서 장수들에게 말했다.

"그대들이 기어코 나가 싸우고자 한다면 내가 천자께 상소를 올리겠다. 만약 천자께서 출전을 허락하신다면 나는 곧바로 나설 것이다."

사마의는 참으로 임기응변에 능한 사람이다. 싸울지 말지는 군통수권자가 전세의 변화에 따라 결정하는 것이니 천리만리 떨어진 수도에 있어 전세에 어두운 황제가 지시할 사항인가? 지난날 맹달은 사마의가 황제에게 반란 진압에 관한 표문을 올리면 그 틈에 제갈량과 손을 잡고 위를 칠 생각이었다. 하지만 사마의가 천자에게 표문을 올리기 전에 반란부터 진압하러 와 결국 맹달은 불귀의 객이 되고 말았다.

조예가 전투를 허락한다고 하더라도 수도를 왕복하면서 많은 시간을 허비할 터였다. 들끓는 마음을 잠재우는 데 시간만큼 좋은 약은 없다. 이렇게 하면 황제의 조서가 도착하기 전에 장수들의 분노는 저절로 사그라질 터였다.

한편 사마의로부터 표문을 받은 조예도 사마의의 참뜻을 이해하고 특별히 조서를 내려 싸우지 말라는 엄명을 전했다. 이 조서는 제갈량의 마지막 희망마저 꺼뜨리고 말았다. 이제 제갈량에게는 버틸 힘이 없었기 때문이다.

◈ **심리학으로 들여다보기**

행운은 자신감의 아버지고 성공은 자신감의 어머니다. 그러나 누구나 감탄하는 성공과 행운이 아니다. 일상에서 발견되는 행운에 감사하자. 곳곳에 숨은 행운을 발견하는 자에게 성공이 보인다. 자신감은 그저 주어지는 공기가 아니다.

집착보다
더 큰 고통은 없다

　제갈량은 군사를 오장원五丈原에 주둔시키고 비위가 좋은 소식을 가져오기만 기다렸다. 위나라를 치는 데 손권의 힘을 빌리려고 비위를 동오로 보낸 터였다. 그러나 비위가 가져온 소식은 절망적이었다. 손권의 군사가 조예에게 참패했다는 소식이었다.

　승패는 병가지상사다. 예전의 제갈량이었다면 동오가 패한 것도 있을 수 있는 일이기에 그다지 상심하지 않고 다른 방도를 찾았을 것이다. 그러나 지금의 제갈량은 달랐다. 심신이 지칠 대로 지쳐 더는 버틸 수 없는 지경에 이른 제갈량은 새털처럼 가벼운 충격에도 만신창이가 될 상황이었다.

　비위의 말에 제갈량은 길게 탄식하며 그대로 정신을 잃고 쓰러졌다. 놀란 장수들이 서둘러 제갈량을 업어다 자리에 눕혔다. 한참이 지나

정신을 차린 제갈량이 말했다.

"내 마음이 이렇게 어지럽고 온몸에 힘이 없는 것을 보니 얼마 더 못 살 것 같구나!"

모두 크게 놀랐으나 누구도 감히 대꾸하지 못했다. 지난 세월, 그들이 안락하고 편안한 삶을 살 수 있었던 것은 자신들의 정신세계를 가득 채운 제갈량 덕분이었다. 그들은 제갈량이 없는 삶을 생각해본 적도, 감히 생각할 수도 없었다.

그날 밤, 제갈량은 아픈 몸을 부축받으며 장막 밖으로 나가 밤하늘을 올려다보았다. 제갈량이 낮에 '얼마 더 못살 것 같구나'라고 말한 것은 신체의 감각을 통해 판단한 것이었으나 그도 자신의 마지막이 이렇게 빨리 올 줄은 몰랐다. 그러나 천문을 읽고 난 제갈량은 당황해서 어쩔 줄을 몰랐다. 한동안 하늘을 올려다보던 제갈량은 강유를 불렀다.

"내 명이 오늘 내일하고 있구나."

강유가 갑자기 눈물을 흘리기 시작했다. 강유에게 제갈량은 인자한 아버지와 같았다. 자신을 몹시 아껴주었으며 군사를 부리는 방법부터 진을 펼치는 방법 등 모든 군사지식을 전수해주었다. 강유가 울면서 말했다.

"승상께서는 어찌하여 그런 말씀을 하시는 것입니까?"

제갈량이 말했다.

"내가 삼대성三臺星을 살펴보니 객성客星은 배나 밝은데 주성主星은 어둡고 흐렸다. 서로 나란히 비쳐도 그 빛이 꺼질 듯 희미하니, 그런 천상으로 보아 내명을 알 수 있었다."

'학습된 무기력'은 마치 유령처럼 제갈량의 마음을 옴짝달싹 못하게 옭아맸다.

생각지도 못한 폭우가 상방곡의 불길과 지뢰를 잠재워 사마의 부자를 구했을 때, 제갈량은 '일을 꾸미는 것은 사람이지만 그 일을 이루는 것은 하늘이구나!'라며 탄식했다. 이 말은 인류가 수천 년을 살아오면서 터득한 '학습된 무기력'의 가장 정확하고 적당한 결론이다.

역사상 이름을 날린 수많은 위인이 한창 득의양양할 때는 하나같이 '일을 꾸미는 것은 사람이고 그 일을 이루는 것도 역시 사람이다'라고 생각했다. '사람의 뜻이 하늘의 뜻보다 강하다'라고 믿어 의심치 않았다. 그러다가 좌절을 겪고 나면 아무리 노력하고 발버둥 쳐도 당면한 상황을 바꿀 수 없고, 바람을 이룰 수 없을 때에야 비로소 자신의 한계를 깨닫는다. 그리고 하늘의 뜻 앞에서 인간은 하찮은 존재에 불과하다는 사실을 받아들인다. 왕후장상이든 천민백정이든 누구 하나 하늘의 뜻을 넘어선 사람이 있었던가?

제갈량은 마지막 순간이 얼마 남지 않아 자신의 원대한 포부와 아름다운 바람을 실현할 길이 요원하다는 사실을 알고 있었다. 이 얼마나 서글프고 안타까운 일인가? 그러나 아무리 서글프고 안타깝다 하더라도 다른 방도가 없었다. 무력한 현실을 받아들이고 최대한 영예롭게 세상을 떠나는 것 외에 다른 선택의 여지가 없었다. 사람은 절망적인 순간이 닥치면 지푸라기 하나라도 붙잡으려고 한다. 제갈량도 마찬가지였다. 바로 그 점을 강유가 제갈량에게 일깨워줬다.

"천문이 그러하다 해도 제가 듣기로 하늘에 비는 법이 있다고 합니다. 승상은 그 누구보다 그 법을 잘 아시면서 왜 쓰지 않으십니까?"

기양지법祈禳之法은 수명을 연장하기 위한 비술이다. 여기에서는 이 방법의 신비로움과 효과를 따로 설명하지 않겠다. 그러나 지금도 민간에서 이 비술이 이용되고 있다.

제갈량은 강유의 말을 듣고 마음속에 한 줄기 생기가 타올랐다. 제갈량이 말했다.

"그렇다. 나는 이미 오래 전 기양지술을 익혀두었다. 그래 한번 시도해보는 것도 나쁘지 않겠구나. 그러나 하늘의 뜻이 어떨지는 잘 모르겠구나."

제갈량은 평생 수많은 담판을 해왔지만 이것이 가장 현묘한 담판이었다. 이번 상대는 하늘이기 때문이다. 생명의 마지막 순간, 이미 '사람은 하늘의 뜻을 넘어설 수 없다'라는 궁극의 법칙을 받아들인 상태였다. 그러나 궁지에 몰린 맹수가 마지막 발악을 하듯이 제갈량은 한 번 더 발악을 해보고 싶었다. 제갈량은 강유에게 하늘에 드릴 제사를 준비시켰다.

"그대는 갑병甲兵 마흔아홉을 골라 검은 옷을 입히고 검은 기를 들려 내 장막 밖을 돌게 하라. 나는 장막 안에서 북두칠성께 목숨을 빌어보겠다. 만약 칠 일간 주등主燈의 불이 꺼지지 않는다면 내 목숨은 열두해가 늘어날 것이다. 그러나 만약 그 안에 불이 꺼지면 나는 곧 죽을 것이다. 그러니 쓸데없는 사람은 장막 안에 들이지 말라."

주등의 불이 꺼졌다는 것은 곧 하늘과의 담판에 실패했음을 의미한다. 즉, 그 경우 제갈량은 정해진 운명에 따를 수밖에 없다. 하늘에 수명을 빈다는 '기양지술'이 정말로 효과가 있는지는 알 수 없다. 그러나 만약 이 술법이 효과가 있다면 왜 제갈량은 지난날 백제성에서 유비가 죽을 때 이 방법을 써서 유비의 수명을 늘리지 않았을까?

때는 마침 8월의 한가운데였다. 밤하늘에는 은하수가 빛나고 이슬이 방울방울 맺혔다. 바람 한 점 없어 깃발도 펄럭이지 않고 조두^{刁斗}(옛날부터 군에서 냄비와 징의 겸용으로 쓰던 기구로 낮에는 취사할 때, 밤에는 진지의 경계를 위하여 두드리는 데 썼다)소리조차 들리지 않았다. 강유는 장막 밖에서 검은 옷 입은 갑병 마흔아홉과 함께 지키고 섰다. 제갈량은 장막 안에서 향을 사르고 제물을 차렸다. 바닥에는 일곱 개의 큰 등잔을 밝히고 그 둘레에 다시 마흔아홉 개의 작은 등잔을 밝혔다. 그런 다음 그 한가운데 자신의 목숨을 상징하는 주등을 밝혔다. 제갈량이 기도를 올리기 시작했다.

"이 양은 어지러운 세상에 태어나 초야에 묻혀 조용히 살려 했습니다. 그러나 소열황제로부터 삼고초려의 은혜를 입은 데다 무거운 당부를 받은 연유로 감히 견마지로를 다해 나라를 훔친 역적을 토벌하기로 맹세했습니다. 그런데 이제 장성^{將星}은 떨어지려 하고, 받은 목숨이 다하려 합니다. 삼가 글을 올려 빌고 엎드려 자비를 구하니 부디 이 목숨을 늘려 주십시오. 그리하여 위로 임금의 은혜에 보답하고 아래로 백성들의 목숨을 구하며 옛것을 되살려 한실을 길이 이어나갈 수 있도록 해주십시오. 제 목숨을 부지하고자 망령되이 비는 것이 아니며 실로 충절에서 비롯된 기도임을 굽어 살피시옵소서!"

지난날 초주가 '하늘의 뜻'을 입에 올릴 때마다 제갈량이 반박했다. 그 당시 하늘은 제갈량의 발길을 결코 막을 수 없었다. 그런데 이제는 하늘에게 목숨을 늘려달라고 빌고 있다. '학습된 무기력'이 이끄는 변화이다. 제갈량은 기도를 마친 뒤에 장막 안에서 쉬었다. 이후 며칠 동안 병든 몸으로 진중의 일을 돌보면서 끊임없이 피를 토했다.

한편 사마의도 천문을 읽는 데 일가견이 있는 사람이었다. 그는 제갈량의 장성이 어지러운 데다 촉군 진영에 미세한 변화가 나타난 것을 감지하고 이내 상황을 꿰뚫어보았다.

'제갈량이 이미 병이 깊어 오래 살지 못하겠구나!'

이에 사마의는 하후패夏侯覇에게 거짓으로 촉군을 공격해 허실을 알아보도록 했다.

엿새째 기도를 올린 제갈량은 주등이 줄곧 밝게 빛나는 것을 보고 곧 기도가 이루어지겠다는 생각에 매우 기뻐했다. 이레가 되던 날 밤, 제갈량은 머리를 풀어헤치고 검을 짚은 채 빌기를 계속했다. 그렇게 곧 장성을 누르기 직전 위연이 장막 안으로 뛰어들며 외쳤다.

"승상, 위군의 기습입니다!"

위연은 급한 마음에 큰 걸음을 걸어 바람을 일으키는 바람에 밝게 빛나던 주등이 꺼지고 말았다. 위연은 위병이 오랫동안 나오지 않아 촉군이 방심하고 있었는데 갑자기 기습공격을 해오니 미처 방어할 틈 없이 당했기 때문이었다.

그 바람에 주등이 꺼지자 제갈량은 마지막 노력이 물거품이 된 것을 알고 보검을 던지며 길게 탄식했다.

"죽고 사는 것은 다 명에 달려있고 부귀도 하늘에 달렸구나!"

이 말은 '일을 꾸미는 건 사람이되 일을 이루는 건 하늘이구나!'와 마찬가지로 사람이 수천 년이 넘는 시간 동안 하늘에 애타게 빌고 애써 발버둥 친 끝에 자신의 한계를 깨닫고 내린 결론이었다. 제갈량은 마침내 정해진 운명을 받아들였다.

강유는 위연이 주등을 꺼뜨리는 것을 보고 순간 분노가 치밀어 칼을 빼들고 위연을 죽이려고 했다. 그러나 위연이 무슨 죄란 말인가? 위연은 제갈량이 하늘에 수명을 빌고 있는 줄도 몰랐다. 상황이 급박하게 돌아가자 즉시 제갈량에게 보고하러 온 것만 보더라도 오랜 대치 국면에서도 그가 경계를 늦추지 않고 있었다는 것을 알 수 있다. 적의 기습 공격에 다른 누구보다도 빨리 대응한 위연은 제갈량을 무척 존경하고 장수로서 탁월한 재능을 지녔다는 사실을 말해준다. 제갈량이 강유를 급히 말리며 말했다.

"이것은 내 명이 다해 그런 것이지 문장의 잘못이 아니다."

사람이 깨닫지 못할 뿐이지 하늘의 뜻은 어느 곳에나 존재한다. 제갈량은 오래 전부터 위연이 반란을 꾸밀 것이라 확신하고 이를 근거로 그를 죽이려고 했다. 그러나 제갈량 자신이 위연보다 먼저 죽게 될 줄 어찌 알았겠는가?

제갈량은 이번 기습이 병세가 위중함을 눈치챈 사마의가 허실을 알아보기 위해 일부러 보낸 것임을 간파했다. 그래서 제갈량은 곧 위연에게 군사를 이끌고 나가 적을 맞으라고 명했다. 과연 위군은 위연이 군사들과 함께 달려오자 곧바로 퇴각했다.

제갈량은 강유에게 말했다.

"나는 온 힘을 다해 중원을 되찾고 한실을 다시 일으키려 했다. 그러나 하늘의 뜻이 이와 같아 이제 곧 이 세상을 떠나게 되었다. 그 전에 내 평생에 배운 바를 모두 적은 책을 그대에게 남길 터이니 결코 가볍게 여기거나 남에게 보이지 말라."

이리하여 연노連弩(여러 개의 화살을 발사하는 쇠뇌로 제갈량이 만들었다 하여 제갈노라고도 부른다)의 제작법을 포함해 제갈량의 군사 유산은 모두 강유에게 전수되었다. 원래 그의 정치 유산은 마속에게 전수될 예정이었으나 마속이 가정을 잃은 죄로 참수되면서 마속 대신 장사 양의가 전수받았다.

제갈량은 양의를 불러 비단주머니를 주었다. 이것은 제갈량이 자신의 일생에서 마지막으로 사용한 비단주머니였다. 제갈량이 양의에게 말했다.

"내가 죽으면 위연은 틀림없이 모반을 일으킬 것이다. 위연이 모반을 일으켜 싸움터에서 마주치게 되거든 이 비단주머니를 열어보아라. 그때가 되면 위연을 목 벨 사람이 절로 나올 것이다."

제갈량은 자신이 죽은 뒤의 일을 하나하나 헤아려 모든 대비를 마친 뒤 그날 밤으로 유선에게 표문을 올렸다. 유선은 제갈량의 생명이 오래 남지 않았음을 알고 서둘러 상서 이복李福을 오장원으로 보내 제갈량에게 문안을 드릴 겸 자세한 뒷일을 물어보라 했다.

제갈량은 이복을 시켜 다음과 같이 전하라고 했다.

"내가 죽더라도 공들은 마땅히 충성을 다해 나라를 보살펴야 할 것이오. 전부터 내려오던 제도를 쉽게 바꾸어서는 아니 되며 내가 쓴 사람도 함부로 내쫓지 마시오. 마대는 충성스럽고 용맹하니 이후 반드시 중용해야 하오. 나의 병법은 모두 강유에게 전했으니 그는 능히 나의 뜻을 이어 나라를 위해 힘을 쓸 것이오. 천자께 드릴 표문은 따로 올리겠소."

그 말을 들은 이복은 서둘러 유선에게 돌아갔다.

제갈량의 행동은 자신이 죽은 후에도 기존의 통제력과 영향력을 유지하려는 의도가 분명했다. 이는 물론 늘 그래왔던 탓도 있지만 어쩔 수 없는 사정이 있었다. 유비가 죽고 난 후 십수 년 동안 제갈량은 거의 모든 권력을 혼자서 독점해왔다. 그런 상황에서 갑자기 자신이 죽으면 그 빈자리를 대신할 사람이 아무도 없게 된다. 만약 유선이 제갈량이 시행한 기존의 제도를 수정하고, 제갈량이 중용한 인재들을 쓰지 않는다면(사실 이것은 매우 정상적인 일이지만) 조직은 혼란에 빠지거나 와해될 우려가 있다. 그리되면 이는 위나라에게 침략의 빌미를 주는 셈이 된다. 그러지 않고 기존의 제도와 인재를 그대로 쓴다면 제갈량이 관리하던 때와 큰 차이 없이 안정을 유지할 수 있을 터였다.

제갈량은 촉나라의 상황을 손바닥 들여다보듯 훤히 꿰고 있었다. 당시의 생산력 수준이 단시간에 크게 변화할 리 없었다. 그래서 제갈량은 기존의 것을 그대로 유지한다면 촉나라는 지키는 것은 쉽고 공격하는 것은 어려운 천혜의 지리적 조건에 기대어 적어도 30년 정도는 더 존재하리라 판단했다. 심지어 제갈량은 자기 대신 승상을 맡을 후계자까지 생각해두었다. 30년이라면 적어도 두 명의 승상이 필요할 터였다. 이에 대해 제갈량은 일찌감치 장완과 비위를 다음 승상감으로 점찍었다.

제갈량은 병든 몸을 억지로 일으켜 좌우의 부축을 받으며 수레에 올랐다. 그리고 본채를 나서 여기저기 흩어져 있는 영채를 둘러보았다. 스산한 가을바람이 얼굴을 스치자 살이 에이는 듯한 한기가 뼛속까지 파고들었다. 가을날씨가 차디찬 얼음물과 같았고 제갈량의 마음도 얼음물처럼 차디찼다. 제갈량은 불현듯 눈물을 쏟으며 길게 탄식했다.

"다시는 싸움터에 나가서 역적을 칠 수 없겠구나! 너르고 너른 푸른 하늘아, 너에게도 끝 간 데가 있느냐!"

이 탄식은 천년의 세월이 흐른 지금도 귓가에 쟁쟁하다. 삶의 마지막에 이른 영웅의 비통함, 원대한 뜻을 이루지 못한 아쉬움, 인간 세상에 대한 미련, 영원한 이별에 대한 한이 오롯이 이 탄식에 담겨있었다.

세상에 나서 큰 뜻을 펼친 영웅이든 이름 한 줄 남기지 못하고 눈을 감은 보통 사람이든 이 탄식을 듣고 눈물을 흘리지 않는 자 없으리라!

제갈량은 그렇게 한밤중에 오장원에서 눈을 감았다. 그의 나이 겨우 쉰넷이었다. 한 시대를 풍미한 영웅이 이렇게 떨어지고 만 것이다.

제갈량의 죽음을 두보는 이렇게 표현했다.

'군사를 내었으나 이기기도 전에 몸 먼저 죽으니出師未捷身先死, 길이 후대의 영웅들 옷깃에 눈물 가득 채우게 하네!長使英雄淚滿襟'

◈ 심리학으로 들여다보기

마음을 내려놓지 못하는 것보다 더 큰 슬픔은 없다. 욕심과 이기심은 자신이 내려놓지 않으면 나날이 커지고 가지를 뻗어간다. 그 넝쿨은 당신을 옭아매고 옥죄일 것이다. 그것이 만들어낸 그늘은 좌절일 뿐이다.

말의 위력은
상상 그 이상이다

제갈량이 죽은 뒤 양의가 그의 자리를 대신했다. 양의는 제갈량의 분부대로 죽음을 밖으로 알리지 않고, 생전의 제갈량 모습을 본 따 깎아둔 목상을 그가 타고 다니던 사륜거에 올린 다음 푸른 천을 덮어두었다. 그리고 제갈량이 죽기 전에 알려준 대로 병사를 배치하고 천천히 철군했다. 비위도 제갈량의 지시대로 위연의 장막을 찾아가 제갈량의 사망 소식을 알렸다.

"간밤 3경 무렵에 승상께서 돌아가셨습니다. 승상께서 돌아가시면서 거듭 당부하시기를 장군께 뒤를 맡겨 사마의를 막아 군사를 천천히 물릴 수 있도록 하라고 하셨습니다. 여기 병부가 있으니 어서 군사를 움직이십시오."

위연은 이미 제갈량이 죽을 줄 알고 있었던 터라 별로 놀라지 않았다. 그러나 제갈량이 자신에게 뒤를 끊으라고 한 것에 대해서는 불만이 있었다.

위연은 제갈량이 죽었다고 해서 군사를 물리는 것은 옳지 않다고 생각했다. 촉의 대군은 여기까지 오면서 이미 많은 희생을 치렀다. 제갈량은 군통수권자이므로 당연히 가장 귀한 몸이다. 그러나 위나라를 토벌하는 것은 그보다 훨씬 중요하다. 그런데 어찌 제갈량이 죽었다고 철군할 수 있단 말인가? 게다가 위연은 예전부터 제갈량에게 불만을 품고 있었다. 자신은 그 누구보다 용감한 영웅인데 제갈량만이 자신을 몰라보고 무겁게 써주지 않는다고 생각했기 때문이다. 위연은 이제 제갈량이 죽었으니 드디어 자신의 능력을 보여줄 때가 왔다고 생각했다. 촉의 진영에서 그 누가 자신의 지혜와 용맹, 능력을 따라올 수 있단 말인가? 위연은 이제는 자신이 군사의 직책을 맡아 '포스트 제갈량 시대'를 이끌어야 한다고 생각했다. 그래서 위연이 물었다.

"그렇다면 승상이 하던 일은 누가 맡게 되는 거요?"

비위가 말했다.

"승상께서 하시던 일은 모두 양의에게 부탁하셨고 군사를 부리는 일은 모두 강유에게 전하셨습니다. 제가 가져온 이 병부는 양의의 영을 받들어 장군께 전하는 것입니다."

위연은 버럭 성을 냈다. 이것은 제갈량이 죽기 전에 이미 예상했던 바다. 죽기 전에 제갈량이 마지막으로 사용한 '격장법'이기도 했다. 양의는 제갈량의 곁에서 따르던 사람에 불과했다. 경험이나 명망, 무훈 등 어느 것으로 보나 위연과 비교가 되지 않았다. 게다가 제갈량의 거짓말 때문에 위연은 양의가 자신을 상방곡에서 죽이려 한 진범이라고 생각하고 있었다. 이 때문에 위연은 양의를 불구대천의 원수로 생각했다. 그런데 그 양의가 자신을 부릴 수 있는 '군사'의 자리에 앉은 것이다. 그냥 두고 볼 위연이 아니었다.

"승상은 비록 죽었으나 나는 아직 살아있소. 양의는 한낱 승상부의 하인에 지나지 않은데 어찌 그같이 큰일을 해낼 수 있단 말이오? 그는 그저 승상의 시신이나 모시고 성도로 돌아가 장례나 잘 치르라 하시오. 나는 친히 대군을 이끌고 사마의를 쳐서 공을 세우겠소. 어찌 승상 한 사람의 말만 따라 나라의 큰일을 그르칠 수 있단 말이오!"

위연의 이 한마디는 '맡은 바 일을 제대로 할 것이냐? 아니면 사람 노릇을 제대로 할 것이냐?'의 고민이다. 위연은 사람 노릇을 하기보다는 맡은 바 일을 제대로 하려고 했다. 그러나 만약 일하는 데만 치중해 상사와 동료의 마음을 얻지 못한다면 그 일을 어찌 이룰 수 있겠는가?

비위는 위연이 성을 내는 것을 보고 문득 두려움이 일었다. 제갈량의 이름을 대며 그를 진정시키려고 했다.

"이것은 승상께서 돌아가시면서 분부하신 일입니다. 장군께서는 어째서 전쟁을 고집하시는 겁니까?"

위연이 더욱 노기가 충천해 마음에 쌓아둔 말을 한꺼번에 쏟아냈다.

"입만 열면 승상! 승상! 만약 승상께서 그 옛날 나의 계책에 따랐더라면 장안은 일찌감치 우리 손에 떨어졌을 것이오! 게다가 지금 나는 정서대장군征西大將軍 남정후南鄭侯의 몸이오. 어찌 한낱 장사長史 따위의 뒤나 지켜주고 있으란 말이오!"

비위는 처세에 능한 사람이었다. 여기서 더 제갈량의 유지를 고집했다가는 목숨이 위태로울 것만 같았다. 지난날 제갈량이 마속에게 가정을 맡겼다가 잃은 일로 스스로 벼슬을 깎았을 때 유선은 반대했으나 비위가 나서서 제갈량의 뜻대로 해야 한다고 주장했다. 백관에 모범을 보이기 위해서라는 것이 이유였다. 그러나 제갈량 앞에서는 애써 제갈량의 체면을 세워주려 갖은 아첨의 말을 했다가 오히려 호된 꾸지람을 들었다. 이제 위연 앞에 선 비위는 자신의 목숨을 지키기 위해 좋은 말로 위연을 달랬다.

"장군의 말씀이 맞습니다. 양의는 한낱 장사에 불과한데 우리가 어찌 그의 지휘를 따를 수 있겠습니까? 저의 뜻도 장군과 같습니다. 차라리 죽을지언정 이런 수모를 참을 수는 없습니다!"

위연이 매우 기뻐하며 말했다.

"좋소. 만약 그대의 생각도 나와 같다면 나를 도와주시오. 내게 각영채의 군사를 거느리고 적을 칠 방법이 있소이다."

"저도 장군의 뜻에 따르겠습니다."

위연은 비위를 믿기 어려웠다. 그래서 맹세의 징표를 요구했다.

"그대가 나와 함께하고자 한다면 이 자리에서 맹세하고 수결도 하시오."

비위는 흔쾌히 위연의 말에 따랐다. 그리고는 위연의 기분이 나아진 것을 보고 다시 말을 이었다.

"장군께서는 잠시 경거망동하지 않는 것이 좋겠습니다. 제가 양의를 만나 한번 을러보겠습니다. 이 사람은 닭 모가지 비틀 힘도 없는 문인에 불과하니 제가 으르면 틀림없이 겁을 집어먹을 것입니다. 그리하여 양의에게 병권을 내놓은 뒤 승상의 시신을 모시고 성도로 돌아가게 하겠습니다. 그때 가서 장군께서는 모든 군사를 지휘해 다시 위를 도모하십시오!"

위연은 흔쾌히 동의했다. 위연은 그 말이 그 자리를 모면하고자 비위가 꾸며낸 말일 줄은 꿈에도 생각하지 못했다.

비위는 대채로 돌아가 곧 양의를 만나 위연이 한 말을 모두 알려주었다. 제갈량이 죽기 전에 모든 일을 일러주었기에 양의는 처음으로 대군을 지휘해야했지만 당황하거나 두려워하지 않았다. 제갈량만 믿으면 마음이 평안해진다. 무슨 법칙 같이 들리지만 이것이야말로 우상 숭배의 강력한 효과다.

양의는 위연의 명령 불복종은 신경 쓰지 않고 강유에게 뒤를 맡긴 뒤 천천히 퇴각했다. 위연은 아무리 기다려도 비위가 오지 않자 그제야 속은 것을 알고 분을 참지 못했다. 그래서 곧 군사를 이끌고 잔도棧道로 향했다. 잔도를 불태워 대군이 돌아가지 못하도록 할 작정이었다.

한편 사마의는 천문과 다른 여러 가지 조짐으로 미루어 제갈량이 이미 죽었다고 판단했다. 그는 곧장 대군을 이끌고 촉군을 뒤쫓았다. 그렇게 산 아래에 이르니 멀지 않은 곳에 촉병이 보였다. 이에 사마의는 군사들에게 추격의 속도를 높이라고 재촉했다. 그런데 그때 산 뒤에서 포성이 울리며 북소리가 하늘을 뒤덮고 함성 소리가 지축을 울렸다. 그리고 촉군이 갑자기 되돌아섰다. 중군中軍의 큰 깃발이 바람을 맞아 펼쳐지며 그 위에 적힌 '대한승상제갈무후大漢丞相諸葛武侯' 여덟 글자가 드러났다. 그러는 가운데 장수들이 사륜거를 밀고 나오는데 수레 위에는 깃털부채를 들고 윤건을 쓴 채 학창의를 입은 사람이 앉아 있었다. 이런 차림새를 한 사람이 천하에 제갈량 말고 또 있겠는가?

사마의는 너무 놀라 정신이 아득해지고 온몸이 떨렸다. 사마의의 머릿속에 떠오른 첫 번째 생각은 '속았구나!'였다. 제갈량이 자신을 속이기 위해 거짓으로 죽은 척했다고 생각한 사마의는 곧바로 퇴각 명령을 내렸다. 혼비백산한 위군은 갑옷과 투구를 내던진 채 꽁지 빠지게 도망쳤다. 그러는 과정에서 서로 밟고 밟히면서 죽은 자가 그 수를 헤아릴 수 없을 정도였다.

제갈량은 죽으면서까지 이런 놀라운 전적을 남기고 떠났다. 사륜거에 앉은 사람은 제갈량이 아니라 그의 모습을 본떠 깎은 목상일 뿐이었다. 이리하여 '죽은 제갈량이 산 사마의를 쫓았다'라는 고사가 생겨났다.

목상 하나가 이렇게 신비한 위력을 발휘할 수 있었던 까닭은 무엇일까? 사마의같이 노련하고 교활한 늙은 여우도 혼비백산해 도망칠 만큼 대단한 것이었을까?

이는 제갈량이 평생 먼 앞날을 내다보며 주도면밀한 계획을 세워왔던 덕분이다. 제갈량이 평생 한 일이라고는 단 하나다. 시종일관 자신의 이미지를 포장한 것뿐이다. 이는 제갈량이 가용성 추단법을 제대로 이해하고 있었다는 점이다. 그 직관적이고 생생하고 구체적인 도구 또는 운반체가 지닌 설득력과 영향력은 천 마디 말보다 더 강력한 힘을 발휘한다.

그래서 제갈량은 심혈을 기울여 자신의 복장과 소품을 선택했다. 일부러 이계異界의 신이나 귀신같은 분장을 한 것이다. 깃털부채와 윤건, 학창의, 사륜거를 그의 이미지와 떼놓고 생각할 수 없다. 이 도구들이

뿜어내는 신비한 기운에 힘입어 그의 일거일동은 더욱 신비롭고 예측할 수 없게 포장되었다.

그렇게 오랜 시간이 흐르면서 사람들은 이 도구만 보더라도 제갈량과 동일시하는 조건반사를 일으키게 되었다. 마치 파블로프의 개가 먹이를 줄 때마다 침을 흘리는 것처럼 이 도구들을 보면 귀신같은 계책을 쓰고 천 리 밖의 승패를 결정짓는 '신'과 다름없는 제갈량의 이미지를 떠올리게 되었다. 사실 나무를 아무리 정교하게 깎는다고 사람처럼 보일 리 있겠는가? 사마의가 조금만 더 주의를 기울여 관찰했더라면 틀림없이 가짜라는 사실을 알아차렸을 것이다. 그러나 제갈량이 생전에 사용하던 도구들이 목상과 함께 나타나자 사마의의 '잠재의식'은 '의식'이 발동하기 전에 '어서 도망쳐'라고 지령을 내렸다. 그러니 어디 자세히 관찰한 다음 신중하게 결론을 내릴 여유가 있었겠는가?

사마의는 뒤도 돌아보지 않고 50리를 도망쳤다. 뒤쫓아 오던 위의 장수 둘이 촉군이 쫓아오지 않는 것을 확인한 다음 급히 사마의의 말고삐를 잡으며 말했다.

"도독께서는 놀라지 마십시오!"

사마의는 자신의 머리를 더듬으며 물었다.

"내 머리가 아직 붙어 있느냐?"

사마의가 제갈량이 죽었다는 사실을 확인한 것은 촉군이 이미 안전하게 퇴각한 뒤였다. 한동안 할 말을 잃은 사마의는 심경이 몹시 복잡했다. 제갈량의 마지막 계책에 깊이 탄복하는 한편 이렇게 무서운 상대를 제거했다는 사실에 안도했다. 그렇지만 한편으로는 존경할 만한 상대를 잃었다는 사실에 조금 슬퍼졌다.

촉군이 무사히 퇴각한 뒤에야 양의는 발상을 명했다. 순식간에 애달픈 곡소리가 온 들을 덮었다. 촉군은 비통한 심경으로 비틀비틀 잔도 입구에 이르렀다. 그런데 이게 웬일인가? 불길이 하늘 높이 치솟는 것이 보이더니 잔도가 이미 불타 없어진 것이 아니겠는가?

위연이 말에 올라타 칼을 든 채 대군의 앞을 가로막고 서 있었다. 위연은 잔도를 불태워 대군의 앞길을 막았을 뿐만 아니라 유선에게 표문을 보내 양의가 모반을 일으켰다고 거짓을 고했다.

과연 비위는 관료사회에서의 처세술에 밝은 사람이었다. 그는 먼저 지름길로 위연이 반란을 일으켰다는 밀서를 성도에 있는 유선에게 보냈다. 이렇게 하면 위연이 표문을 바치더라도 두 표문의 진위 여부를 파악하느라 시간이 걸릴 테고 해명을 할 시간을 벌 수 있었다. 또 만약 위연이 아직 표문을 올리지 않았다면 자신이 보낸 표문을 받은 유선이 위연이 반란을 일으켰다고 굳게 믿을 것이므로 위연이 여러모로 불리할 게 분명했다.

한편 후주 유선은 이복이 돌아와 제갈량의 죽음을 알리자 갑자기 마음의 대들보가 무너진 것처럼 불안해서 견딜 수가 없었다. 제갈량이 긴 세월 모든 권력을 독점하기는 했으나, 제갈량이라는 믿음직한 나무가 드리운 그늘에서 편안한 나날을 보냈던 터였다. 그런데 갑자기 제갈량이 죽었다고 하니 유선이 두려움에 정신이 혼미해졌다.

위연의 표문을 받아든 유선은 도대체 무슨 일이 벌어졌는지 알 수가 없어서 급히 오태후에게 이 일을 알렸다. 오태후가 말했다.

"일찍이 선제께서 말씀하시기를, 제갈량이 오래전 위연의 뒤통수에 반골이 있는 것을 알아차려 여러 번 그를 죽이려고 했으나 그의 용맹이 아까워 차마 죽이지 못했다고 했소. 이제 양의가 반란을 일으켰다고 하니 아무래도 그 진위가 의심스럽소. 양의는 일개 문신에 불과한데 어찌 반란을 일으킬 수 있겠소? 한쪽 말만 듣는다면 큰일을 그르칠 것이오."

오태후의 잠재의식에는 제갈량이 말한 예언이 자리하고 있었다. 바로 '자기 완결적 예언Self Fulfilling Prophecy'이다.

자기 완결적 예언이란, 예언이 당사자의 마음에 암시로 걸리고 관련된 사람들에게도 비슷한 기대를 하게 만든다는 것이다. 제갈량은 촉한에서 흔들리지 않는 확고한 권위를 지닌 사람이었다. 따라서 그가 한 말은 사람들의 마음에 깊이 자리하게 마련이었다. 제갈량이 위연의 반역을 예언한 순간, 많은 사람이 위연이 언젠가는 모반을 꾀할 거라고 확신하게 되었다.

오태후도 그중 한 사람이었고 장완과 동윤 등도 마찬가지였다. 그래서 이후 양의가 표문을 올려 위연이 모반을 일으킨 사실을 알렸을 때 이 두 사람은 온 가족의 목숨을 걸고 양의가 모반을 일으키지 않았음을 보증했다. 장완과 동윤이 그렇게까지 나오자 문무백관들도 이에 동조해 위연이 아닌 양의 편에 섰다.

위연의 운명은 이미 결정된 것이나 다름없었다. '사람 노릇'을 못 한 사람은 제 목숨조차 지킬 수 없는 법인데 어떻게 하려는 일을 제대로 할 수 있겠는가?

위연의 비애는 그 한 사람만의 비애가 아니었다. 수천 년의 세월 동안 수많은 사람이 위연과 같은 비애를 겪었다.

인생의 성패는 그에게 얼마나 많은 도구와 가면이 있느냐에 달린 경우가 많다. 물질적인 면이나 인간관계 모두 도구가 될 수 있다. 가식적인 모습이나 위선적인 마음씨는 가면이다. 진심이 빠진 도구와 가면으로 얻은 성취는 만족을 주지 못한다. 그로 인해 삶은 더 괴로워진다.

영웅은
사라지지 않는다

위연은 남곡南谷에 군사를 주둔시키고 험한 길목을 가로막았다. 양의
와 강유는 밤중에 샛길을 타고 남곡 뒤편에 이르렀다. 여기에서 양의
는 군사를 둘로 나눠 자신과 강유는 제갈량의 영구를 성도로 옮기고
하평何平에게 군사 3천을 내어주며 위연과 싸우게 했다.

하평은 위연을 보자마자 크게 꾸짖었다.

"역적 위연은 어디 있느냐?"

이는 양의의 지시에 따른 행동이었다. 양의는 먼저 위연을 역적으로
규정해 그의 수하들이 등을 돌리게 할 생각이었다. 역적에게 충성을
바칠 사람이 어디 있겠는가? 아니나 다를까, 하평이 '역적'을 꾸짖자
위연의 수하들은 웅성거리더니 사방으로 흩어졌다. 위연 곁에 남은 사
람은 마대의 수하 300여 명뿐이었다.

어려운 고비를 겪어야 사람의 진심이 보이는 법이다. 위연은 마대가 자신을 떠나지 않은 데 매우 감동했다. 그러나 위연은 거짓으로 꾸민 진실이 오히려 더 무섭다는 사실을 미처 알지 못했다. 마대가 부추기자 위연은 마대와 함께 우선 한중을 빼앗고 양의를 죽인 다음, 서천을 빼앗기로 결정했다. 이리하여 위연은 정말로 '모반'의 함정 속으로 한 발 한 발 다가갔다.

위연과 마대는 곧장 한중의 핵심인 남정南鄭으로 내달렸다. 이때 강유와 양의는 마침 남정성에 있었다. 멀리서 위연과 마대가 달려오는 것을 본 강유가 호통을 쳤다.

"역적 위연아! 승상께서 너를 박하게 대한 적이 없거늘 어찌 승상의 시신이 채 식기도 전에 모반을 일으킨 것이냐?"

위연은 '승상이 너를 박하게 대한 적이 없다'라는 말에 천불이 치솟았다. 그러나 지금은 그런 사소한 말에 신경 쓸 때가 아니었다. 위연은 양의를 죽여 마음속 분을 풀고자 했기에 강유의 말은 들은 척도 않고 양의에게 성 밖으로 나오라고 소리쳤다.

양의는 상황이 급하게 돌아가는 것을 보고 얼른 제갈량이 남긴 비단주머니를 꺼냈다. 비단주머니 속의 글을 읽고 난 양의는 기쁨을 감추지 못하며 말했다.

"승상께서 살아계실 적에 네가 반역을 할 것을 알고 내게 조심하고 그에 대비하라 이르셨는데 정말로 그렇게 되었구나. 네가 대장부라면 말 위에서 '누가 감히 나를 죽일 수 있겠느냐?'라고 세 번 외쳐보아라. 만약 네게 그럴 용기가 있다면 내 이 남정성을 너에게 바치겠다!"

위연이 미친 듯이 웃으며 말했다.

"양의, 이 하찮은 놈아. 제갈량이 살아있을 때는 그래도 그를 두려워하는 마음이 조금은 있었다. 이제 그가 죽었으니 천하에 누가 나에게 맞설 수 있겠느냐? 세 번이 아니라 3만 번이라도 못 외칠 이유가 있겠느냐?"

위연은 보란듯이 큰소리로 외쳤다.

"누가 감히 나를 죽일 수 있겠느냐?"

말이 채 끝나기도 전에 등 뒤에서 한 사람이 나서며 그 말을 받았다.

"내가 너를 죽여주마!"

위연이 미처 막을 틈도 없이 순식간에 손을 들어 올려 칼을 휘두르니 위연의 목은 그대로 말 아래로 굴러떨어지고 말았다!

위연의 목을 벤 사람은 위연이 믿어 의심치 않은 마대였다.

마대는 제갈량의 밀명을 받아 위연 곁에 머무르며 이날만을 기다려온 것이었다. 제갈량은 원래 마대를 시켜 사마의와 위연을 상방곡의 불길로 태워죽일 작정이었다. 그러나 갑자기 내린 폭우로 뜻을 이루지 못했다. 이에 제갈량은 마대를 호되게 꾸짖으면서 그 죄를 양의에게 덮어씌워 위연의 신임을 얻으라고 밀명을 내렸다. 자신이 그토록 신뢰하던 '형제'가 사실 제갈량이 설치해둔 시한폭탄일 줄 위연이 어찌 알았겠는가?

마대는 위연의 목을 친 다음 위연의 정서대장군 남정후의 벼슬을 고스란히 물려받았다. 이렇게 위연의 피 덕분에 마대는 영예를 얻었다.

위연이 죽자 양의와 강유는 안심하고 제갈량의 영구를 성도까지 옮겼다. 유선은 친히 문무백관과 함께 상복을 입고 성 밖 20리까지 나와 맞이했다. 유선이 목을 놓아 울자 위로는 공경대부로부터 아래로는 모든 백성까지 남녀노소를 가리지 않고 대성통곡을 해 곡소리가 온 나라에 가득했다. 동오의 손권도 이 소식을 듣고 제갈근의 가족 모두에게 상복을 입게 했다.

비위가 표문을 올리며 말했다.

"승상께서 돌아가시기 전에 말씀하시길, 정군산定軍山에 묻어 달라 하셨습니다. 울타리와 비석을 세우지 말고 제물도 올리지 말 것이며 모든 것을 간소하게 하라 하셨습니다."

유선은 제갈량의 당부에 따라 친히 그의 영구를 정군산까지 옮겼다. 이리하여 제갈량의 영구는 영원한 안식에 들어갔지만 그의 지혜와 완벽한 이미지는 천년의 세월이 흐르는 동안 퇴색되기는커녕 오히려 신화가 되었다.

제갈량이 천하에 이름을 떨친 것은 부정할 수 없는 사실이다. 그러나 제갈량의 삶의 족적을 따라오며 그의 심리를 살핀 결과, 제갈량은 결코 전지전능한 신도 아니고 결점 하나 없는 완벽한 사람도 아니었다. 종종 교활한 속임수를 썼을 뿐만 아니라 형주를 '빌리겠다'라며 억지를 부려서 고지식한 노숙을 가지고 놀았다. 몰인정하게 독한 수단을 써 주유를 격분시켜 죽이기까지 했다. 또한, 그는 편견에 좌우되는 인물이기도 했다. 위연을 처음 본 순간부터 그가 마음에 들지 않았던 제갈량은 자나 깨나 위연을 반역자로 만들 궁리만 했으며, 심지어 죽기 직전에는 심혈을 기울여 위연을 '반역자'로 만들 함정을 파기도 했다.

그는 사람을 쓰는 데 있어서도 결코 완벽하지 않았다. 마속과 양의는 모두 제갈량의 신임을 한 몸에 받은 사람들이나 결국에는 둘 다 제갈량의 기대를 저버리고 말았다. 그는 고삐 풀린 말처럼 오만하고 순종하지 않는 사람에게는 항상 '채찍'을 휘둘렀다. 이 때문에 관우, 위연, 유봉, 요립廖立 등이 모두 큰 고초를 겪었다. 언제나 자신의 지혜와 지략을 과시하고 싶어 했으며 걸핏하면 격장법을 써서 부하들의 자존심을 자극했다.

그도 나약하고 무력한 때가 있었다. 이때는 그도 빳빳이 쳐든 고개를 숙이고 신령에게 도움을 간청했다.

제갈량은 지극히 이기적인 사람이이 아닐까 싶다. 대권을 자기 손에 틀어쥐고 끝없이 북벌을 감행한 것도 단순히 유비가 죽으면서 남긴 당부 때문만은 아니었다. 반드시 자신의 포부를 실현해 강자아, 장량, 관중, 악의와 같은 위대한 사람보다 더 큰 공을 세우고자 하는 욕망이 컸던 탓이 크다. 그러나 한편으로는 지극히 이타적인 사람이었다. 수십 년 동안 제갈량은 나라를 집으로 삼아 오로지 촉한을 위해 제 한 몸을 아끼지 않았다.

그의 아들 제갈첨諸葛瞻은 별다른 재주가 없이 지극히 평범해 도저히 제갈량의 아들이라고는 믿어지지 않는 사람이었다. 이는 타고나길 평범하게 타고난 탓도 있겠지만 제갈량이 자식 교육에 소홀했던 탓도 컸다. 제갈량은 군대를 집으로 삼았는데 어디 집이나 가족에 신경 쓸 시간이 있었겠는가?

심지어 제갈량은 아들 제갈첨보다 강유를 더 아꼈다. 군사를 부리는 법에 관한 모든 지식을 하나도 남김없이 강유에게 전수한 것도 모두 나라의 평안을 위한 행동이었다.

제갈량은 죽음을 앞두고 유선에게 바친 표문에 다음과 같이 적었다.

성도에 있는 신의 집에는 뽕나무 800그루, 메마른 밭 열다섯 이랑이 있으므로 제 자손의 생활은 이것으로 여유가 있습니다. 신이 밖에서 임무를 수행할 때에도 조달할 필요가 없고, 이때 필요한 음식과 의복은 모두 관부에서 지급해주므로 달리 생계를 도모해 재산을 늘릴 필요가 없습니다. 신이 죽었을 때 저희 집안에 남는 비단이 있게 하거나 밖에 여분의 재산이 있게 하여 폐하의 은혜를 저버리지 않을 것입니다.

한 나라의 승상인 사람의 재산이 겨우 뽕나무 800그루와 메마른 밭 열다섯 이랑이 전부라니 그 청렴함에 어찌 감동하지 않을 수 있겠는가? 그가 죽을 때 집안에 남는 비단 한 필 없고 밖으로 여분의 재산이 없었다니 어찌 눈시울이 뜨거워지지 않겠는가?

제갈량은 수십 년 동안 권력의 정점에 있었으나 단 한 번도 자신과 가족을 위해 사리사욕을 채운 적이 없다. 청렴함이야말로 가장 높이 사는 평가 기준이다. 제갈량은 그 어려운 일을 해낸 것이다. 역사를 되짚어보면 제갈량보다 뛰어난 재주를 가진 사람은 셀 수 없이 많았고, 제갈량보다 훌륭한 공적을 쌓은 사람도 일일이 꼽을 수 없을 정도로 많다. 그러나 그처럼 청렴결백한 사람은 겨우 손가락에 꼽힐 정도다.

'마음이 담담하니 뜻이 밝아지고淡白以明志, 차분하고 고요하니 생각이 멀리까지 미친다寧靜以致遠'라는 글은 제갈량이 실천한 행동방식이었다. 그래서 수많은 단점도 그의 위대함을 가릴 수 없고 오히려 인간미를 더하는 요소가 되었다. 제갈량의 이름이 천고에 남는 까닭이 여기에 있다.

우리는 그의 출중한 용모와 신선 같은 풍모를 기억한다. 비범한 지략과 깊은 학식도 기억한다. 우리는 그가 평생 한 주인에게 충성을 다한 것을 기억하며 그가 '몸을 굽혀 모든 힘을 다하며 죽은 후에야 그만 둔' 것을 기억한다. 그가 세찬 파도가 몰아치는 바다와 같은 삶을 살다 간 것도 기억한다. 우리는 그가 바람처럼 자유분방한 삶을 살다 간 것을 기억한다. 우리는 그가 살아있는 전설이었다는 것을 기억한다.

우리는 그의 수많은 실수와 단점을 잊었다. 그가 이룬 공적이 사실 강자아와 장량만 못 했고 관중과 악의에도 미치지 못했다는 사실을 잊었다. 제갈량이 성공을 거둔 것은 그가 인간의 심리 법칙을 훤히 꿰뚫어보고 능수능란하게 활용한 덕분이다. 제갈량이 실수를 한 것도 그 또한 인간인 탓에 인간의 심리 법칙에 제약을 받은 탓이다.

제갈량은 살아 숨 쉬는 인간이었다. 인간이기에 실수를 저지를 수 있다. 제갈량이 실수를 저질렀다고 해서 그의 완벽함을 의심해서는 안 된다. 마찬가지로 제갈량의 완벽함에 홀려 그의 실수를 가려서도 안 된다.

그가 결코 완벽한 인간이 아니라는 사실을 잘 알면서도 사람들은 그가 완벽하기를 바란다. 이 세상에 적어도 한 명은 완벽한 우상이 있어야 하기 때문이다. 사람들은 그가 이 세상에서 가장 완벽한 사람이기를 바란다. 제갈량은 그만큼 영예를 누리기에 충분한 사람이라고 믿기 때문이다. 이러한 '지각의 선택성'은 인간의 본성으로 버리려야 버릴 수 없다.

이 점을 이해하면 제갈량을 똑바로 볼 수 있다. 우러러보든 낮춰보든 이것은 다 제갈량을 존중하지 않는 것이며 무지의 표현이다.

한번 흘러간 역사는 다시 되돌릴 수 없다. 역사는 돌고 돌기 때문에 별로 새로울 것이 없어 보인다. 그러나 역사에서 교훈을 얻는다면 별로 새로울 것이 없는 삶을 더 보람차게 보낼 수 있다.

◈ **심리학으로 들여다보기**

이기적이지 않다는 것은 곧 이기적이라는 뜻이기도 하다. 엄마의 사정은 모르고 자기 욕구를 위해 보채는 것을 보면 아무것도 모르는 아기도 이기적이지 않은가. 하물며 성인의 심성이야 오죽할까. 이기적임을 인정하자. 대신 이기심이 자신과 타인에게 긍정의 효과를 낼 수 있도록 전환하는 노력이 필요하다.

영웅의 심리를 알면
내가 나아가야 할 길이 보인다

《삼국지》는 위·촉·오 삼국의 역사가 고스란히 녹아 있는 문학작품이다. 역사로서 사람들의 삶이 곳곳에 녹아 있으며, 후대 문인과 학자들의 역사관에도 큰 영향을 미쳤다.

특히 천위안이 《이탁오의 비평 삼국지^{李卓吾 先生 批評 三國志}》를 바탕으로 저술한 '현대 심리학으로 읽는 《삼국지》 인물 열전 시리즈'는 최초로 심리학의 각도에서 역사를 재해석한 시도이다. 심리학을 활용해 《삼국지》 속 인물의 행동을 분석한 것이다. 어떤 판본의 《삼국지》를 바탕으로 했는지는 중요하지 않다. 완전판의 《삼국지》든 마오 씨 부자^{毛氏父子}의 《삼국지》든 심리학 지식을 풀어내기 위한 재료로 이용되었기 때문이다.

천위안은 '현대 심리학으로 읽는 《삼국지》 인물 열전 시리즈'의 대

三國志

상 인물로 조조, 제갈량, 관우, 유비, 손권, 사마의를 선택했다. 이들은 난세에 태어나 영웅이 된 인물들이다. 개성이 뚜렷할 뿐만 아니라 우리가 생각하는 영웅의 이미지에 부합한다. 그로 인해 우리는 책을 읽으며 자신의 모습을 찾는다. 스스로 책 속의 인물이라 상상하며 '나라면 저 상황에서 어떻게 했을까?'라고 생각한다. 그 시대 영웅들이 실제로 어떤 인물이었는지는 그리 중요하지 않다. 역사를 좌우하는 결정에서 그들의 심리적 요인을 발견할 수 있기 때문이다.

관우가 실제로 오만하고 자기 우월감이 강한 인물이었는지는 중요한 문제가 아니란 이야기다. 우리 누구나 오만한 면이 있다. 살아가면서 그런 사람들을 만나게 된다는 것이 핵심이다. 비슷한 성격을 지닌 사람은 행동이나 심리적 패턴이 놀라울 정도로 흡사하다. 조조가 의심이 많은 것처럼 우리도 의심할 때가 많고, 주유가 질투하듯 우리도 자주 질투한다. 그래서 지략이 뛰어난 제갈량과 야심만만한 유비, 다혈질 장비와 충성스런 노숙을 보며 우리는 자신의 마음을 깊이 들여다볼 수 있다.

사람은 누구나 영웅적 기질을 지니고 있다. 남자든 여자든 누구나 영웅을 꿈꾼다. 이러한 역사적 영웅을 보면서 자기감정을 이입하고 현실의 경험에 대입한다. 사람의 심리란 참으로 미묘하다.

'현대 심리학으로 읽는 《삼국지》 인물 열전 시리즈'를 통해 우리는 심리 규칙을 들여다볼 수 있다. 여기에 나온 심리 규칙을 잘 이해한다면 사람과 사람 사이의 관계와 갈등에서 융통성과 포용력을 갖게 될 것이다. 또한, 일상의 고단함과 스트레스, 어려움을 직면하면서 겪게될 수많은 시행착오를 비켜 지나갈 지혜를 발견할 수 있다. 이것이 이 책의 특징이다.

명나라의 대학자 이지李贽는 《분서焚书》에서 '남의 술잔을 빌어 나의 근심을 없앤다借他人酒杯 浇自己块垒'라고 했다. 우리가 책을 읽는 이유이다. 부디 이 책에서 많은 배움과 지혜를 얻기를 바란다

편집인 리신타오李新涛